훈민정음
음성학

이비인후과 전문의 눈으로 본 훈민정음 제자해

겨레문화 35

훈민정음 음성학

이비인후과 전문의 눈으로 본 훈민정음 제자해

최홍식 지음

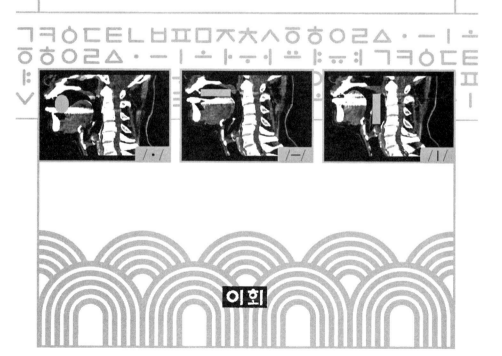

이회

훈민정음(한글)은 우리 민족의 자랑일 뿐 아니라 세계의 언어학자들도 경이롭게 바라보는 글자의 체계이다. 그것은 단순히 우리말을 표기하는 데 그치는 것이 아니라 현대에 이르러 대한민국 국민이 누구나 쉽게 배우고 쓸 수 있어서 문맹의 질곡에서 재빨리 벗어나게 했고, 더 나아가 모든 정보가 쉽게 유통되어 자유 민주 국가를 이룩하고 국가 경제가 발달하는 데 크게 기여하였다.

훈민정음에 대한 연구는 많이 이루어졌다. 특히 1940년에 훈민정음 해설서에 해당하는 『훈민정음 해례본』이 나타난 이후에 그 책의 내용에 대한 연구가 많이 이루어졌다. 크게 보아 문자학, 음성음운학, 성운학, 철학 등의 분야에서 집중적인 연구가 이루어졌다. 이러한 연구를 통해서 세계의 언어학자들이 깜짝 놀랄만한 내용이 담겨 있음을 알게 되었고, 이 글자를 창제하신 세종대왕은 세계의 언어학자 50명 중의 한 명으로 평가되기도 하였다.

그러나 모든 연구자들이 『훈민정음 해례본』의 내용에 대해서 이견 없이 동일하게 이해하지는 않는다. 특히 훈민정음의 상형(象形)에 대한 해석은 상당히 다르다. 그중에서 닿소리 글자에 대해서는 대체로 같지만 홀소리 글자에 관해서는 이견이 있다.

이 책의 저자 최홍식 박사는 이비인후과 의사이다. 보통 언어학자들이 언어학 개론 시간에 구강 구조에 관한 평면 그림을 1시간 배우고 마는 데 비해서 최 박사님은 30년간 구강과 인두 후두를 들여다보면서 질병을 치료하고, 전문 기기를 이용하여 연구해온 분이다. 훈민정음의 '상형'에 대한 생각이 다를 수밖에 없을 것이다.

오랜 연구와 수 편의 논문을 통해 홀소리 글자는 공명강 공간의 대표 모양을 본뜬 것이라는 결론을 내고 있다. 탁견이다. 이러한 견해는 지금까지 어느 연구자도 내어놓지 못한 독창적인 견해이다. 저자는 겸손한 자세와 확고한 태도로 학계에 화두를 던졌다. 앞으로 연구자 모두의 진지한 평가와 후속 연구가 이루어지기를 간절히 바란다.

한글학회 회장

김주원

소리다움의 문자,
훈민정음의 〈소리과학〉을 다시 새겨보기

감히 이 책을 추천할 수 있는 처지는 아니지만, 세종대왕과 훈민정
음을 오래 품고 있는 학자로서, 그 길에 들어서게 한 외솔 최현배 선생
님과의 각별한 인연 덕에 이 글을 적게 되었습니다.

훈민정음은 문자과학이지만 그 바탕은 소리과학입니다. 문자 명칭
을 왜 '훈민정자, 훈민정문'과 같이 하지 않고, '-음'으로 했을까 의문을
제기하는 분들이 많지만, 해례본을 꼼꼼하게 읽어본 이라면 그런 의문
은 절로 해소가 됩니다. 다음과 같은 문장들이 그렇습니다.[앞 대괄호
번호는 해례본의 366문장의 일련번호, 김슬옹(2023), 『훈민정음 해례본 입체강독
본』(5쇄) 참조.]

[50] 今正音之作, 初非智營而力索, 但因其聲音而極其理而已. [정음해례1ㄱ:7-8_제
자해] ♣ 이제 정음이 만들어지게 된 것도 애초부터 지혜를 굴리고 힘들여
찾은 것이 아니고, 난시 말소리의 이지를 끝까지 파고들었을 뿐이다.

[50] 正音二十八字, 各象其形而制之. [정음해례1ㄴ:2-3_제자해] ♣ 정음 스물여덟 자
는 각각 그 모양을 본떠서 만들었다.

[337] 有天地自然之聲, 則必有天地自然之文. [정음해례26ㄴ:4-5_정인지서] ♣ 천지자
연의 소리가 있으면 반드시 천지자연의 문자가 있다.

[350] 象形而字倣古篆, 因聲而音叶七調. [정음해례27ㄴ:6-8_정인지서] ♣ 훈민정음은

꼴을 본떠 만들어 글꼴은 옛 '전서체'와 비슷하지만, 말소리에 따라 만들어 그 소리는 음률의 일곱 가락에도 들어맞는다.

[356] 字韻則淸濁之能辨, 樂歌則律呂之克諧. [정음해례28ㄱ:5-6_정인지서] ♣ 글자 소리로는 맑고 흐린 소리를 구별할 수 있고, 음악 노래로는 노랫가락을 어울리게 할 수 있다.

이들 문장들이 한결같이 보여주는 것은 훈민정음이 소리에 바탕을 두었고, 철저히 소리 이치에 따라 만들었다는 것입니다.

한자는 위대한 문자이지만 소리를 소리답게 적을 수 없는 치명적인 약점이 있는데 세종은 철저한 소리 연구를 통해 소리다움을 가장 잘 보여주는 마치 음표와 같은 문자를 만든 것입니다.

이러한 훈민정음의 소리과학에 대해 주목한 이가 외솔 최현배 선생이셨습니다. 1942년에 간행된 외솔의 『한글갈』은 1940년에 발견된 『훈민정음』 해례본 전문을 싣고 해례본(간송본)이 원본임을 입증한 최초의 단행본이었습니다.

제가 외솔 선생님을 처음 알게 된 것은 한글학회 건물이 완공되던 1977년, 철도고등학교 1학년 때 한글학회 부설 전국국어운동고등학생연합회(한글나무)에 가입하여 외솔의 직계 제자이신 오동춘 선생님의 가르침을 받으면서였습니다. 이때는 외솔 선생님께서 돌아가신 7년 뒤이지만 선생의 뜻을 잇는 연세대 국문과에 1982년에 입학하여 역시 외솔 제자이신 김석득, 문효근 두 스승님으로부터 한글갈의 가치와 의미를 배우게 된 것은 큰 행운이었습니다. 2015년에 훈민정음 해례본 최초 복간본의 해제를 쓰게 된 영광도 외솔 선생님과의 인연 덕이었습니다.

『한글갈』은 일제강점기라는 어려운 시기에 한글 역사를 치밀하게 기술한 것도 놀랍지만, 훈민정음의 소리 가치와 상형 원리를 정확히 간파하여 기술한 것은 더 놀랍습니다. 제가 『한글혁명』이라는 졸저에서 감히 외솔의 한글운동을 〈정음운동〉이라고 한 것은 그런 맥락에서였습니다.

다만 우리 같은 인문학자들은 소리과학을 온전하게 밝혀낼 수 없는 처지인데, 천지인 발성연구소를 이끄시는 최홍식 소장님께서 해당 분야 과학자로서, 의사로서 객관적으로 새롭게 밝혀주시니 더없이 기쁘고 고마운 일입니다. 이 책은 최홍식 저자께서 외솔의 친손이라는 가족으로서가 아니라 세종대왕과 외솔의 정음학, 한글갈을 잇는 정음학자로서의 소중한 저술이 될 것입니다.

한글학회 이사, 세종국어문화원 원장
김슬옹

머리말

　삼십여 년 전공으로 삼았던 의학이 아닌 인문학적 내용으로 책을 쓴다는 것이 쉬운 일이 아니었다. 집안 내력으로 관심을 가졌던 한글 연구와 그 토대가 되는 존경하는 세종대왕님의 위대한 발명품인 '훈민정음'에 대한 애착심이 누구보다 컸기에 가능했었다고 생각한다. 그리고 현재의 대한민국이 있기까지 성장과 발전에 가장 큰 원동력이 되었던 우리 글자 '한글'에 대한 고마움이 우리 글자의 과학성과 창조 정신을 더 잘 살려야 한다고 생각하였기에 이 책을 쓰게 된 계기가 되었다고 생각한다.

　한글이 전 세계에 사용되고 있는 문자 가운데 가장 우수하고 과학적인 문자라고 이야기한다. 그런데 목소리 전문가의 측면에서 보기에 부족한 점이 있어 보였다. 특히 '천(•), 지(ㅡ), 인(ㅣ)'에 대한 해석에 아쉬움이 아주 크게 느껴졌다. 이를 바로 잡기 위해서는 한두 사람의 말로 하는 설득으로 해결될 것 같지는 않았다. 확실한 이론과 근거를 갖춘 논문이 필요하고, 논문 내용을 좀 더 쉽게 이해할 수 있도록 자세한 설명이 수록된 책의 발간이 동행되어야 한다고 생각했다.

　살아생전에 수십 권의 대단한 저서를 저작하셨던 저자의 할아버지 외솔 최현배 선생의 업적과 삼십여 권의 단독 수필집을 펴내셨던 선친 정신의학자 최신해 선생의 업적에 비하면 너무 부끄러운 졸저이지만 용기를 내서 논문을 써 보았고 책으로도 만들어 보겠다는 용기를 낼 수 있었다.

뒤에서 용기를 북돋아 준 아내 임인경 교수에게 깊은 고마움을 전한다. 그리고 문외한이 한글과 훈민정음의 연구를 할 수 있도록 발판을 만들어 주신 김석득 교수님, (고)박종국 세종대왕기념사업회 명예회장님, 김진우 일리노이대학 명예교수님, 그리고 연구에 실질적인 도움을 주셨던 동료 영상의학과 정태섭 교수님, 논문을 같이 진행한 언어병리학 이승진 교수, 그리고 논문 교정과 투고 규정에 맞게 수정하는 데 크게 수고해 주셨던 대한후두음성언어의학회 편집이사 가천의대의 우주현 교수께 깊은 감사 마음을 표합니다. 그리고 멀리 제주에서 몇 번이고 서울을 방문하여 도와주셨고 제주에서의 세미나에도 여러 차례 초청하여 주셨던 현병찬 선생님의 헌신적 도움이 없었다면 책 발간이 어려웠을 것입니다. 감사드립니다.

마지막으로 책의 발간에 직접적인 도움을 주신 겨레문화연구원 윤영노 회장님과 한무희 간사 교수님께 감사드리며, 추천의 글을 보내 주신 한글학회 김주원 회장님, 세종국어문화원 김슬옹 원장님께도 깊이 감사드립니다.

2023년 1월
저자 최홍식

차례

추천의 글/김주원 ··· 5

추천의 글/김슬옹 ··· 7

머리말 ··· 10

들어가는 말 ·· 17

제1장 훈민정음 해례본을 접하기 전의 나의 지식 상태

1-1. 말소리 사슬(Speech Chain)이란? ························ 26

1-2. 어떻게 듣는가? ··································· 29

1-3. 후두의 해부 ····································· 35

    1-3-1. 후두의 골격계 ······························ 36

    1-3-2. 후두의 관절 ······························· 40

    1-3-3. 후두의 근육 ······························· 41

    1-3-4. 후두의 신경 ······························· 45

    1-3-5. 후두의 탄력조직 ···························· 47

    1-3-6. 후두내 공간 ······························ 49

1-4. 후두의 생리 ····································· 52

    1-4-1. 하기도의 보호기능 ··························· 55

    1-4-2. 호흡 기능 ······························· 57

    1-4-3. 발성기능 ································ 59

　　　1-4-4. 흉강고정의 기능 ································· 63

　1-5. 호흡 기관 ······································· 64

　1-6. 소릿길(성도, vocal tract) ······················· 70

　　　1-6-1. 소릿길의 구조와 기능 ····················· 70

　1-7. 어떻게 말소리를 만들어 내는가? ················· 77

　　　1-7-1. 말소리 정의 ······························· 77

　　　1-7-2. 말소리 생성 과정 ························· 77

　　　1-7-3. 공명(resonance) ························· 89

　　　1-7-4. 조음(articulation) ························· 97

　1-8. 말소리 연구는? 음성학 개론으로 정리 ············· 99

　　　1-8-1. 말 고리(The Speech chain) ··············· 99

　　　1-8-2. 말소리의 단위 ························· 100

　　　1-8-3. 발성기관(Organs of speech) ············· 101

　　　1-8-4. 후두와 성대 ····························· 102

　　　1-8-5. 기식(氣息, Aspiration) ················· 105

　　　1-8-6. 자음(닿소리, Consonants) ··············· 107

　　　1-8-7. 모음(홀소리)의 조음 ··················· 113

　　　1-8-8. 언어음향학(Speech acoustics) ··········· 114

제2장 훈민정음 해례본 제자해의 음성학적 연구

　2-1. 훈민정음 해례본 제자해(한글학회 다듬본 중) ········· 153

　2-2. 훈민정음 제자해(한문, 현대어 풀이) 음성학적 해설 ······ 161

　2-3. 훈민정음 제자해 음성학적 연구와 관련된 기존 연구들 209

2-4. 훈민정음 제자해: 중성(홀소리, 모음)에 대한

　　저자의 연구 ·· 216

　　2-4-1. 이비인후과 전문의로서 한글 / ㅣ / 모양이 인두강이

　　　　　서 있는 모습임을 보면서 감탄하다 ················· 216

　　2-4-2. '아래 •'에 대한 연구 ·································· 220

　　2-4-3. 훈민정음 제자해: 중성(홀소리, 모음)에 대한

　　　　　저자의 연구 논문(학회지 교정 전 상태) ··········· 231

　　2-4-4. 훈민정음 제자해: 중성(홀소리, 모음)에 대한

　　　　　저자의 연구 논문(학회지) ······························· 251

2-5. 훈민정음 제자해: 초성·종성(닿소리, 자음)에 대한

　　저자의 연구 ·· 257

　　2-5-1. 훈민정음 제자해: 초성·종성(닿소리, 자음)에 대한

　　　　　저자의 연구 논문(학회지 교정 전 상태) ··········· 258

　　2-5-2. 훈민정음 제자해: 초성·종성(닿소리, 자음)에 대한

　　　　　저자의 연구 논문(학회지) ······························· 274

맺는말 ·· 280

참고문헌 ··· 282

들어가는 말

내가 '훈민정음 해례본'을 직접 접하게 된 것은 2015년 가을 무렵이었다. 그해가 우리나라가 해방된 지 70돌을 맞는 해였고, 그것을 기념하기 위하여 국보 70호로 지정되어 있는 '훈민정음 해례본'을 소장하고 있는 간송미술문화재단과 교보문고가 협력하여 '훈민정음 해례본의 복간본'을 제작하였던 것이다.

당시 나는 연세의대 이비인후과학교실 교수로서 강남세브란스병원 이비인후과에 재직하면서 환자 진료와 연구, 교육 등으로 바쁜 가운데 있었으나, (사)세종대왕기념사업회의 여러 어려움을 해결하는 책임을 동시에 지게 되는 (사)세종대왕기념사업회 회장직을 맡아달라는 전임 회장님과 임원진 분들의 간청에 의하여 자의반 타의반으로 2015년 6월부터 회장직도 동시에 수행하는 겸직 상태였다. 연세대학교 총장의 '겸직동의서'를 받았고, 병원 일을 주 업무로 계속 진행하면서, 일주일에 반나절씩 1~2회 세종대왕기념사업회가 있는 세종대왕기념관에 나가서 그쪽 업무도 동시에 시행하고 있었다.

2015년 10월 말경 어느 날 오후에 세종대왕기념사업회 회장실에 들어서니, 책상 위에 커다란 책자가 놓여 있었는데 그것이 바로 '훈민정음 해례본의 복간본'이었다. 이 책의 해설서를 제작한 훈민정음 연구가 김슬옹 교수가 세종대왕기념사업회의 '전문위원'의 직함을 가지고 있었는데 회장인 나에게 선물로 보내온 것이었다. 책이 들어있는 종이 상자를 열어보니 정밀하게 잘 복간된 '훈민정음(해례본)'과 그 밑에 '해설서'가 들어 있었다. 책을 꺼내어 들추어 보면서 마음속 깊은 감동을 느꼈다. 복간본이었지만 마치 진본을 만난 것과 같은 깊은 감동!

그날 이후, 틈틈이 책의 내용을 읽어 보았다. 해설서가 없이는 이해하지 못하는 부분이 많았지만, 원문과 해설서 해설 내용을 교대로 보면서 조금씩 이해해 보려고 노력하였다. 그 후에 김슬옹 교수가 『훈민정음 해례본 입체강독본』이란 책을 저술하고 그 책도 선물하여 주었다. 그다음 해 봄에 세종대왕기념관 경내에 상무이사회 결의에 의해 '체험학습실'이라는 가설건축물을 지었고, 그 건물 강의실에서 김슬옹 교수가 주관하는 『훈민정음 해례본 입체강독본』 집중 교육 프로그램이 몇 차례 진행되었고, 나도 참석하여 많은 것을 배우게 되었다. 전체가 33장 즉 66쪽에 불과한 얇은 책이지만, 정말 그 속에는 많은 것들이 들어 있는데, 아직도 잘 모르는 부분이 많고 세종대왕님의 숭고한 '애민정신'이 곳곳에서 느껴지는 정말 귀중한 책임에 틀림이 없다.

제자해 곳곳에 내 전문 분야인 조음음성학, 음성의학과 관련된 부분이 많고, 이에 대한 그동안 학계의 설명에 다소 의문이 생기기도 하여 그 이후 이를 규명하기 위해 노력해 왔다. 아직도 완전한 해명이 부족하다고 생각하기는 하지만, 다소라도 보다 진전된 해명을 밝힐 필요가 있다고 생각되어 이 책 집필을 준비하게 되었다.

책의 순서는 내가 경험한 그 순서대로, 즉 기본적인 의학적 지식과 이비인후과적인 발성과 조음에 관한 기본적인 지식을 가지고 있는 사람이 처음으로 훈민정음 해례본의 '제자해'를 접하면서, 나름대로의

풀이를 진행하고 그동안 학계에서 풀이한 내용과 비교해 보는 순서로
진행하고자 한다.

제1장

훈민정음 해례본을 접하기 전의
나의 지식 상태

훈민정음 해례본을 접하기 전의
나의 지식 상태

초등학교 6년과 중학교 3년, 고등학교 3년 12년간 국어 교육은 계속 받아 왔는데, 국어시간에 '훈민정음'에 대한 수업을 들은 기억이 거의 없다. 해례본은 오랫동안 발견되지 않고 있었는데, 1940년 간송 전형필 선생에 의해 소장되었다. 귀중한 책이고 함부로 접할 수 없기에 국어학계나 국어교육자의 입장에서도 쉽게 접할 수 없어서 그런지는 몰라도, 국어의 가장 핵심이 되는 이 책의 내용이 국어 교육 중에 거의 포함되어 있지 않은 이유 또한 잘 이해가 되지 않는다.

내가 의학 공부를 시작한 것은 1974년 3월 의과대학 본과 공부를 시작하면서부터이다. 4년의 의과대학 과정 중 기초학 공부(해부학, 생화학, 생리학, 병리학, 예방의학 등)를 2년간 실시하였으며, 본과 3~4년 기간에는 여러 임상의학 분야인 내과학, 외과학, 소아과학, 산부인과학 등의 분야에 대한 강의를 듣고 임상 실습과정을 본과 3학년 과정에서 받았고, 본과 4학년에는 안과, 이비인후과, 비뇨기과, 마취과 등 보통 마이너과라고도 하는 좀 더 전문적이면서도 범위가 좀 좁은 분야를 배우게 되었다. 학업을 마치면서 의사국가시험을 통과하여 의사면허

증을 받게 되었다.

　전문 분야로 '이비인후과학'을 선택하였으며, 1년간의 인턴 수련, 4년간의 전공의 수련과정을 마치면서 1983년 2월 이비인후과 전문의 자격을 시험에 통과하여 획득하게 되었다. 3년간의 군의관 복무를 하였고, 이때부터 대학원 박사학위를 준비하면서 이비인후과 내의 '세부전문분야'를 선택해야 하는데, 나는 사람의 목소리에 관심이 있었기에 '후두학과 음성의학'의 세부전문분야를 선택하기로 작정하고 틈틈이 시간을 내어 동물의 후두 부분 해부 등 실시하면서 준비 과정을 가졌다.

　1986년 군의관 제대와 동시에 연세의대 이비인후과학교실 연구강사로 임용되었으며, 2년간 환자 진료를 하면서 박사학위 취득을 위한 동물실험을 같이 진행하였다. 준비한 실험은 사람의 후두와 아주 유사한 개의 후두와 관련된 실험이었고 성대의 움직임을 담당하는 '되돌이 후두신경' 한쪽을 다양한 방법으로 인위적 마비를 시킨 후에 성대의 변화를 내시경적 관찰, 근전도검사 관찰, 최종적으로 개의 후두를 적출하여 조직학적 검사까지 진행하는 실험이었다. 어려운 과정이었지만 근전도검사의 경우 재활의학교실의 문재호 교수님께서 많이 도와주셔서 실험은 성공적으로 잘 진행이 되었고, 박사학위를 무난히 잘 받을 수 있었다. 이 학위 논문은 일본에서 열렸던 국제학술대회에서 발표하기도 하였다. 이런 과정을 통하여 연구가 이어지게 되었고, 개의 후두를 이용한 '생체발성 모형(In vivo canine laryngeal model)'을 개발하여 후속되는 여러 편의 후두생리, 발성생리에 관한 연구를 진행하였다. 그후 1991년부터 2년간 미국 UCLA 의과대학의 후두생리연구소에서 교환교수로 연수 및 연구를 하고 오기도 하였다.

훈민정음 해례본을 직접 접하기 직전까지의 의학적 지식 상태를 다음의 순서로 정리해 가 보도록 하겠다.

1-1. 말소리 사슬(Speech Chain)이란?

1-2. 어떻게 듣는가?

1-3. 후두의 해부

1-4. 후두의 생리

1-5. 호흡기관

1-6. 소릿길(성도, vocal tract)이란?

1-7. 어떻게 말소리를 만들어 내는가?

1-8. 말소리 연구는? 음성학 개론으로 정리

1-9. 닿소리(자음)의 조음은?

1-10. 홀소리(모음)의 조음은?

말소리 사슬(Speech Chain)이란?

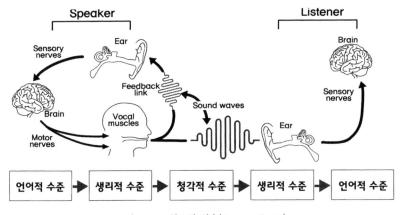

그림 1-1-1. 말소리 사슬(Speech Chain)

살아 있는 생명체의 생명 유지와 관련된 어떤 해부학적, 생리학적 현상들이 모두 하나 같이 신기하고 경이로울 수밖에 없지마는, 특히 사람들의 사회생활에 가장 핵심이 되는 의사소통 과정인 말하기와 듣기 또한 너무나도 신기하고 기이한 일인 것이다.

사회생활에서 의사소통 방법 중 가장 중요한 두 가지를 든다고 하면, 말하기 듣기와 문자로 남기는 방법인 편지, 메모, 책 발간 등이라고 할 수 있을 것이다. 각각의 장단점이 있으며, 문자로 남기는 방법은 다소 수동적인 방법이고 상대방이 그 글을 읽지 않거나 접하지 못할 상황이라면 목적하는 의견 전달이 되지 않을 수 있다. 최근에는 이메일이나 소셜네트워크서비스(SNS) 등의 매우 유용한 방법이 개발되어 과거 편지나 서적으로 남기는 방법 등에 비하여 월등한 수월성과 효용성이 개선되기도 하였다. 전반적으로 문자로 남기는 것은 기간적으로 반영구적이거나 혹은 영구적인 보존 방법이 될 수도 있는 장점이 있다.

말하기 듣기 혹은 노래하기 등은 문자 표현보다, 더 능동적인 장점이 있으며 보다 편리한 방법이라 할 수 있겠다. 그러나 오랜 기간 본인의 생각을 남기기에는 문자를 사용하는 그것보다는 훨씬 제한적이기도 하다. 그러나 이 역시 녹음하여 녹음테이프, 컴퓨터 음성파일 등으로 남기거나, 소셜네트워크서비스(SNS) 혹은 유튜브 등에 동영상으로 음성과 함께 영상도 남길 수 있는 세상이 되어 이 역시 손쉽게 사용할 수 있는 방법이다.

저자는 이비인후과학을 전문적으로 공부하였으며, 말하기와 듣기에 관련된 많은 의학적, 생리학적 연구도 진행하였다.

위 그림 1-1-1은 말소리 사슬(Speech Chain)이라는 잘 알려진 그림이다. 말소리의 생성, 소리의 전달, 소리를 들으며 내용을 알아내는 과정을 수준별로 잘 보여 주는 그림이다. 우리가 내 생각을 말소리로 만들어 밖으로 내보내기 위해서는, 우선 중추신경계인 뇌에서 생각이 정리되는 '언어적 수준(linguistic level)'의 과정을 거치게 되고, 이것이 말소리로 만들어지려면 ① 호흡근육(소리가 만들어지는 에너지원인 공기의 흐름 제공) 작용, ② 발성근육 작용(성대음의 생성 등)으로 음원(sound source)의 생성, ③ 조음기관의 작용으로 조음과정을 수행하는 '생리적 수준(physiologic level)'을 거쳐야 한다. 이렇게 말소리가 만들어져서 입술 밖 혹은 콧구

밍 밖으로 소리기 나오면, 다음 과정에서는 대기를 통하여 상대방의 귀에까지 소리(음파)가 전파되는 '청각적 수준(acoustic level)'의 과정을 거치게 된다. 외이에 도달된 소리 에너지는 고막과 중이, 내이를 거쳐 청신경을 통하여 청각중추에 도달하게 되는 '생리적 수준'의 과정을 다시 거쳐야 한다. 그리고 뇌의 여러 부분이 공조하여 그 내용을 인지하게 되는 '언어적 수준'의 과정으로 말한 사람의 말소리 내용을 이해하게 되는 복잡한 과정이 필요한 것이다.

그리고 말한 사람의 말소리가 만들어져 밖으로 배출될 때 그 소리는 화자(話者)의 귀를 통하여 자가 인식이 동시에 되기도 한다. 이때 기도청력(air-born conduction hearing)과 골도청력(bone conduction hearing) 현상이 동시에 일어난다.

어떻게 듣는가?

우리가 소리를 듣는 과정은 음파(소리의 파동)가 귓바퀴에 의해 모아져 외이도에 들어가면 공기의 진동이 고막을 물리적으로 진동시키게 되고 고막과 내이 중간인 중이(中耳)에 위치하고 있는 세 개의 작은 뼈(이소골: 망치뼈, 모루뼈, 등자뼈)를 거쳐 내이의 듣는 부분인 달팽이관(cochlea)의 난원창(oval window)으로 전달되게 된다.(그림 1-2-1) 달팽이관 내에는 내임파액이 차 있어서, 공기를 통하여 전달되어 온 소리 에너지가 물 성분인 내이 안으로 전달되게 된다. 공기에서 물속으로 소리

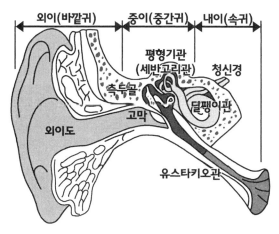

그림 1-2-1. 귀의 구조(외이, 중이, 내이)

가 전달되기는 하나, 이때 에너지의 반사가 99.9% 달하며 물속으로는 불과 0.1%밖에 전달되지 못한다. 우리가 수영 중 잠수 상태에서 물 밖의 소리가 아주 아주 작게 들리는 경험을 해 본 사람도 많을 것이다.

이때, 99.9%의 소리 에너지 손실을 상당 부분 줄일 수 있는 귀의 기전이 존재하는데 참으로 신기한 우리 몸이 가지고 있는 경이로움이다. 99.9%의 소리 에너지 손실을 dB 단위로 표시하면 30dB의 소리 손실이 있는 것이다. 이 보상 기전은 외이도와 중이의 독특한 작용에 의한 것이다. 외이도는 2.5~3cm 정도 길이를 가지고 있는 한쪽이 열려 있는 일종의 공명관인데 여기의 공명 현상에 의하여 일부 증폭되게 되며, 고막이 단순한 평면인 막이 아니고 깔때기 모양의 중이 쪽으로 함몰된 모습도 소리의 증폭을 일으키는 것으로 알려져 있다. 가장 핵심적인 것은 중이의 '임피던스 매칭 기전(impedance matching device)'으로서 고막의 면적은 크고, 달팽이관 난원창의 면적은 작은데 이로 인한 '면적비율(areal ratio)'과 중이 이소골 중 망치뼈의 손잡이(handle of malleus) 길이 대 모루뼈 긴 돌기(long process of incus) 간의 '길이 차(lever ratio)'에 의한 소리 에너지의 증폭으로 대부분의 소리 에너지 손실을 보상할 수 있다는 점이다.

외이와 중이를 거쳐온 기계적 에너지가 달팽이관 내 내임파액에 전달된 이후에는 유체역학에너지로 바뀌게 된다. 즉, 내임파액의 파동으로 바뀌게 된다. 달팽이관은 나선형으로 두 바퀴 반 감겨 있는 꼭 달팽이 껍데기같이 생긴 구조로서 세 방으로 나뉘어 있는 달팽이관의 가운데 위치한 중간계(Scala media)에는 청각 세포인 유모세포들이 나열되어 있다.(그림 1-2-2) 이를 코르티 기관(Organ of Corti)이라고 부른다.(그림 1-2-3) 코르티 기관은 기저막(basilar membrane)이라고 하는 구조 위에 놓여 있

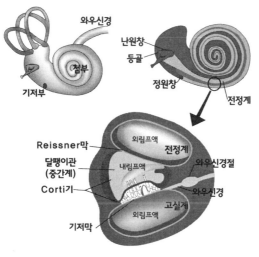

그림 1-2-2. 내이의 구조

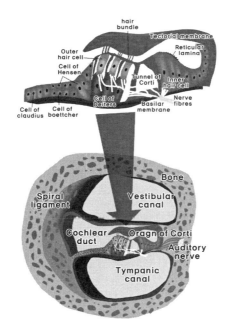

그림 1-2-3. 코르티 기관

내유모세포와 외유모세포가 있으며, 여기로부터 청신경이 연결된다.

으며, 이것을 펼쳐 보면 그림 1-2-4에서 보이는 형태로 보이게 된다. 유체역학 에너지로 변환된 소리에너지는 중심부 중간계(Scala media) 내의 내임파액에 파동을 일으켜 기저막에 진행파(traveling wave)를 만들게 되는데, 이 진행파의 형성은 전달된 소리 에너지의 크기와 주파수에 따라 예민하게 만들어진다.(그림 1-2-4)

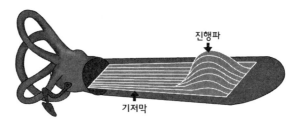

그림 1-2-4. 기저막에서 진행파(traveling wave)의 생성

두 바퀴 반 감기어 있는 달팽이관의 직경이 크며, 난원창이 있는 부분을 기초회전부(basal turn)라 하며, 직경이 작아지는 끝부분을 첨부(apex)라고 하는데, 신기한 것은 그 안에 청각세포 즉 코르티 기관을 가지고 있는 기저막(basilar membrane)의 단면 폭은 기초회전부 부위에서는 짧고, 첨부(apical turn)에서는 오히려 폭이 긴 특이한 형태를 취하고 있다. 따라서 달팽이관 내에서 저주파 즉 저음 소리는 첨부(apical turn)에서 감지하여 듣게 되고, 고음, 고주파 소리는 기초회전부 쪽에서 감지하여 듣게 되는 것이다.(그림 1-2-5)

뒤에 말소리 만들기 편에 자세한 설명이 되겠지만, 사회생활에서 어떤 말소리가 들렸는데, 그 사람의 모습은 보지 못하였더라도, 그것이 어른 남자의 목소리인지, 어른 여성의 목소리인지, 혹은 어린아이의 목소리인지 어느 정도 감별할 수 있는데, 이는 그 각각의 목소리 중

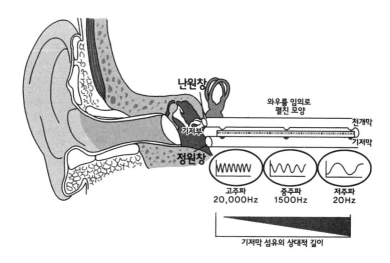

그림 1-2-5. 기저막 주파수대
달팽이관의 첨단부에서 저음을 기저부에서 고음을 감지하게 된다.

기본주파수(성대 점막의 1초간 진동수, fundamental frequency)가 현저하게
차이가 나고, 성대음이 가지고 있는 배음의 위치가 성인 남자, 성인
여자, 그리고 어린아이의 그것들이 현저하게 차이가 나므로, 달팽이관
기저막(basilar membrane)의 진행파(traveling wave)가 만들어 내는 자극이
청각세포와 거기에 연결되어 있는 청신경을 통한 전기적 신경신호가
청각 중추와 대뇌로 전해져서 비교적 쉽사리 구분해 낼 수 있는 것이다.

이때 발성기관 및 조음공명기관에서 성대음과 동시에 만들어지는
공명에너지주파수대(음형대, 포르만트, formant)의 위치 차이에 의해 홀소
리(모음, vowel)의 차이도 인지할 수 있고, 음색의 차이도 감별할 수 있게
되는 신기한 현상이 생기게 된다. 모음의 조음은 제1공명주파수대인
제1포르만트(1st Formant, F1)의 위치와 제2공명주파수대 인 제2포르만
트(2nd Formant, F2)의 위치에 의하여 정해지며, 포르만트의 위치 변화는

어떻게 생기는 것인지는 뒤의 '말소리 만들기' 부분에서 자세히 설명될 것이다.

어느 정도 많은 연구가 이비인후과 이과(otology) 영역에서 이루어져 왔으나, 아직도 정확한 것을 알지 못하는 것도 많다. 베토벤의 9번 교향곡 '합창 교향곡' 공연 시, 100명 오케스트라가 수많은 악기를 연주하는 가운데, 뒤에 백 명이 넘는 대 합창단이 합창하고, 앞 단상의 솔리스트 성악가가 노래할 때, 우리가 가지고 있는 아주 조그만 크기의 고막이 울리면서, 이 많은 소리 들을 감별하여 우리가 듣고 있는 현실은 그저 입이 벌어지고, 조물주의 위대한 작품이 바로 우리 육체라는 감탄사를 쏟아낼 수밖에 없는 것이다.

후두의 해부

말소리를 만들어 내는 구조 중 가장 핵심적 역할을 하는 것은 성대이며, 성대를 포함하고 있는 장기가 후두(larynx)이다. 후두의 해부에 대하여 설명해 보자.

후두는 해부학적으로 상부 소화기관과 호흡기관의 교차 부위에서 하인두강의 앞쪽에 존재하고, 그 경계는 위로는 후두개(epiglottis), 피열후두개주름(aryepiglottic fold)과 피열간추벽(interarytenoid fold)이고, 아래로는 기관과 연결되는 윤상연골의 하연이다. 이처럼 하인두강 내에 있는 후두강은 발생학적 관점과 종양학적 관점에서 성문상부(supraglottis), 성문부(glottis) 및 성문하부(subglottis)의 세 부위(region)로 나뉜다. 후두의 구성은 크게 골격구조와 이들을 연결하는 근육, 인대 그리고 막 등의 연주직으로 되어 있다.

1-3-1. 후두의 골격계

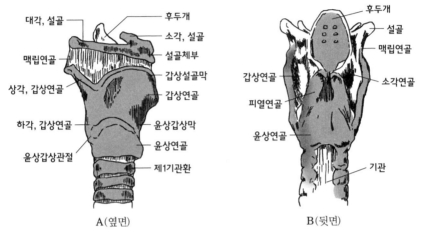

그림 1-3-1. 후두의 골격계

설골

해부학적으로 설골(hyoid bone)은 후두에 포함되지 않으나, 후두개전극(pre-epiglottic space)과 설골에 붙어 후두를 싸고 있는 근육들 때문에, 흔히 후두 해부에서 논하게 된다. 설골은 중앙에 체(body)를 중심으로 외측으로 두 개의 크고 작은 뿔이 있어, 이를 각각 대각(greater cornu), 소각(lesser cornu)이라 한다. 설골의 후두면은 후두개연골과 갑상연골과 막으로 연결되며 후두개전극의 전상부 경계가 된다. 또한, 이복근(digastric muscle), 하악설골근(mylohyoid muscle), 설골설근(hyoglossus)과 경돌설골근(stylohyoid muscle), 이설골근(geniohyoid muscle), 흉골설골근(sternohyoid muscle), 갑상설골근(thyrohyoid muscle)과 견갑설골근(omohyoid muscle)이 설골에 붙어 있어, 후두의 거상과 하강에 관여한다.

임상적으로는 갑상설관낭종(thyroglossal duct cyst) 수술시, 이 연골의 중앙 몸통 부위를 함께 제거해야 근치되며, 기관 단단문합술 시 장력 (tension)을 감소시킬 목적으로 후두를 하강시키고자 할 때, 이 설골 상부근육을 절제하면 후두 하강이 많이 된다.

갑상연골

갑상연골(thyroid cartilage)은 방패모양으로 된 연골로서, 후두에서는 가장 큰 연골이다. 이 연골은 좌우대칭으로 중앙에서 두개의 판(lamina ala)이 만나는데, 성인 남자에서는 만나는 각이 약 90도를 이루고, 여성이나 아이들에서는 약 120도를 이루므로, 성인 남자에서 2차 성징으로서 목의 중앙에 돌출되어 보인다. 이 두 개의 판이 상부는 움푹 파여 갑상절흔(thyroid notch)을 형성한다. 또한 판의 측면 끝에는 상하로 상각 (superior cornu)과 하각(inferior cornu)이 있어 상각은 설골의 대각과 외측 갑상설골인대(lateral thyrohyoid ligament)로 연결되고, 하각은 윤상연골의 후측면에서 관절로서 연결되어 있다. 갑상연골의 하단은 윤상갑상인대와 막(cricothyroid ligament and membrane)이 부착하고, 상단은 갑상설골인대와 막이 붙는다. 이 연골의 양쪽판(lamina)의 외측에 상각의 밑면에서 아래쪽으로 경사선(oblique line)이 융기되어 있는데, 여기에 흉골갑상근 (sternothyroid muscle), 갑상설골근 그리고 하인두수축근(inferior pharyngeal constrictor muscle)이 기시한다. 이 연골 내면은 비교적 편평하고, 특히 양쪽판이 연합한 부위의 내면에는 갑상절흔(thyroid notch)과 갑상연골 하단의 중앙부에 연골막이 결여되어 있는 작은 융기가 있는데, 이곳에

전연합부건(anterior commissure tendon, Broyle's ligament)이 부착되는 곳이다. 또한, 이곳의 약 1cm 상방에서 후두개(epiglottis)의 경(petiole)과 갑상후두개인대(thyroepiglottic ligament)가 서로 연결되어 있다.

윤상연골

윤상연골(cricoid cartilage)은 인환(signet ring) 모양으로 상기도(upper airway)에서 유일하게 완전한 원형의 연골이다. 이 연골의 하단은 비교적 평평한 수평으로 첫 번째 기관연골과 인대 및 근육으로 연결되어 있으며, 상단의 앞쪽은 비교적 위아래 폭이 좁고, 뒤쪽으로 가면서 위아래 폭이 넓어져 사선을 이룬다. 앞면은 비교적 좁아 궁(arch)이라 부르며 뒷면은 넓어 판(lamina)이라 한다. 이 윤상연골의 상단은 앞쪽 궁에 윤상갑상막과 외측윤상피열근(lateral cricoarytenoid muscle)이 부착되어 있고, 뒤쪽 판에서는 후윤상피열근(posterior cricoarytenoid muscle)이 기시한다. 또한, 후두 내에 존재하는 2개의 관절인 윤상갑상관절(crico-thyroid joint)과 윤상피열관절(crico-arytenoid joint)로 갑상연골과 피열연골에 연결되어 있다. 이 연골은 상기도에서 유일하게 완전한 원형 연골이므로, 기관절개술 시 이 연골에 손상을 주어 연골괴사(chondro-necrosis)가 초래되면 성문하협착증이 유발된다. 또한 기관삽관튜브(in-tubation tube)의 풍선(balloon) 공기압이 너무 높거나 인공호흡기의 사용 등으로 장기간 기관삽관을 하는 경우, 기관삽관풍선의 위치가 윤상연골 부위에 있을 때에는 연골 내부 점막이 탈락하거나 염증을 일으켜서 추후에 협착을 일으키게 되어 성문하부협착(subglottic stenosis)의 가장 빈번한 원인이 됨이 밝혀져 있다.

후두개연골

후두개연골(epiglottic cartilage)은 잎새 모양의 연골로서 유리연골 (hyaline cartilage)인 다른 후두연골과는 달리 탄력연골(elastic cartilage)로 서, 평생 동안 골화(ossification)되지 않고 연한 연골 상태로 남게 되며 연골막이 후두덮개 연골에 밀착되어 붙어 있다. 이 연골의 하단 좁은 부위를 경이라 하며, 이 부위와 갑상연골의 내면과는 갑상후두개인대 (thyro-epiglottic ligament)로 연결된다. 이 경의 직하단부에 약간 융기되 어 나온 부분이 후두개결절(epiglottic tubercle)로 간접후두경술 시 후두 의 전연합부(anterior commissure)의 시야를 가리는 경우가 있다. 이 연골 의 전상방에는 설골 내면과 연결되는 설골후두개인대(hyoepiglottic liga-ment)가 있어 후두개전극(preepiglottic space)의 경계를 이룬다. 설골후두 개인대 하방부터는 이 연골 자체에 작은 구멍이 많이 있어, 이를 통해 작은 혈관이 통과해 성문상부암 파급(spread) 통로가 된다.

피열연골

피열연골(arytenoid cartilage)은 윤상연골의 후방 판의 상면에 놓여 있 는, 삼면 피라미드 모양의 연골이다. 이 연골의 하면은 오목한 관절면 을 갖고 윤상연골과 관절을 이루고 있으며, 후면은 피열근(arytenoid muscle)이 부착되어 있고, 특히 후면의 측방에는 작은 돌기가 있어, 이 를 근육돌기(musular procees)라 하고, 여기에는 후윤상피열근과 외측윤 상피열근이 부착된다. 내면은 점막연골막으로 싸여있는 평편한 평면 이고, 연골의 전 내방은 비교적 뾰족한 성대돌기(vocal process)로서 여기에는 성대인대(vocal ligament)가 부착된다. 이 연골의 내후방에 있는 돌기를 첨단(apex)이라 하며, 피열후두개주름의 부착점이 된다. 성대마비 환자에서 성대의 내전(adduction) 혹은 외전(abduction)을 위해 이 연골의 근육돌기를 회전시키는 수술적 조작을 임상적으로 시행한다.

소각연골과 쐐기연골

소각연골(corniculate cartilage)은 피열연골의 첨단상에 있으며, 쐐기연골(cuneiform cartilage)은 피열후두덮개 인대의 중간에 있으면서 피열후두덮개 주름의 탄력성을 유지시켜 준다.(그림 1-3-1)

1-3-2. 후두의 관절

후두에는 윤상갑상관절과 윤상피열관절의 두 개의 관절이 있다.

윤상갑상관절(Crico-thyroid joint)

갑상연골의 하각이 윤상연골의 측면에서 관절을 이루고 있다. 양측에 있는 관절 부위가 연결된 축으로 생각할 때 갑상연골과 윤상연골은 위아래로 경첩(hinge)과 같이 움직여지므로 앞쪽 면에서 볼 때 갑상연골과 윤상연골 사이의 거리를 좁히거나 넓힐 수 있다.

윤상피열관절(Crico-arytenoid joint)

윤상연골의 판을 뒤에서 볼 때 정중앙에서 약간 떨어진 윤상연골의 상연에 삼각형 모양의 피열연골이 윤상연골과 관절을 이루며 양측에 있는 것을 볼 수 있다. 윤상연골 상의 관절면은 타원형으로 측방으로 비스듬히 낮아지게 생겼으며 윤상연골 관절면은 볼록하며(convex), 피열연골의 관절면은 오목하다(concave). 위에 놓여 있는 피열연골은 이 관절을 통하여 앞뒤로 물결 위를 배가 출렁이는 듯한 흔들림(rocking motion)과 좌우로 윤상연골 관절면을 따라 미끄러짐(sliding)이 주 움직임이며 다소의 회전운동(rotation)을 할 수 있다. 이런 윤상피열관절의 움직임은 발성, 기침, 등 다양한 후두의 기능을 행할 때에 성대의 움직임에 결정적인 역할을 하는 중요한 기능을 가지고 있다. 후성문부협착(posterior glottic stenosis)이나 류마치스성관절염에 의하여 이 관절이 고정되면 성대마비와 유사하게 성대의 여닫힘이 되지 않게 되며, 이를 임상적으로는 성대고정(vocal cord fixation)이라고 한다.

1-3-3. 후두의 근육

표 1-3-1. 후두내근(intrinsic laryngeal muscles)의 기능

---

1) 긴장근(tension of the vocal flolds) :
 - 윤상갑상근(cricothyroid muscle) : external tensor
 - 갑상피열근 내측근(medial part of thyroarytenoid muscle, vocalis muscle)
  : internal tensor

---

2) 성대내전근(adductor of the vocal flods) :
   – 갑상피열근 외측근(lateral part of thyroarytenoid muscle)
   – 측윤상피열근(lateral cricoarytenoid muscle)
   – 피열근(interarytenoid muscle)

3) 성대외전근(abductor of the vocal folds) :
   – 후윤상피열근(posterior cricoarytenoid muscle)

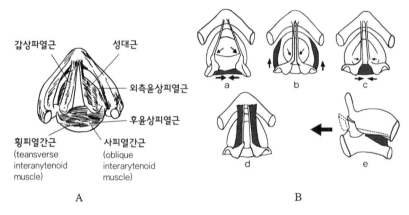

그림 1-3-2. 후두내근

A: 위에서 본 모습 B: 후두내근의 기능 a; 후윤상피열근(PCA), b; 외측윤상피열근(LCA),
c; 피열간근(IA), d; 갑상피열근(성대근, TA), e; 윤상갑상근(CT)

후두내근(Intrinsic laryngeal muscles)

윤상갑상근(cricothyroid muscle)은 윤상연골궁의 전면과 측면에서 기시하여 갑상연골의 측방 하연 및 하각에 부착되는데, 전자에 부착하는 부분은 직립부분(straight part)이라 하고, 후자에 부착하는 부분을 경사부분(oblique part)이라 한다. 이 근육은 반회후두신경(recurrent laryngeal nerve)의 지배를 받는 다른 후두내근과 달리 상후두신경(superior laryngeal nerve)의 외분지(external branch)의 지배를 받으며, 이 근육의 수축으로 윤상갑상관절을 축으로 하여 윤상연골과 갑상연골 사이의 거리를 줄여, 윤상연골판의 상면에 놓여있는 피열연골이 후상방으로 움직여져, 피열연골의 성대돌기와 갑상연골 내면에 연결된 성대근이 전후로 길어져, 결과적으로 성대의 전후 길이를 늘리면서 긴장도를 증가시켜서 음의 높이를 높이는 데 주 역할을 담당한다.

후윤상피열근(posterior crico-arytenoid muscle)은 윤상연골의 판 후면에서 기시하여 측방상방으로 주행해 피열연골의 근육돌기에 부착된다. 이 근육의 수축으로 피열연골의 근육돌기가 후 하방으로 당겨지면서, 성대돌기가 외측으로 회전되면 성문이 열리게 된다. 이 근육은 후두의 유일한 개대근(opening muscle)으로, 윤상갑상근을 제외한 다른 내근과 마찬가지로 반회후두신경의 지배를 받는다.

측윤상피열근(lateral crico-arytenoid muscle)은 윤상연골궁의 외측면 상연에서 기시해 피열연골 근육돌기의 앞쪽에 부착되는 작은 근육이다. 이 근육의 수축으로 피열연골의 성대돌기를 내측으로 회전시켜, 성문을 닫아주는 기능을 갖고 있다. 특히 성대의 앞쪽 2/3를 차지하는 막양성대와 뒤쪽 1/3을 차지하는 연골성대부의 이행 부위인 피열연골의 성대돌기를 효과적으로 내전시킴으로써 성대를 닫는 가장 중요한 성대내전근(main adductor)이다.

피열간근(arytenoid muscle, inter-arytenoid muscle)은 후두내근 중 유일

하게 짝을 이루지 않는 근육으로 양쪽 피열연골의 근육돌기와 측면에서 기시하여 중앙을 넘어 반대측 피열연골에 부착된다. 이 근육의 수축으로 피열연골을 서로 근접시켜 성문을 폐쇄시킨다. 특히 성문의 후연합(posteror commissure)을 강하게 닫아주며, 이때 피열연골의 근돌기는 약간 측방을 향하게 되므로 성대의 측방 긴장도를 증가시키게 된다. 이 근육은 근섬유의 방향에 따라, 횡근(transverse muscle)과 경사근(oblique muscle)으로 구분한다. 이 경사근은 피열후두개 주름내로 연장되어 피열후두개근(aryepiglottic muscle)을 형성한다. 양측의 후두반회신경에서 함께 지배를 받는 기능적으로 중요한 근육이다.

갑상피열근(thyro-aryteroid muscle)은 갑상연골 내면에서 기시하여 피열연골 전방과 측면에 부착되는데, 이 근육의 내측부를 특히 내갑상피열근(internal thyroaryteroid muscle) 혹은 성대근(vocalis muscle)이라 하고, 외측부를 외갑상피열근(external thyroarytenoid muscle)이라 한다. 이 근육의 긴장으로 성대를 단축 긴장시키고 성문의 앞쪽 부분을 강하게 닫게 한다. 이때 성대의 위아래 두께도 두텁게 하므로 강하게 양쪽 근육이 수축할 경우 성문하압을 효과적으로 올릴 수 있다. 성대근은 발성기능에 매우 중요한 역할을 담당하며 반회후두신경의 지배를 받는다.(그림 1-3-2, 표 1-3-1)

후두외근(Extrinsic laryngeal muscles)

혁대모양으로 생긴 근육들이라고 하여 피대근(strap muscles)이라고 하며 설골상부근(suprahyoid muscles)과 설골하부근(infrahyoid muscles)으로 나뉜다. 후두를 올리는 기능을 하는 설골상부근에는 이복근, 경돌설골근, 이설골근, 하악설골근 등이 있으며, 후두를 내리는 근육인 설골하부근에는 흉골갑상근, 흉골설골근, 견갑설골근 등이 있으며 설골하부근 중 갑상설골근은 오히려 후두를 거상시키는 작용을 한다.(그림 1-3-3)

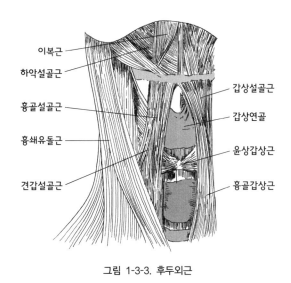

이복근
하악설골근
흉골설골근
흉쇄유돌근
견갑설골근

갑상설골근
갑상연골
윤상갑상근
흉골갑상근

그림 1-3-3. 후두외근

1-3-4. 후두의 신경

후두 내에는 운동신경, 감각신경과 자율신경이 모두 분포된다. 운동신경과 감각신경은 10번 뇌신경인 미주신경의 두 개의 분지인 상후두신경과 반회후두신경에 의해 분포된다. 자율신경은 혈관을 따라서 분포된다.(그림 1-3-4)

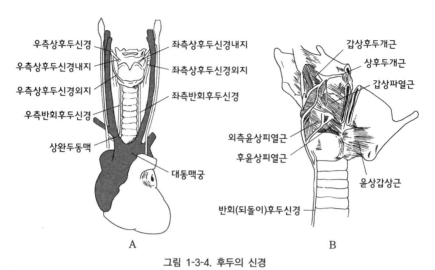

그림 1-3-4. 후두의 신경

A; 상후두신경과 반회후두신경의 주행 경로   B; 후두내에서의 상후두신경 내지와 반회후두신경의 분포

상후두신경(Superior laryngeal nerve)

미주신경이 경정맥공(jugular foramen)을 통하여 두개강을 빠져나온 직후 상후두신경이 갈라져 나오게 되는데, 내지(internal branch)와 외지 (external branch)로 나뉘게 된다. 내지는 갑상설골막(thyrohyoid membrane) 을 뚫고 후두 내부로 들어가서 성문상부의 점막에 분포되며, 감각신경 으로서 이물질이 후두를 통하여 기도 내로 유입되는(흡인, aspiration) 것 을 감지하여 방어기전을 발동시키는 등 중요한 기능을 가지고 있다. 외지는 윤상갑상근에 운동신경으로 분포한다.

반회(되돌이)후두신경(Recurrent laryngeal nerve)

미주신경이 흉강으로 들어가면서 반회후두신경을 분지하게 되는데 좌측은 대동맥을 우측은 상완두동맥(brachiocephalic artery)을 돌아서 기관식도구(tracheo-esophageal groove)를 따라서 올라가다가 후두 내로 들어가게 된다. 후두 내에서 전분지(anterior branch)와 후분지(posterior branch)로 갈라지게 되는데 후분지는 성대외전근인 후윤상피열근에 분포되며, 전분지는 피열간근, 측윤상피열근, 갑상피열근 등의 성대내전근에 분포하여 운동신경으로서의 역할을 한다. 한편, 반회(되돌이)후두신경은 성대와 성문하부 점막에 감각신경도 분포하는 혼합신경이다.

반회후두신경은 주행경로가 길어서 갑상선 수술 시 혹은 여러 종류의 암(후두암, 하인두암, 갑상선암, 폐암, 식도암 등)의 침윤 등에 의하여 마비를 일으킬 수 있다. 갑상선 수술 시에는 상후두신경의 외지에 손상을 일으키는 경우도 종종 발생 된다.

1-3-5. 후두의 탄력조직

사각막

사각막(quadrangular membrane)은 후두개연골 하방측면에서부터 뒤로 피열연골과 소가연골에 걸쳐있는 엉성한 탄력조직으로 아래로는 후두전정주름(vestibular fold) 즉 가성대까지 연결된다. 이 막은 이상와(pyriform sinus)와 후두전정(vestibule)을 분리하는 벽으로 탄력원추막(conus elasticus)과는 후두실(ventricle)로 분리된다. 피열후두개주름은 안에 근육(aryepiglottic muscle)을 포함하고 있으며 사각막의 상연을 이루고, 이 주름이 수축하면 후두전정주름이 거상된다.

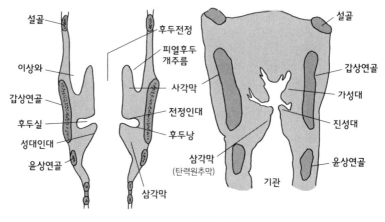

그림 1-3-5. 후두의 탄력조직

탄력원추막

탄력원추막(conus elesticus)은 윤상연골궁의 상연에서 기시하여 내상방으로 향하는 섬유탄력막으로 앞쪽은 갑상연골의 하연에 부착해 윤상갑상인대와 막을 이루고, 뒤쪽으로는 피열연골의 성대돌기와 갑상연골의 내부 중앙으로 확장된다. 이때 성대전연합에서 성대돌기까지의 탄력원추막의 두꺼워진 유리연의 부분이 성대인대(vocal ligament)이고 그 하방으로 윤상연골상연까지 사이의 막을 윤상성대막(cricovocal membrane)이라 한다.

갑상설골막

갑상설골막(thyro-hyoid membrane)은 갑상연골의 상연과 설골의 후상면을 연결하는 넓은 탄력막으로 그 중앙과 측방은 두꺼워져 정중갑상설골인대(median thyrohyoid ligament)와 외측갑상설골인대(lateral thyroh-yoid ligament)를 이룬다. 특히 갑상연골의 상각과 설골의 대각에 걸쳐 있는 외측갑상설골 인대 내에는 작은 밀알연골(truistical cartilage)이 내재되어 있는 수도 있다. 이 막은 후두개전극의 전벽을 이루기도 한다. 상후두신경의 내분지와 상후두동맥(superior laryngeal artery)이 외측갑상설골인대의 내방 약 1cm 지점에서 이 막을 관통해 지나간다.

설골후두개인대는 설골의 후면과 후두개연골 전면을 연결하고, 후두개전극의 천정을 이루는 동시에 후두개곡(vallecula)의 바닥이다. 갑상후두개인대는 후두개연골의 하단과 갑상연골의 내면을 연결하는 인대이다.(그림 1-3-5)

1-3-6. 후두내 공간

후두개전극

후두개전극(pre-epiglottic space)의 상방은 설골후두개인대 전방은 갑상설골막과 인대 그리고 후방은 후두개와 갑상후두개인대로 경계되는 역피라미드 모양이 공간으로 측방으로는 성문주위공간(paraglottic space)의 상부와 통한다. 이 공간은 지방과 엉성한 젖무리조직(areolar tissue)으로 차 있으며, 성문상부암이 후두개연골의 작은 구멍을 통해 쉽게 전파되는 곳이다.

성문주위공간

성문주위공간(para-glottic space)은 측방으로는 갑상연골의 내면, 내하방으로는 탄력원추막, 내측으로는 후두실, 그리고 내상방으로는 사각막과 경계를 이룬다. 이 공간은 후두 내에서 악성종양의 침윤에 임상적 의의를 갖고 있는데, 후두실에 침범한 후두암은 이 성문주위공간으로 가서 쉽게 다른 영역 즉, 성문상부나 성문하부로 파급시킨다. 또한 이 공간은 후방으로 이상와 점막과 근접해 있으므로, 이상와에 생긴 암의 후두 내 전이의 파급로가 되기도 하고, 반대로 후두 내 암의 이상와로의 파급경로가 된다.

라인케씨 공간(Reinke's space)

성대인대를 느슨하게 싸고 있는 점막 직하부의 상피하 공간으로 성대의 유리연을 따라 존재한다. 이를 조직학적으로 관찰하면 성대는 성대근(vocalis muscle)과 그를 덮고있는 점막으로 이루어져 있는데, 그 점막은 또 상피(epithelium)와 점막고유층(lamina propria)으로 구분된다. 특히 성대 유리연 및 그 부근에서 점막 고유층은 섬유성분이 엉성한 천층(superficial layer)과 그 밑으로 탄력섬유가 밀집된 중간층(intermediate layer)과 교원 섬유가 풍부하게 밀집된 심층(deep layer)의 세 층으로 나뉜다. 이중 표재 층이 라인케씨 공간에 해당되고, 중간층과 심층이 성대인대에 해당 된다.

이 라인케씨 공간(Reinke's space)은 성대의 유리연을 따라 갑상연골의 연골막에서 피열연골의 성대돌기까지 성대의 막양부 전장에 걸쳐

서 있으며, 성대의 상하 궁상선(arcuate line)을 경계로 구분된다. 성대의
만성적 자극과 염증으로 인해 이 공간에 제한적으로 부종이 호발되며,
후두미세수술시 이 공간을 경계로 외과적 손상을 그 이상 가하지 않으
면 수술 후 성대에 상흔이 남지 않는 음성외과수술의 좋은 효과를 기대
할 수 있다.

후두의 생리

표 1-4-1. 후두의 생리적 기능

A. 하기도의 보호기능(Protection of the lower airway)
　1. 후두 입구부 폐쇄
　2. 성문 폐쇄
　3. 호흡 정지
　4. 기침 반사

B. 호흡 조절 기능(Respiration)
　1. 호흡 통로
　2. 성문저항 조절

C. 발성기능(Phonation)
　1. 높낮이 조절(Pitch)
　2. 크기조절(Volume)
　3. 제감 작용(Damping)
　4. 복화술(Ventriloquy)
　5. 이중음(Double voice)

D. 흉강고정의 기능(Fixation of the chest)
　1. 발살바법(Valsalva maneuver)
　2. 무거운 것을 들 때, 절벽을 오를 때 등

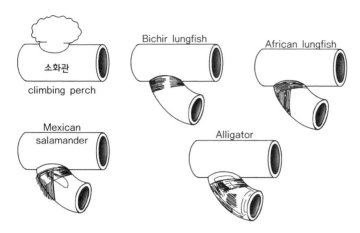

그림 1-4-1. 계통학적 후두의 발생

　사람의 후두 기능을 중요도에 따라서 열거하면 하기도의 보호 기능
(protective function), 호흡 기능(respiratory function), 발성 기능(phonatory
function), 흉강고정(fixation of the chest)의 기능의 네 가지로 요약할 수
있다.(표 1-4-1) 여기서 후두기능을 체계적으로 안다는 것이 여러 가지로
다양한 후두 질환을 적절하게 치료할 수 있는 지침이 된다.

　후두의 기능을 계통발생학적으로 살펴보면, 후두 기능의 중요도를
순서대로 알 수 있다.(그림 1-4-1) 물속에 살던 물고기가 땅 위로 올라와서
살게 되는 과정 중의 하나라고 생각되는 등목어(climbing perch, anabas
scandens)의 경우, 아가미 위에 호흡게실(respiratory diverticulum)이 존재
한다. 이 원시적인 호흡 기관에는 물이 호흡 기관으로 들어오는 것을
막을 수 있는 밸브는 없다.

　폐어(lungfish)의 일종으로 나일강에서 서식하는 bichir 폐어(bichir
lungfish, Ploypterus)에는, 괄약근으로 이루어진 단순한 호흡 밸브가 있어
서 물이 들어가는 것을 막아주고 있다. 아프리카 폐어(African lungfish,

Protopterus)에는 괄약근뿐 아니라, 따로 분리된 근육편이 있어서 밸브의 크기를 확대시킬 수도 있다. 아프리카 폐어는 물속에서 살 때에는 괄약근이 막힌 상태로 있으나, 가뭄이 심해서 강물이 마르면, 밸브를 열어서 공기가 폐로 들어가도록 한다.

즉, 물속에 사는 동물 중, 원시 후두를 가지고 있는 동물의 후두의 주 기능은 물이나 외부 물질이 하기도로 들어가는 것을 막아주는 단순한 밸브의 역할만을 한다는 것을 알 수 있다. 그러나 땅 위에서 공기를 호흡하며 사는 동물은, 단순한 밸브의 역할 이외에도 호흡을 원활히 하기 위하여 밸브 부위를 능동적으로 열어줄 수도 있어야 한다.

후두에서 공기흐름의 양을 많이 하기 위하여, 양서류 중에 멕시코 도롱뇽(Mexican salamander, Amblystoma)의 경우에는, 성대의 양측에 외측후두연골(lateral laryngeal cartilages)을 가지고 있으며 이곳에 성대 개대근이 붙어 있다.

외측후두연골에 붙어 있는 성대 개대근의 개대 기능을 더 원활히 하기 위하여, 이보다 고등동물인 악어(alligator)의 경우에는 후두와 기관 사이에 연골륜(cartilage ring)을 가지고 있으며 이곳에서 성대 개대근이 기시된다. 양서류의 외측후두연골은 사람의 피열연골과 구조적으로 유사하고, 파충류의 연골륜은 사람의 윤상연골과 비교될만할 것이다.

즉, 계통 발생적으로 볼 때, 후두의 기능을 중요도 순으로 나열하면, 하기도 보호 기능, 호흡 기능, 발성기능의 순이라고 할 수 있으며, 발성기능이 가장 덜 중요해서, 고등동물에서나 필요한 기능이라고 할 수 있다. 이러한 후두의 기본 기능들은 뇌간에서 유발되는 다양한 다접합 뇌간반사(polysynaptic brainstem reflexes)에 의해 이루어진다. 하기도의 보호기능은 전적으로 불수의적이고 반사적으로 이루어지지만, 호흡

기능과 발성기능은 수의적으로 시작되고 불수의적인 되먹임 반사(feedback reflexes) 때문에 조절된다.

1-4-1. 하기도의 보호기능

후두의 하기도 보호기능의 대표적인 예로서 성문 폐쇄 반사(glottic closure reflex)가 있다. 이는 연하운동 시에 성문이 닫히는 단순한 반사운동인데, 상후두신경 내지를 전기 자극할 때 반회 후두신경의 성대 내전근 분지에서 다접합(ploysynaptic)의 유발 활동전위(evoked action potential)를 얻을 수 있는 것으로 증명할 수 있다.(그림 1-4-2)

사람에게서 성문 폐쇄 반사의 역치(threshold)는 0.5V, 잠복시간(latency)은 25ms이며, 다 접합의 뇌간 유발 반사의 양상을 보이며, 다른 동물 모형과는 다르게 반대 측으로 교차하지 않는 동측반사만 보인다. 따라서 사람에게서 한쪽 상후두신경이 손상되었을 때 이학적 검사상 성대의 움직임이 정상이더라도 연하 시에 손상을 입은 쪽의 성문 폐쇄가 되지 않으므로, 이물 흡인(aspiration)이 발생할 수 있다는 설명이 된다.

정상인에서 양측 상후두신경 자극 시에 유발되는 상부 기도의 폐쇄는 다음과 같이 후두 내에 있는 세 층의 주름에 의해서 이루어진다.

첫째로, 가장 위쪽에 있는 피열후두개주름으로서 그 속에는 갑상피열근의 위쪽 부분이 들어있다. 이 근섬유들의 수축으로 후두개가 밑으로 구부러지며, 앞쪽의 틈과 뒤쪽의 틈은 각각 후두개결절과 피열연골에 의해서 막히는 최상층에서의 기도 폐쇄가 일어난다.

두 번째의 기도 폐쇄는 가성대 부위에서 일어난다. 후두실의 지붕에

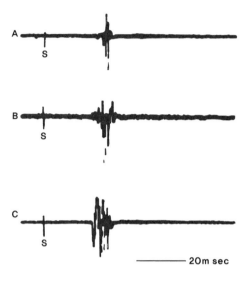

그림 1-4-2. 후두반사
상후두신경의 내지를 전기 자극했을 때 동 측의 성대 내전근에서
측정된 유발전위(3명의 환자 A, B, C에서 측정한 것임).

해당하는 가성대에서 갑상피열근의 근섬유가 있으며, 상후두신경의
자극에 의하여 반사적으로 양쪽 가성대가 막혀서 기도 폐쇄를 일으킨
다. 가성대는 약간 아래쪽을 향하고 있어서, 후두 상부의 이물질이 후
두 하방으로 못 들어가게 하는 작용보다는 기도 내의 가래나 잘못 흡입
된 이물질을 기침이나 재채기에 의해 제거하기 위하여, 가성대를 닫았
다가 터뜨리는 일을 주로 담당한다.

셋째로는, 가장 아래쪽에 있는 성대에서 일어나는 반사적 기도 폐쇄
인데, 이것은 상후두신경의 직접적 자극 이외에 여러 가지의 감각적
자극에 의해서도 일어난다. 예를 들면, 대부분 뇌신경의 구심성 신경
(afferent nerve)이나 특수 감각신경의 자극과, 척수에서 나오는 지각 신
경의 자극에 의해서도 성대 폐쇄를 일으킨다. 성대는 다소 위쪽 방향을

향한 선반 모양으로 생겼으며 갑상피열근의 아래쪽 대부분으로 이루어져 있다. 위에서 언급한 자극들에 의하여 매우 강력한 반사적 기도 폐쇄를 일으키며, 이물의 흡인을 방지하기 위한 가장 강력한 방어층의 역할을 한다.

반대로 성문 폐쇄반사가 너무 과도하게 유발되는 현상도 있는데, 이를 후두경련(laryngospasm)이라고 하며, 성대나 성문상부에 심한 자극이 있을 때 유발되며, 장시간 동안의 강한 성문 폐쇄를 일으킨다. 전신 마취 시에 간혹 후두경련이 유발될 수 있는데, 이때 적절한 처치를 하지 못하면, 상당한 위험에 빠질 수도 있으므로 주의를 요한다.

1-4-2. 호흡 기능

1949년에 Negus는 횡격막(diaphragm)의 하강으로 공기가 폐로 흡입되기 직전에 성문이 먼저 열린다는 보고를 하였다. 1969년, Susuki와 Kirchner는 이 현상을 일종의 호흡현상이라고 보고하였는데, 이것은 연수에 있는 호흡중추의 직접적인 조절에 의한 것으로 알려져 있다. 또한, Susuki와 Kirchner는 호흡의 흡기 시에 성문의 면적을 넓히려고 주기적으로 나타나는 이 현상은 반회후두신경의 주기적인 작용 때문이라는 것을 알아냈으며, 횡격막신경(phrenic nerve)과 유사하게 호흡장애로 인하여 혈중 탄산가스 분압이 높아지면 이 현상이 강화되고, 반대로 과호흡 시에는 약화된다는 것을 알아냈다. 이러한 호흡 기능의 주 작용은 후윤상피열근에 의하여 일어나는데, 호흡 주기 중 흡기 시마다 주기적으로 후윤상피열근의 수축이 유발되어 성대를 외전시킴으로써

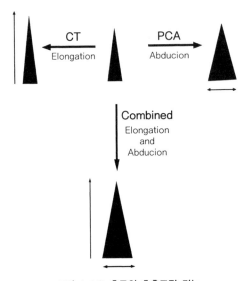

그림 1-4-3. 후두의 호흡조절 기능
후윤상피열근(PCA)의 수축으로 삼각형의 밑변이 넓어지고, 윤상갑상근(CT)의 수축으로
삼각형의 높이를 넓게 하여 성문 저항을 낮출 수 있다.

성문의 면적을 넓히게 되는 것이다. 이러한 현상이 일어나야만 되는 이유로는 위에서 설명한 대로 이물질이 기도로 잘못 흡인되는 것을 막기 위하여, 약간 위쪽을 향한 선반 모양을 한 밸브의 역할을 하므로, 공기 흡입 시에도 성대가 열려주지 않으면 공기 흡입에 저항을 줄 수 있기 때문이다.

후윤상피열근 이외에, 호흡 기능을 하는 또 하나의 근육은 윤상갑상근이다. 윤상갑상근은 평상 호흡 시에는 별로 호흡작용이 없으나, 상기도 폐쇄가 있거나, 심호흡 시에는 이 근육이 호흡 주기의 흡기 시와 때를 맞추어 주기적으로 수축하는 것을 알 수 있다. 윤상갑상근이 수축하면 성대는 길이가 길어지고 약간 내전하게 된다. 그러나 성문의 면적을 삼각형으로 생각할 때, 후윤상피열근의 수축은 성대를 외전시키므로 삼각형의 밑변을 넓게 하고, 윤상갑상근의 수축은 성대의 길이를 길어지게 하므로 삼각형의 높이를 높게 한다. 결국 이 두 가지 근육이 함께 수축하면 삼각형의 밑변과 높이를 함께 증가시킴으로써, 성문의 넓이를 최대한으로 넓히게 되어 성문 저항(glottal resistance)을 최소화할 수 있다.(그림 1-4-3)

1-4-3. 발성기능

표 1-4-2. 후두의 발성기능

후두의 4가지 기본적인 발성기능:

1) 폐로부터 직류성향의 공기흐름을 on-off로 바꿈
   → 성대음(glottal sound) 생성
2) 기본주파수 조절
3) 음강도의 조절
4) 음질의 조절(voice quality control)

사람의 목소리는 성대의 진동에 의하여 성대음(glottal tone)이 발생되며, 하인두로부터 입술까지의 성도(vocal tract) 및 비강에서 조음(articulation)과 공명(resonance) 과정을 통해 만들어진다. 목소리를 구성하는 여러 주파수의 소리 중, 양측 성대의 주기적인 여닫힘에 의해 폐로부터 성문으로 유입되는 직류 성향의 공기의 흐름을 on-off의 펄스(pulse)로 바꿈으로 생성되는 성대음(glottal sound)이 가장 기본이 되는 주파수인데, 이것을 기본주파수(fundamental frequency, F0)라고 한다.(표 1-4-2)

기본주파수린 목소리를 낼 때의 성대의 진동수를 의미한다. 과거에 Husson에 의해 제기되었던 신경흥분설(neuro-chronaxic theory)은 성대의 진동수는 반회신경에 의한 후두내근의 수축 수와 일치한다는 주장이었으나, 이 학설은 틀린 것으로 밝혀졌다. 왜냐하면, 사체의 후두를 떼어내서 성문을 좁게 한 상태로 공기를 통과시키면, 소리가 유발되는 것이 입증되었기 때문이다. 따라서 현재에는 공기역학설(aerodynamic theory)이 정설로 인정되고 있다. 양측 성대가 내전 된 상태에서 폐로부터 나오는 호기가 성문의 좁은 통로를 지나면서 소리가 유발된다는 학설이다. 성대를 닫게 하는 힘으로 성대 자체의 탄성과 좁은 공간에 빠른 유속이 생겼을 때 발생되는 음압, 즉 베르누이 효과(Bernouilli effect)에 의한다. 한편, 발성 시에 성대를 벌어지게 하는 힘으로는 호기에 의해 발생되는 성문하호기압(expiratory subglottic pressure)이 있다. 발성 시에 성대를 벌어지게 하는 힘이 성대를 닫게 하는 힘보다 커져서 성대가 열렸다가, 반대로 성대를 닫게 하는 힘이 더 커지게 되면 성대가 닫히는 현상이 주기적으로 생기므로 성대음이 발생되며, 이것이 목소리의 기본주파수를 형성하는 것이다.(그림 1-4-4)

20~30대 정상 성인 남자가 보통 크기, 보통 높이로 모음을 발성할 때의 기본주파수는 약 100~150Hz정도이며, 여자의 경우, 200~300Hz 가량된다. 그러나 높은 소리를 내거나 노래를 할 때에는 상당히 높은 주파수를 낼 수 있다. 기본주파수의 높낮이를 결정하는 역할을 하는 것으로는 성대의 질량(mass), 성대의 긴장도(tension), 진동에 관여되는 성대부분의 길이(length and damping), 성문하호기압(subglottic pressure) 등이다.

Hirano의 후두에 대한 조직학적 연구보고에 의하면, 성대의 몸체

(body)를 이루는 갑상피열근과 탄력원추막은 발성 시에 계속 내전 된 상태로 남아 있는 반면에, 그 위에 놓여 있으면서 덮개(cover) 역할을 하는 점막과 점막고유층은 발성 시에 생성되는 압력 변화로 주기적인 율동 운동을 일으켜서 성대음을 유발시킨다는 층 구조설(body and cover theory)을 주장하여서, 현재 거의 정설로 인정되고 있다.(그림 1-4-5) 이러한 주기적인 율동 운동에 대한 설명은 그림 1-4-4와 같다.

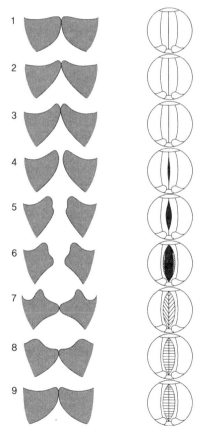

그림 1-4-4. 성대음이 발생될 때의 성대의 주기적인 여닫힘

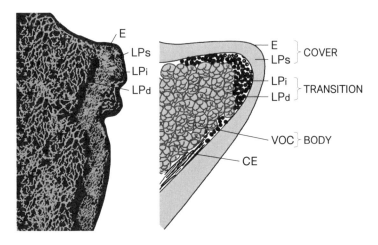

그림 1-4-5. 성대의 층 구조

E - 상피(epithelium)　LPs - 점막고유층, 천층(lamina propria, superficial layer)
LPi - 점막고유층, 중층(lamina propria, intermediate layer)
LPd - 점막고유층, 심층(lamina propria, deep layer)　VOC - 성대근(vocalis muscle)
CE - 탄력원추막(conus elasticus)

　성대의 주기적인 개폐운동으로 인하여 폐에서 나오는 공기의 흐름을 규칙적으로 차단하여 발생되는 성대음은 기본주파수(F0)와 배음(harmonic partials)을 갖게 되는데, 성도를 통해 나오면서 인두강과 구강에서 공명과 조음 현상을 일으키게 된다. 모음을 발성할 때 주로 혀와 입술의 위치 변화와 그에 따른 공명강의 모양 변화는 성도의 공명에너지 주파수대(음형대, 포르만트, formant)를 변화시켜서 서로 다른 소리를 만들어내게 된다. 이때 성도의 모양 변화에 의하여 만들어지는 음형대에 의하여 성대음의 공명에너지 주파수대가 변하는 과정을 성도전이함수(vocal tract transfer function)라고 한다.

1-4-4. 흉강고정의 기능

무거운 것을 들거나 배에 힘이 들어가는 일을 수행할 때 복압이 효과적으로 상승 되려면 흉강이 폐쇄강을 유지해야 한다. 이때 성대와 가성대가 강하게 내전되어서 풍선의 입구가 막히듯이 흉강의 입구인 후두를 강하게 막아서 흉강을 폐쇄강으로 고정함으로써 복압을 증가시킬 수 있고 힘이 들어가는 일을 수행할 수 있는 것이다.

호흡 기관

　말소리를 만들어내거나 노래 소리를 내게 할 수 있는 에너지원은 공기의 흐름이다. 공기를 들어 마시거나 내보내는 일을 담당하는 기관이 호흡 기관이다. 정상적인 말소리의 생성은 들어 마신 공기를 입술 혹은 코 방향으로 내 보내면서, 성대에서 혹은 소릿길(성도) 말소리를 만들어 내게 된다.

　후두를 포함하여 그 위를 이루는 인두, 구강, 비강을 상부 호흡기라 하며, 후두 밑의 기관, 기관지, 모세기관지, 폐 등을 하부 호흡기라 부른다.

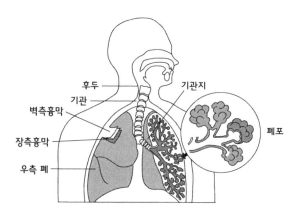

그림 1-5-1. 호흡기의 구조
후두의 아래를 하부 호흡기라 한다. 기관, 기관지, 폐포로 형성되는 폐 등이 여기 속한다.

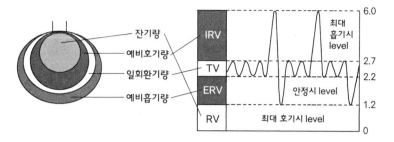

용적(Liter)			
	남자	여자	
폐활량 IRV	3.3	1.9	} 흡기량
TV	0.5	0.5	
ERV	1.0	0.7	} 기능적 잔기량
RV	1.2	1.1	
총폐활량	6.0	4.2	

예비흡기량(IRV, inspiratory reserve volume)
일회흡기량(TV, tidal volume)
예비호기량(ERV, expiratory reserve volume)
잔기량(RV, residual volume)
폐활량(VC, vital capacity)

그림 1-5-2. 호흡 싸이클

천천히 보통의 호흡 시 드나드는 공기의 양을 '일회환기량(tidal volume, TV)'이라고 한다.
말하려고 하거나 노래를 하려 할 때에는 흡기 시 공기를 좀 많이 들이마셔야 한다.

ㄱ) 들숨근육;

숨을 들이마실 때 사용되는 근육을 들숨근육(inspiratory muscles)이라고 한다.

주 들숨근은(그림 1-5-3),

횡격막(diaphragm),

외늑간근(exteral intercostal m.): 늑골 사이에 사선(斜線) 형태로 분포되어 있어서, 수축을 하면 아래 늑골이 위로 들려 올려지면서 흉곽의 수평면이 다소 확장.

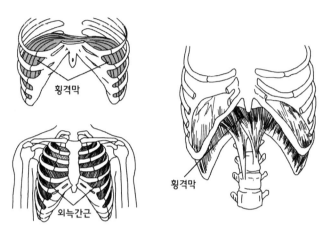

그림 1-5-3. 주 들숨근

주된 작용을 하는 들숨근은 횡격막과 외늑간근이다.

보조 들숨근은(그림 1-5-4),

흉곽 확장 근육; 대흉근(pectoralis major m.), 소흉근(pectoralis minor m.) 늑골거근(costal elevator m.), 후거근(serratus posterior m.), 목의 보조근육; 흉쇄유돌근(sternocleidomastoid m.)

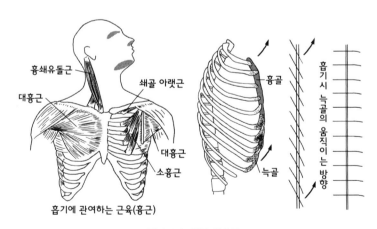

그림 1-5-4. 보조 들숨근

ㄴ) 날숨근육(그림 1-5-5)

4가지 복부근육: 내복사근(internal oblique abdominal m.)

외복사근(external oblique abdominal m.)

복횡근(tranverse abdominal m.)

복직근(rectus abdominal m.)

내늑간근(internal intercostal m.)

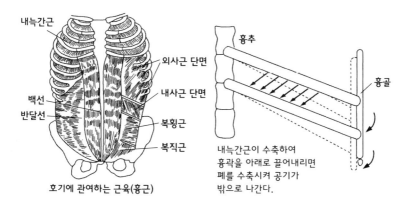

내늑간근

외사근 단면

내사근 단면

백선

반달선

복횡근

복직근

호기에 관여하는 근육(흉근)

흉추

흉골

내늑간근이 수축하여
흉곽을 아래로 끌어내리면
폐를 수축시켜 공기가
밖으로 나간다.

그림 1-5-5. 날숨근(호기근, expiratory muscles)

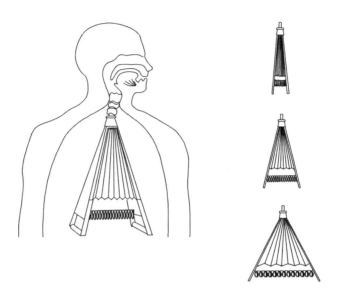

그림 1-5-6. 들어 마신 공기를 후두 쪽으로 밀어 올려 소리를 내게 한다.

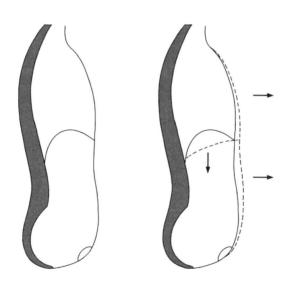

그림 1-5-7. 횡격막과 흉곽 복강 전벽의 움직임

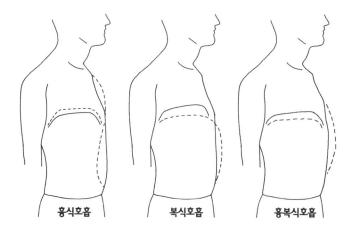

그림 1-5-8. 호흡법의 종류. 흉복식 호흡이 가장 바람직하다.

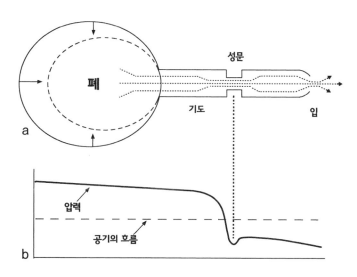

그림 1-5-9. 발성 시 공기역학적 모습(a)
성문하압(폐압), 공기의 흐름, 성문상부압의 모습(b)
이때 성대 점막의 주기적인 개폐운동으로 성대음이 만들어진다.

소릿길(성도, vocal tract)

1-6-1. 소릿길의 구조와 기능

홀소리(모음)는 성대에서 성대 점막의 주기적인 개폐운동에 의해 성문틈으로 자나가는 직류 성향의 공기의 흐름을 주기적인 맥동 흐름(pulse, on-off flow)로 바꾸어 주어 성대음이 생성되고, 이 성대음이 소릿길(성도)을 지나면서 공명과 조음과정을 이루면서 '말소리(speech sound)'로 만들어지는 것이다.

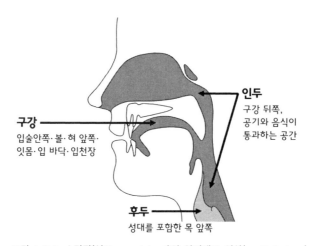

그림 1-6-1. 소릿길(성도, vocal tract)의 앞뒤세로 영상(sagittal plane)

소릿길의 구성은 크게, 인두강, 구강, 비강으로 나눌 수 있으며, 인두강은 다시 세 가지, 즉 하인강, 중인강, 상인강(비인강)으로 나눌 수 있다.

소릿길의 중심을 이루는 해부학적 구조는 '인두강'이다. 인구강은 점막으로 덮여있는 열린 공간으로서, 머리뼈의 하단과 비강의 뒷부분에서 시작하여 밑으로 원통형의 구조로 이루어져 있는데, 아래 끝은 후두의 뒷부분에서 식도로 이행되는 곳까지의 긴 원통형 구조이다. 인두강은 아래의 그림에서 볼 수 있듯이, 세 부분으로 나눌 수 있다.

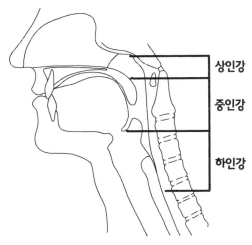

그림 1-6-2. 인두강의 도식적인 그림
상인강, 중인강(구인강), 하인강의 경계를 보여준다.

구강의 뒷부분을 차지하는 공간을 중인강이라 하는데, 다른 말로는 구강의 뒤라는 의미로 구인강(oropharynx)이라고도 불린다. 그 위 비강의 뒷부분 공간을 상인강 혹은 비인강이라고 하며, 중인강의 아래 부분을 하인강 혹은 후두의 뒷부분 인두강이라는 의미의 후인강이라고도 한다.

인두강은 호흡의 통로로서의 기능, 음식물이 지나가는 통로로서의 기능과 삼킴의 기능, 그리고 말하거나 노래를 부를 때 '공명' 및 '조음'의 기능을 수행하는 다목적의 공간이다. 목젖이 달려있는 연구개는 조음 시에 굉장히 중요한 역할을 수행한다.

중인강(구인강)의 앞쪽에는 구강이 존재한다. 구강은 입술, 혀, 입천장(경구개, 연구개), 치아, 상악(위턱뼈), 하악(아래턱뼈) 등의 구조로 이루어져 있다.

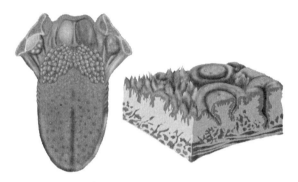

그림 1-6-3. 혀와 혀의 표면 미뢰

구강 구조 중 조음에 가장 중요한 역할을 하는 것은 역시 '혀'이다. 혀의 표면은 점막으로 덮여 있으며, 미각을 감지하는 미뢰 등이 존재한다. 혀의 근육은 내근(intrinsic muscles)과 외근(extrinsic muscles)으로 이루어져 있다. 혀 내근은 혀 안에만 위치하며, 수직설근, 횡설근, 혀위세로근, 혀아래세로근 등으로 이루어져 있다. 혀끝을 다양한 방향으로 움직일 수 있는 등 아주 섬세하고 기민한 움직임을 나타낼 수 있다. 혀 내근은 말을 하거나 음식을 삼킬 때 혀의 모양을 다양한 모습으로 만들면서 조음과 삼킴 작용을 주도하게 된다.

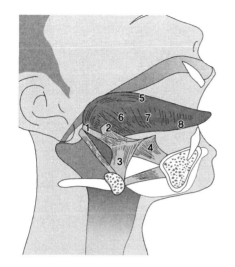

혀의 주요 근육

1 **붓혀근**
   혓몸을 위로 올리면서 뒤로 들어가게 함
2 **입천장혀근**
   혀의 뒷부분을 들어 올림
3 **목뿔혀근**
   혀의 측면을 아래로 당김
4 **턱끝혀근**
   혀를 앞뒤로 움직임
5 **혀위세로근**
   혀끝을 위로 들어 올림
6 **수직설근**
   혀의 위아래 폭을 조절
7 **횡설근**
   혀의 좌우 폭을 조절
8 **혀아래세로근**
   혀끝을 아래로 당김

그림 1-6-4. 혀의 주요 근육

혀 외근은 혀 밖의 다양한 구조에 붙어 있는 혀의 근육으로서 아래 턱뼈(mandible), 설골(hyoid bone), 연구개(soft palate) 등에 붙어 있어서, 다양한 방향으로 혀 몸체를 움직일 수 있다.

혀 외근은 크게 네 군으로 나눌 수 있다.

1) 턱끝혀근(genioglossus muscle)

2) 설골설근(목뿔혀근, hyoglossus muscle)

3) 경상설근(붓혀근, styloglossus muscle)

4) 구개설근(입천장혀근, palatoglossus muscle)

혀의 앞쪽 2/3 경구 혀(oral tongue)라고 하며 구강 내에 위치한다. 혀의 뒤쪽 1/3은 혀뿌리(base of tongue)라고도 하며, 중인두강에 위치한다.

구강의 천장은 구개라고 하는데, 앞쪽 2/3는 점막이 뼈를 덮고 있으며 이를 경구개(hard palate)라고 하고, 뒤 1/3은 뼈가 없이 근육과 점막으로 이루어진 연구개(soft palate)이다. 구강의 다른 구조로 치아가 있다. 윗턱뼈(상악)에 박혀 있는 윗니 들이 있고, 아래턱뼈에 박혀 있는 아랫니 들이 있다. 치아보다 더 앞에는 입술이 있으며, 윗입술과 아랫입술로 구성되어 있다.

입술과 입술 주변 근육도 조음 과정 중, 입을 동그랗게 만들거나 입이 앞으로 돌출되게 하거나, 입을 벌리거나, 좌우 방향으로 길게 찢어지게 만드는 등 작용을 한다.

소릿길의 나머지 한 길은 비인강(상인강)을 거쳐 비강을 통하여 콧구멍까지 연결되는 통로이다.

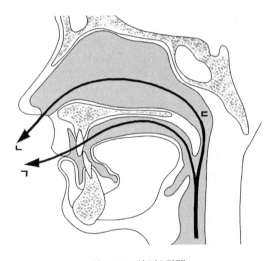

그림 1-6-5. 성도(소릿길)
ㄱ) 후두-중인강-구강 통로, ㄴ) 후두-중인강-비인강-비강 통로,
ㄷ) 연인두협부(velopharyngeal isthmus)라고 함.

말소리를 만드는 과정 중 소릿길(성도)은 공명과 조음 과정을 담당하는 곳이다. 모음(홀소리)은 성대에서 성대음(glottal sound)을 만들고 이 성대음이 성도를 통과하는 과정 중 공명강인 성도의 입체적 모양을 좁히거나 넓히고 혀의 전, 후, 상, 하 움직임에 의하여 공명주파수대(포르만트, formant, 특히 F1 & F2)의 위치를 변화시키면서 소리를 변형시켜 조음하는 것이다. 대부분 모음(홀소리)의 소리 에너지는 구강을 통하여 배출되는데, 일부 에너지(약 10~25%)는 비인강을 통하여 비강으로 배출이 되는 것이 정상이다. 비염이나 축농증에 의하여 비강 통로가 막히거나 많이 좁아져 있는 경우, 비강 공명이 정상보다 저하되게 되어 소리가 좀 답답하게 느껴지게 되는데, 이를 '과소비성(hypo-nasality)'이라고 한다. 반대로 선천적 구개열 환자의 경우, 비강공명이 정상보다 과다하게 많이 되게 되는데 이런 경우는 '과다비성(hyper-nasality)'이라고 한다.

조음 시 비인강으로의 공기 흐름을 조절하는 부위를 **연인두협부**(velopharyngeal isthmus, 그림 1-6-5, ㄷ)라고 한다. 연구개의 접힘, 후인두벽과 좌우 인두측벽의 수축에 의하여 이 부분을 좁힘으로써 비강 누출의 정도를 조절하게 된다. 정상 모음 중에서는 모음 "이"가 다른 모음에 비하여 비강 누출이 많아 '비음도'가 가장 높은 모음이다.

'비음도(nasalance score)'란 "(비강을 통한 소리에너지) / (구강을 통한 소리에너지 + 비강을 통한 소리에너지) × 100"으로 계산되는 수치인데, 이를 측정할 수 있는 장비를 '비음도측정기(nasometer)'라고 한다.

그림 1-6-6. 비음도측정기로 비음도를 측정하는 모습

사음(낮소리) 중에서 비자음(nasal consonant)은 "ㄴ, ㅁ, ㅇ"인데, 비자음은 다른 자음과 다르게 성대음이 만들어지며, 이 소리 에너지가 오로지 비인강과 비강을 통해서만 배출되는 독특한 조음 과정을 거친다. 비강을 통과할 때 많은 에너지가 필터링되기 때문에 소리가 작고 부드러운 소리가 난다.

어떻게 말소리를 만들어 내는가?

1-7-1. 말소리 정의

말소리(speech)란 인간의 발음 기관을 통하여 발생되는 언어학적으로 의미 있는 소리라고 정의한다. 발음 기관에는 폐와 기관, 기관지, 횡격막, 호흡 근육 등으로 구성되고 있는 호흡기관과 성대가 들어 있는 후두, 내후두근(intrinsic laryngeal muscles), 외후두근(extrinsic laryngeal muscles) 등으로 구성되고 있는 발성기관, 그리고 인두강, 구강, 비강, 혀, 입천장 등으로 이루어져 있는 공명 및 조음기관의 세 가지 기관이 관여되며, 이 세 기관에 있는 수백 개의 근육이 뇌의 언어중추와 연결되어 있는 신경의 작용으로 수축 이완되면서 말소리 생성을 이루게 한다.

1-7-2. 말소리 생성 과정

Catford(1988)에 의하면 말소리 생성의 세 과정을 발동(initiation), 발성(phonation), 조음(articulation)이라 명명하고 이를 말소리의 기능적 구성 요소(functional components of speech)라고 하였다.

발동(initiation)

발동 과정, 즉 기류 작용은 폐로 공기를 들어오게 하는 들숨(inspira-tion) 작용 후, 폐를 압박하여 적절한 폐압(lung pressure)을 형성하여 후두 쪽으로 기류의 흐름을 만드는 날숨(expiration) 작용과 함께 성대를 적절한 힘으로 좁혀 줌으로써 성대에서 발성이 되게 하거나, 성도(vocal tract)에서 소릿값을 만들어 내는 과정까지의 기류의 흐름 과정을 말한다.(그림 1-7-1)

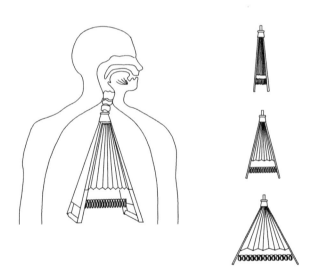

그림 1-7-1. 말소리 생성의 발동 과정인 호흡에 대한 이해를 돕는 모식도

들숨에 관여되는 흡기근(inspiratory muscles)에는 횡격막, 외늑간근이 주로 작용하며, 대흉근, 소흉근, 흉쇄유돌근 등 많은 근육들이 보조적

인 들숨 작용에 관여된다. 말소리 생성과 관련된 날숨은 팽창된 흉곽의 복원력으로 대개 이루어지나, 강한 말소리의 생성이나 노래를 하는 등 큰 압력이 필요할 경우에는 주로 배에 있는 복부근의 수축 작용으로 복압을 증가시켜 횡격막을 위로 밀어 올리며, 내늑간근의 수축으로 흉곽을 압축시켜 높은 폐압을 형성하게 된다.

발성(phonation)

발성 과정은 발동 과정을 통하여 공급된 기류가 성대를 거치면서 조절 과정을 갖게 되는 현상을 말한다.

성문파의 조건 : 성대에서 소리가 만들어지기 위해서는 성대 사이를 흐르는 공기의 흐름이 주 에너지원이 되어 성대 점막의 주기적인 개폐 운동으로 공기의 흐름을 주기적으로 차단시킴으로써, 직류 성향의 공기의 흐름을 성문파(glottic pulse, on-off flow)로 바꾸어 주는 현상으로서, 이를 위해서는 세 가지의 조건이 필요하다.

첫 번째로 두 성대 사이의 거리가 가까워져야 한다. 성대 사이의 틈을 좁게 하려면, 내후두근 중 성대내전근(adductor muscles)의 적절한 수축이 필요하며, 실험에 익하면, 양측 피열연골(arytenoid cartilage)의 성대돌기(vocal process) 사이의 거리가 3mm 이내로 가까워져야만 적절한 성문하압(subglottic pressure)이 형성된다고 한다.(그림 1-7-2)

후두 내에는 두 개의 연골로 이루어진 관절이 있는데, 윤상-피열관절(crico-arytenoid joint)과 윤상-갑상관절(crico-thyroid joint)이 그것이다. 윤상-피열관절은 성대를 여닫는데 주로 관여하며, 윤상연골(cricoid

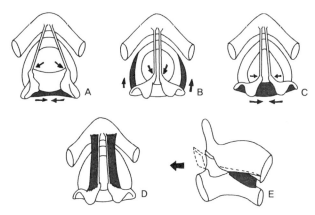

그림 1-7-2. 내후두근들의 운동에 대한 모식도

A: 후윤상피열근(posterior crico-arytenoid muscle; PCA)

B: 측윤상피열근(lateral crico-arytenoid muscle; LCA)

C: 피열근(inter-arytenoid muscle; IA)

D: 갑상피열근(thyro-arytenoid muscle; TA), 성대근(vocalis muscle)

E: 윤상갑상근(crico-arytenoid muscle; CT)

cartilage)의 양 측면의 비스듬한 부분에 타원형의 볼록면 위에 피열연골의 오목면이 맞닿게 되어, 전후 흔들림 운동(rocking movement)과 좌우

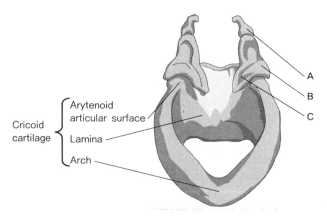

그림 1-7-3. 윤상-피열관절과 소각연골(corniculate cartilage(A)),
피열 연골의 근돌기(B), 성대돌기(C)를 보여주는 모식도

로 미끄러짐 운동(sliding movement)을 주로하는 관절이며, 미약한 회전 운동(rotation movement)을 할 수 있는 관절이다.(그림 1-7-3) 그림 1-7-2의 A, B, C 운동 등에는 이 윤상-피열관절이 움직이면서 성대를 열거나 닫게 되는 것이다.

두 번째로 성대의 상태가 유연하고 탄력이 있어야 한다. 성대 점막이 상처 등으로 인해 유연하고 탄력적이지 못할 경우에는 성대 사이의 틈을 아무리 좁게 하더라도 성대음이 만들어지지 못하게 된다. 정상 성대는 여러 개의 층으로 이루어져 있어서 빠른 진동을 할 수 있는 것으로 알려져 있으며, 이를 몸체-덮개 이론(Body-Cover Theory)이라고 정의하였는데, 즉 발성이 주로 일어나는 성대의 앞 2/3에 해당되는 막양성대는 조직학적으로 여러 층구조(layered structure)로 이루어져 있다는 이론이다.(그림 1-7-4)

세 번째는 기류역학적인 조건으로 성문 위·아래 사이에 충분한 압력 차이가 있어야 한다. 즉, 성문하압이 충분이 높아야 하고, 성문상부압(supraglottal pressure)은 높지 않아야만 성대점막의 진동이 원활하게 만들어 질 수 있다는 이론이다. 성문하압은 폐압과 같다고 볼 수 있는데, 이 압력은 흉곽을 압축하는 압력과 밸브 역할을 하는 성대 닫힘의 힘의 합으로 이루어진다. 성문상부압은 성대 위의 성도가 막혀 있지 않는 한 대기압과 같아서 압력이 거의 형성되지 않으므로 성대의 진동이 만들어지는 데에 아무 문제가 없으나, 어떤 원인으로 성도가 막혀서 성문상부압이 발성 시 많이 증가되는 문제가 발생한다면, 원활한 성대 진동이 생기지 못할 수도 있다.

위의 세 가지 조건이 충족되어 성대 진동에 의한 성대음이 만들어지는 경우, 성대 위의 성도에서 조음과 공명(resonance) 작용이 동시에 일

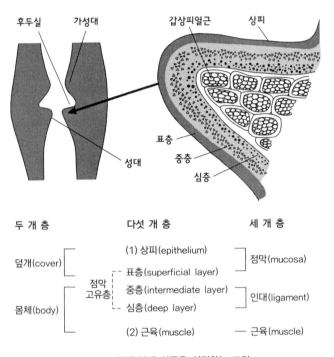

두 개 층   다 섯 개 층   세 개 층

덮개(cover)

(1) 상피(epithelium)　　점막(mucosa)

점막　표층(superficial layer)
고유층　중층(intermediate layer)　인대(ligament)

몸체(body)　심층(deep layer)

(2) 근육(muscle)　　　근육(muscle)

그림 1-7-4. 몸체-덮개 이론을 설명하는 그림

상피층과 점막고유층의 표층인 라인케공간(Reinke's space)까지를 '덮개', 탄력원추막(conus elasticus)의
초생달 모양 끝부분인 성대인대(vocal ligament)와 성대근을 '몸체'이라고 하였다.

어나, 말소리를 다듬어 완성하게 되는 과정으로 이행되게 되는데, 이
조음과 공명 과정은 나중에 다시 자세히 알아보기로 하고, 여기서는
발성 과정에 대한 보다 자세한 설명을 갖도록 하겠다.

성대의 일차적 기능 : 후두, 특히 성대는 성문음 발성 과정에서 다음
네 가지의 일차적 기능을 갖고 있다.

성문음(glottal sound)으로 전환

폐에서 성대 사이로 흐르는 직류 성향의 공기 흐름을 주기적인 성문파(glottal pulse)인 성문음으로 바꾸는 것이다. 성대를 닫고 있는 힘보다 성문하압의 압력의 크기가 더 커지게 되면, 자동적으로 성대의 아래 부분이 열리게 되면서, 성문틈 사이로 바람이 새어 나가게 되는데, 이 때 성대점막이 붙었다 떨어졌다 하는 주기적 개폐운동의 진동을 계속 하게 되는데, 이 과정을 이해하려면 베르누이효과(Bernoulli effect)를 이 해할 수 있어야 한다.

베르누이 효과란 18세기 스위스의 수학자 겸 물리학자인 베르누이 가 발견한 것으로, 기체나 액체가 협착된 부위를 흐를 때 그 속도가 증가한다는 관찰에 기초한다. 간단히 말해서 베르누이는 기체나 액체 가 이 협착부를 지날 때 속도가 빨라져서 음압 상태가 된다는 것을 발견하였다. 비행기의 날개가 위는 불룩하고 아래는 직선이라 지상을 빠르게 달려갈 때 위로의 부력이 생겨 날아오르는 것은 바로 이 베르누이 효과를 이용한 것이라 볼 수 있다.

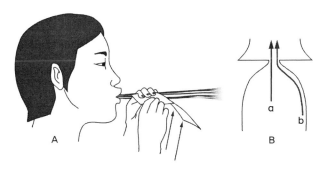

그림 1-7-5. A: 종이를 입 앞에 대고 바람을 불 때 밑으로 쳐져 있던 종이가 위로 들려 올라간다. B: 성대에서 공기 입자 a, b의 흐름.

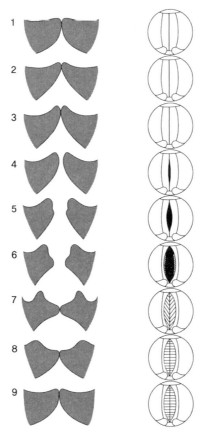

그림 1-7-6. 발성 시 성대 점막의 상연과 하연이 약간의 시간적 위상차를 두고
접촉되었다가 떨어졌다 하면서, 성문파를 만드는 모습의 모식도

(5: 개방기|open phase, 9: 폐쇄기|closed phase)

발성 시 베르누이 효과가 성대의 진동에 작용되는 과정을 좀 더 자
세히 살펴보면, 위의 그림 1-7-5에서 성대 표면에 더 가까운 공기 입
자 b의 속도보다 성문 중앙을 통과하는 공기 입자 a의 속도가 빠르므
로 운동에너지(kinetic energy)는 크고 상대적으로 위치에너지(potential
energy)는 작아져서 성대 표면의 압력이 조금 감소되므로 내측으로 빨

려 들어감 현상이 나타나게 된다. 양측 성대가 중앙에서 만나서 막히게 되면 성문을 통한 공기의 흐름은 차단되고 성문하압이 다시 상승되기 시작하고, 성문하압이 성문을 막고 있는 양측 성대의 압력보다 커지면 다시 성대가 벌어지게 되고 공기가 지나가게 된다. 이 현상이 반복되어 공기의 흐름을 주기적으로 차단함으로써 직류 성향의 공기의 흐름을 성문파로 바꾸어 주는 현상이 반복적으로 형성되어 지속적인 성문음(glottic sound)을 만들게 된다.(그림 1-7-6)

주파수 조절(frequency control)

음의 높낮이, 즉 주파수 조절에 대하여 자세히 알아보도록 하자. 우선, 기본주파수(fundamental frequency; F0)의 의미를 확실히 알 필요가 있다. 성문음 발성 시 1초간의 성대 점막의 개폐 진동수를 말하며, 보통 편안한 높이와 보통 크기의 모음을 지속적으로 발성할 때의 성대 진동수를 의미한다. 젊은 남성의 경우, 100~150Hz정도이며, 젊은 여성의 경우, 200~250Hz를 보인다. 이론적으로 사람의 성대는 7옥타브(octave)의 음역을 가질 수 있다고 하나, 특별한 발성 훈련을 받지 않은 보통 사람의 경우, 약 2옥타브의 기본주파수 범위에서 성대음을 낼 수 있고, 잘 훈련 받은 성악가의 경우, 약 4옥타브까지 소리 높낮이를 조절할 수 있다고 한다.

사람의 성대는 현악기 현의 높낮이 조절과 비슷하여, 성대의 질량(mass), 성대의 길이(length), 성대의 세로 장축 긴장도(longitudinal tension)에 의하여 결정된다. 질량이 적을수록, 길이가 짧을수록, 세로 장축 긴장도가 높을수록 고음이 나게 된다. 성문하압도 고음을 내는데 직접

자용하게 된다. 예를 들어, 성대의 질량과 길이가 일정할 때, 성문하압이 낮은 경우보다 높은 경우에는 성문틈이 벌어지면서 많은 공기양이 성문틈을 통과하기 때문에 성대 중앙 부위가 측방으로 밀려남이 훨씬 커지면서 성대 표면을 긴장도가 커지게 되어 고음을 산출하게 되는 것이다. 남자가 여자보다 대체로 저음이 나는 것은, 남자 성대의 길이가 길고, 두께도 두꺼워 질량이 상대적으로 크기 때문이다. 성대의 조건이 비슷하나, 훈련받은 사람이 훈련 받지 않은 사람보다 고음을 낼 수 있는 이유는, 성대를 보다 팽팽하게 긴장도를 올릴 수 있으며, 성문하압을 더 크게 만들어냄으로써 가능하다는 설명을 할 수 있다. 성대의 세로 장축 긴장도의 조절은 주로 윤상갑상근의 수축에 의하여 성대를 팽팽하게 만들면서 길고 얇게 만들게 되어, 고음 발성에는 이 근육의 단련이 아주 중요하다 할 수 있다. 한편, 성대근 수축은 성대를 두껍고 굵게 만들며 성문의 앞부분을 강하게 접촉하게 하고 성대의 내부 긴장도를 올리게 할 수 있어, 강한 고음을 발성하고자 할 때에는 윤상갑상근과 성대근을 함께 강하게 수축시킴으로써 큰 성문하압을 만들어 강한 고음 산출을 이룰 수 있게 된다. 그런데 흥미롭게도 윤상갑상근의 수축은 성대표면의 긴장도를 높이게 되는데, 성대근의 수축은 성대내부의 긴장도는 높이나, 성대표면은 오히려 느슨하게 되어 성대표면 긴장도는 낮아지게 되는 현상을 보이는 것이다. 성악가들이 아주 강한 고음으로 노래할 때에는 모든 성대내전근과 윤상갑상근을 수축시키게 되며, 외후두근도 많이 사용하는 동시에, 성대가 앞으로 쏠리는 것을 뒤에서 붙잡아 주기 위해 후윤상피열근도 같이 수축하는 현상을 관찰할 수 있다. 이는 무거운 물건을 들어 올릴 때, 팔의 팔꿈치관절 굴절근과 신전근이 모두 강하게 수축하는 것과 같은 이치이다.

음의 강도 조절(intensity control)

음의 강도 조절은 후두내전근의 긴장도가 클수록, 성문하압이 클수록, 성문폐쇄율(closed quotient; CQ)이 클수록, 성문틈 사이 공기 흐름이 클수록 큰 소리를 낼 수 있다. 다시 쉽게 설명하자면, 큰 소리를 내려면, 숨을 충분히 많이 들이 마시고, 성대를 강하게 닫은 후, 복부에 충분한 압박을 가하여 높은 폐압 및 성문하압을 만들어서, 성대틈이 압력에 밀려 벌어지게 될 때, 많은 양의 공기 흐름이 빠르게 성문틈으로 지나가면서, 성대 유리연의 측면 이동이 크게 만들어지고, 이때 발생하는 베르누이 효과에 의한 음압에 의하여 성대의 아래 유리연이 빨려 들어오면서 성대 점막이 아래부터 넓게 접촉되는 현상이 생기게 되는 과정이다. 이때 성대 점막의 접촉 양상을 피부 표면 전극을 사용하여 전기의 저항 변화를 그래프로 볼 수 있도록 만들어진 기계가 전기성문파검사기(electroglottography; EGG)인데, 기본주파수를 이루는 한 파장(cycle)의 성문파형 중 점막 접촉되는 시간의 비율을 성문폐쇄율이라고 하며 이 숫자가 클수록, 강한 소리가 만들어진다고 할 수 있다. 또한 성대점막 접촉 면적이 넓어져 최대가 되었다가 다시 아래부터 떨어지기 시작하여 접촉 면적이 다시 작아지는 과정을 나타내는 전기성문파형검사의 지표를 성문속도율(speed quotient; SQ)라고 하는데, 이 성문속도율이 클수록 배음(harmonics)의 개수가 많이 나오는 풍성하고 깊이 있는 소리가 만들어져 결국 큰 성문음을 만들어내는 결과가 초래된다. 예를 들면 야구나 골프 같이 공을 타격하는 운동에서, 손잡이를 강하게 잡고 아주 힘 있는 스윙을 한다고, 타구가 꼭 멀리 가는 것이 아니고, 배트의 헤드 속도가 빠르면서, 힘을 빼야 될 부분을 힘을 빼야만 타구가 멀리 나가는 것과 같은 이치이다. 즉 강한 소리를 성대에서 만들어 내려면, 힘을 뺄 부분은 충분이 이완한 상태에서 배와 성대 닫는 근육에 힘을 적절히 주면서, 성문하압과 성문상부압의 차이를 최대한 유지하도록 성문 상부 인두강을 크게 열고, 성문틈 공기의 흐름을 빠르게 만드는 것이 요령이라 할 수 있겠다. 이때 만들어진 좋은 성문음(glottal sound)을 다시 잘 공명시켜서 더 큰 소리를 산출할 수 있는 것이다.(그림 1-7-7)

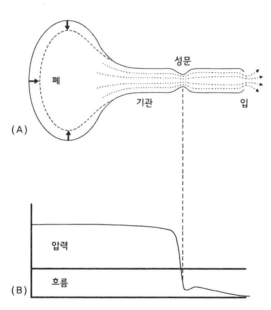

그림 1-7-7. 성대가 밸브의 역할을 하고 폐를 압축시켜 성문하압을 형성하여 성문음을 산출하는 과정의 모식도. 성문상부압은 아주 낮다.

보통 대화 시의 성문하압은 5~10cmH2O 정도로 성대음을 만들어 내지만, 강한 발성이나 노래를 할 경우 20cmH2O 내외의 압력이 필요하고, 가창 시 강한 고음을 발성할 경우, 40~50cmH2O의 성문하압을 성악가들은 만들어내게 된다.

음색조절(voice quality control)

음색은 음원(sound source)에 해당하는 성문음의 다양한 산출과 관련이 있으나, 성도에서 이루어지는 다양한 공명과 조음과도 밀접한 관련이 있다. 음원과 공명·조음과 관련되는 다양한 정보를 알기 위해서는 스펙트럼(spectrum)과 스펙트로그람(spectrogram) 등의 다양한 음성분석 장치를 이용해야 한다. 음향스펙트럼(acoustic spectrum)으로 말소리를 분석하면, 기본주파수와 그 배음들의 위치와 크기를 알 수 있다. 이는 햇빛을 분광기로 분석하여 파장이 서로 다른 무지개 색으로 분광할 수 있는 것과 같은 원리이다. 음향스펙트럼의 종류로는 FFT(Fast Fourier Transform), LPC(Linear Predictive Coding) 등이 있으며, 기본주파수의 주파수, 배음의 개수와 음형대(Formant)의 위치 등을 알 수 있다.

1-7-3. 공명(resonance)

성도 공명에 대하여 자세히 알아보자. 현악기의 대표적 악기라고 할 수 있는 바이올린이나 기타는 음원을 만들어 내는 역할을 하는 줄과 공명통이 합쳐져 있는 모양을 하고 있다. 할로 바이올린 줄은 긁기나 기타 줄을 손으로 튕겨서 소리를 만들어 내면, 이 소리는 공명통을 울려서 크고 아름다운 소리가 발생되는 것이다. 사람의 목소리도 이러한 현악기와 비슷한 구조를 가지고 있어서, 두 개의 줄 모양을 하고 있는 성대에서 성문음을 만들어 내며 이 성문음이 성도를 통과하면서 여과되고 성도의 모양에 따른 특성에 따라 공명현상을 일으켜서 입술이나 콧구멍 바깥으로 방출뇌어 말소리를 만들어내는 것이다.

　진동 가능한 어떤 계가 그 계의 자연 진동수와 거의 같은 진동수를 갖는 주기적인 힘을 받을 때 그 계는 비교적 큰 진폭으로 진동하게 되는데 이런 현상을 공명이라고 한다. 공명현상을 이해하려면 우선 헬름홀츠 공명관(Helmholtz resonator)을 생각해 보는 것이 좋을 것이다. 좁은 구멍을 가지고 있는 단단한 공 모양의 통의 입구 부분에 여러 가지 다양한 파장의 소리굽쇠를 퉁겨서 갖다 댈 때, 어떨 때는 통이 울리며 공명하고 어떤 소리굽쇠에는 공명하지 않는 것을 발견하게 된다.(그림 1-7-8) 공명관이 가지고 있는 자연 진동수와 맞는 소리굽쇠 소리의 공기 진동이 공명관 내부의 공기를 공진시킴으로써 발생되는 현상이며, 이 때 헬름홀츠 공명관의 공명 커브를 표로 나타낼 수 있다. 공명관 내부가 단단할수록 공명되는 주파수대가 좁아서 좁은 산 모양을 보이며, 높은 Q값을 가지고 있다고 한다. 이를 다른 말로는 주파수대역폭(bandwidth)이 좁다고 표현할 수도 있다.

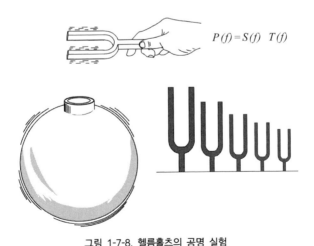

$$P(f) = S(f)\ T(f)$$

그림 1-7-8. 헬름홀츠의 공명 실험

성도와 공명

소리굽쇠가 한 가지의 파장만을 가지고 있는 순음(pure tone)을 만들어 내는데 비하여, 현악기나 성대음은 기본주파수와 그 배수의 파장들로 구성되는 배음들이 함께 만들어지며, 이 기본음과 배음들은 공명관을 통과하지 않는 경우에는 1 옥타브 올라갈 때마다 12dB씩 줄어드는 것으로 알려져 있다. 사람 말소리의 모음과 유성자음은 음원인 성대에 의한 주기적인 공기진동이 공명계인 성도를 공진시킴으로써 발생된 음성파형으로 시간에 따라 변화하는 주기적인 복합파형을 가지고 있다. 이 복합파형은 성대진동에 의한 기본주파수와 그것의 배음들로 역시 구성되며, 배음들의 진동수는 기본 진동의 정수배로 이루어져 있으나 각각의 배음들은 일률적으로 크기가 감소되지 않고 파장에 따라 다른 진폭을 가지고 있다. 그 이유는 사람 공명관인 성도에서의 여과와 공명현상에 의한 변화가 생기기 때문이다.

사람의 공명관은 인두강과 구강의 주공명관과 인두강과 비강의 보조공명관으로 이루어져 있어서 우리말 'ㅋ'의 모양을 이루고 있고, 'ㄱ' 자 모양으로 가운데가 꺾여 있다. 그리고 사람의 공명관을 한쪽은 성대로 막혀있고 한쪽은 입술로 열려있는 편측개방공명관(closed cavity resonance tube)이라고 생각할 수 있다.(그림 1-7-9) (90도 굽은 관이나 일자형 관의 차이는 거의 없는 것으로 간주할 때).

공명관을 따라 전파되는 종파(음파도 종파의 일종임)는 관의 끝에서 반사되어 진행파와 반사파의 간섭에 의하여 정상파(standing wave)를 만들 수 있다. 관의 끝이 막혀 있으면 반사파와의 위상차가 π가 되어 관의 끝에서는 마디(node)를 이루고, 관의 끝이 열려 있으면 그곳에는 배

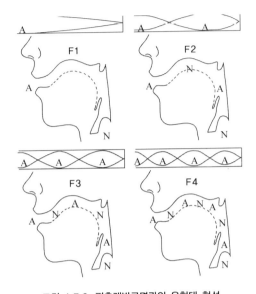

그림 1-7-9. 편측개방공명관의 음형대 형성

F1 : 제1음형대(포르만트), F2 : 제2음형대, F3 : 제3음형대, F4 : 제4음형대
N(node, 마디), A(anti-node, 배)

(antinode)를 이루게 된다. 관의 양쪽 끝이 모두 막혀 있거나 모두 열려있는 경우에는 가장 낮은 공명주파수(제1음형대(first formant; F1))는 C/2L에 형성된다. 여기서 C는 공기 중에서의 소리의 속도(340m/sec)이고 L은 음향관의 길이이다. 다음의 공명주파수들은 기본공명주파수의 정수배 즉 $Fn=nC/2L$, $n=1, 2, 3, 4, ---$ 이다.

사람의 공명관과 같이 한쪽은 막혀있고 한쪽은 열려있는 공명관의 경우는 가장 낮은공명주파수는 C/4L에 형성되고, 다음의 공명주파수들은 주파수의 홀수배 즉 $Fn=(2n-1)C/4L$, $n=1, 2, 3, 4, ---$ 에 생긴다. 성인 남자에서의 공명관의 길이(성대 직상방에서 입술까지의 거리)는 17cm이므로 공명관의 단면적이 일정하다고 가정할 때,

$F1=(2*1-1)*34000cm/sec/4*17cm=500Hz,$

$F2=(2*2-1)*34000cm/sec/4*17cm=1500Hz,$

$F3=(2*3-1)*34000cm/sec/4*17cm=2500Hz$

로 계산될 수 있다. 즉 성인 남자에서 최저 공명주파수대인 제1음형대는 500Hz에, 제2음형대는 1500Hz에, 제3음형대는 2500Hz에 형성된다는 것을 알 수 있다. 실제에 있어서는 /어/와 같은 중모음을 발성할 때 성도가 비교적 균일하게 열려 있으므로 성도의 단면적이 비교적 일정하다고 생각할 수 있으며, 실제의 음형대가 500, 1500, 2500Hz 근처에 형성되는 것을 알 수 있다.

위의 수식으로부터 우리는 성도의 길이 L을 짧게 하거나 길게 하면 공명주파수가 변하게 됨을 예측할 수 있다. 실제로 성도의 길이가 성인 성도의 반 정도인 유아(약 8.5cm)의 경우 공명주파수는 1000, 3000, 5000Hz 근처에 형성되며, 여성의 성도는 남성에 비하여 약 15% 짧아서 (비율은 5/6임), 남자에 비하여 20%가량 높은 위치인 600, 1800, 3000Hz 부근에 형성된다.

음원-필터 이론(Source-Filter Theory)

모음의 생성에 대한 가장 보편적인 이론이 음원-필터 이론이다. 이 이론은 Fant(1960)에 의하여 제시되었는데, 입 밖으로 방사되어 나오는 에너지는 성대에서 발생되는 음원 에너지와 필터의 역할을 하는 성도에 의해 만들어진다는 것이다. 이 이론을 자세히 이해하기 위해서는 성대의 진동에 의해 생기는 음원 에너지를 스펙트럼의 관점에서 보아야 한다. 그리고 소리의 생성에 대한 에너지원-필터 이론의 적용은 소리 생성에 세 가지 요소가 주요 역할을 하는 것으로 가정한다. 이 세 가지 요소는 성대의 진동에 의한 후두 스펙트럼(laryngeal spectrum), 성도의 필터기능에 의한 음형대, 그리고 공기가 입술 밖으로 방출될 때 나타나는 방사특성(radiation characteristic)이다.

후두 스펙트럼 : 성대의 진동에 의하여 발생되는 음원 에너지 즉 성문음을 직선스펙트럼(line spectrum)으로 분석하면, 가장 낮은 주파수에 가장 큰 에너지를 가진 소리가 존재하는데 이를 기본주파수라고 하며, 이 기본주파수의 정수 배에 해당되는 주파수대에 에너지가 연속하여 존재하게 되는데 이들을 배음이라고 하며, 한 옥타브 올라갈 때마다 12dB씩 크기가 줄어드는 것으로 알려져 있다.

그런데 발성 시에 성대를 보다 강하게 닫아서 성문접촉 시간을 길게 하면, 다른 표현으로는 성문개방율(open quotient; OQ)을 짧게 하면, 배음들의 에너지의 감소가 덜하게 되므로 발성효율을 높일 수 있다고 알려져 있다.(그림 1-7-10)

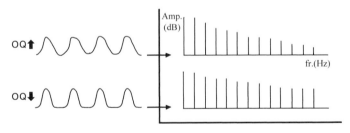

그림 1-7-10. 전기성문파형의 성문개방율이 큰 경우와
작은 경우의 배음의 크기 차이에 대한 설명

OQ : 개방율(open quotient)

음형대 : 한쪽이 열린 공명관에서의 음형대(formant)의 설명은 앞에서 이미 자세히 설명하였으므로 여기서는 생략하기로 하겠다. 음형대

의 수는 이론상으로 무한할 수 있으나, 음성분석에 주로 사용되는 음형대는 보통 밑의 3~4개를 사용한다. 각 음형대의 설명이나 분석에서 음형대의 특징은 그 음형대 주파수(formant frequency)와 음형대의 주파수대역폭(bandwidth of formant)으로 기술된다.

이러한 음형대의 분포구조는 성도의 전이기능(transfer function)을 표시한다. 즉 후두로부터 올라온 에너지를 성도의 모양에 의하여 변형시켜 입 밖으로 배출되는 출력 에너지로 바꾸어주는 기능을 한다. 다시 말하면 성도는 소리 에너지를 직접 제공하는 것이 아니라 밑에서 올라온 에너지를 변형시키는 기능만을 담당한다.

이 성도의 전이기능을 공식화하면 다음과 같다.

$$P(f) = S(f) \cdot T(f)$$

$S(f)$는 성문음, $T(f)$는 전이 기능, $P(f)$는 입술 밖의 소리를 나타낸다. 이에 대한 설명을 그림으로 표현하면 그림 1-7-11과 같다.

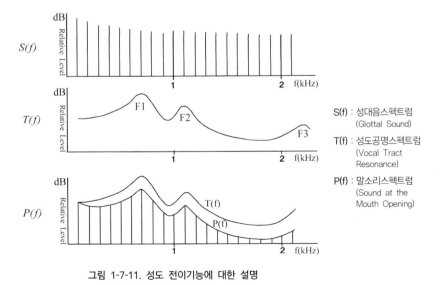

그림 1-7-11. 성도 전이기능에 대한 설명

방사특성 : 소리가 입 밖으로 배출될 때 생기는 필터효과를 말한다. 즉, 입 밖으로 방사된 소리는 공기 중에서 모든 방향으로 퍼지게 되므로, 이때 소리는 방사되면서 에너지가 감소하게 되는데 높은 주파수대보다는 낮은 에너지대의 에너지 감소가 크다. 이러한 방사효과는 결국 높은 주파수대의 에너지만 받아들이는 '고주파필터(high-pass filter)'의 역할을 한다고 볼 수 있다. 이 저주파대와 고주파대의 에너지의 차이는 한 옥타브마다 6dB씩 증가한다.

섭동이론(Perturbation Theory)

섭동이론이란 튜브공명관 즉 성도의 특정 부분에 대한 협착(constriction)이 음형대 주파수의 변화를 가져온다는 이론이다. 여러 종류의 모음을 발성할 때 성도의 모양 특히 혀의 위치와 모양에 따라서 성도의 일부분이 좁아지거나 넓어져서 성도 단면적은 아주 다양한 모습을 하게 된다. 이때 그 모음의 특성을 결정짓는 성도의 모양에 따라서 그 모음 음형대의 위치가 달라지게 된다. 이렇게 달라진 음형대 즉 공명주파수의 에너지가 우리 귀 안 와우(cochlea)의 유모세포 중 그 특정 주파수대에 해당되는 부분들의 자극을 일으켜서 우리가 모음의 다름을 인식할 수 있게 되는 것이다.

이때 마디와 배의 협착과 벌어짐에 따라 다음과 같이 음형대의 위치 변화를 요약할 수 있다.

1) *When the tube*(vocal tract) *is squeezed or constricted near a node for any resonance*(formant), *the resonance frequency*

(formant frequency) *is raised.* 성도를 마디 근처에서 조이거나 수축할 때 음형대 주파수는 올라간다.

2) *When the tube is squeezed or constricted near an antinode for any resonance*(formant), *the resonance frequency*(formant frequency) *is lowered.* 성도를 배 근처에서 조이거나 수축할 때 음형대 주파수는 내려간다.

1-7-4. 조음(articulation)

모음(vowel)의 조음은 위에서 언급한 공명 이론을 확실히 이해한다면 비교적 쉽게 이해할 수 있게 된다. 모음은 우선 성대진동음이 있는 유성음이며, 이 성문음이 성도를 통과하는 과정 중, 공명강의 모양을 다양한 모음의 산출시 공명강의 모양을 변화시켜서 공명에너지 주파수대 인 음형대의 위치를 변화시키는 과정을 말한다. 이때 공명강의 변화는 주로 입술이나 치아의 벌림 상태, 혀의 높낮이 앞뒤 위치 조절, 인두강의 크기 조절 등으로 만드는 것이며, 이때 주공명강인 인두강과 구강의 편측개방공명관의 모양을 변화시킴으로써, 편측개방공명관에서 만들어지는 제1음형대와 제2음형대의 주파수대를 변형시켜 조음하는 것이다.

자음(consonant)의 조음은 모음의 조음과는 전혀 다르게, 성대는 벌어져 있어서 성대진동음이 아닌 상태로, 성도에서 몇 가지 방법으로 일종의 잡음을 만들어 내는 모양으로 조음을 하는 것인데, 이때 조음 방법에는 파열음(plosive), 마찰음(fricative), 파찰음(affricate), 유음(liquid) 등으로 분류하며, 조음 위치에 따라서는 양순음(bilabials), 치조음(alveolar), 경구개음(palatal), 연구개음(velar), 성문음(glottal) 등으로 분류된다. 비자음(nasal consonant)인 "ㄴ, ㅁ, ㅇ"은 다른 자음과 다르게 성대음을 만들어 내는 유성음이면서, 소리 에너지가 구강을 통하여 나오지 못하며, 비강을 통해 공명되면서 조음되는 특성을 가지고 있다.

말소리 연구는? 음성학 개론으로 정리*

1-8-1. 말 고리(The Speech chain)

Denes and Pinson(1963, 재판 1993)의 책 제목 The Speech Chain(말 고리)은 통신이 연쇄작용임을 시사한다. 즉 화자가 청자에게 전달하고 싶은 메시지를 두뇌에서 발상해서 이를 어떤 문장으로 엮은 다음, 이 문장의 발화를 명령한다. 이 명령은 신경섬유를 통해 발성기관에 도착하고, 발성기관은 이 명령을 시행한다. 화자의 발동은 공기분자로 변신되어 공중을 거쳐 청자의 귀에 도착한다. 청자는 그의 청각기관에서 공기 분자의 진동을 뇌파로 변신시켜 이를 신경섬유를 통해 자기의 뇌에 보낸다. 청자가 이 뇌파에서 화자가 의도한 대로의 메시지를 재구하면 성공적인 통신이 이루어진다.

말(speech)이 고리(chain) - 연쇄작용 - 임을 이에 알 수 있다. 여기서 하나 유의할 것은, 고리를 거치면서 매개체에 변형(transformation)이 일어난다는 사실이다. 즉 신경 섬유를 타고 내려오는 발상 시의 뇌파는 발성기관에서 근육의 운동으로 변신하고, 근육의 발동은 화자를 떠나

---

* 김진우 교수의 저서 『음성학개론』을 중심으로 정리한 것이다.(저자의 동의를 받음)

면서 공기 분사의 진동으로 변신하고, 이 진동은 다시 뇌파로 변신하여 청자의 두뇌에 도달한다는 사실이다.

이런 말 고리는 대체로 세 부분으로 이루어져 있다고 할 수 있다. ① 메시지의 발신(production), ② 메시지의 전달(transmission), 및 ③ 메시지의 수신(reception)이다. 발성기관의 작동을 조음(articulation)이라고 하고, 이 조음이 공중파를 타고 청자의 귀에 도착하는 과정을 음향(acoustics)이라고 하며, 청자가 음파를 처리하는 것을 청각(audition)이라고 한다. 그리하여 음성학에는 조음음성학(articulatory phonetics), 음향음성학(acoustic phonetics) 및 청각/지각음성학(auditory phonetics)의 세 분야가 있다.

1-8-2. 말소리의 단위

모든 학문은 그 학문의 연구대상이 되는 현상/사물의 최소단위를 규정하는 데서 시작한다. 그리하여 화학에 원소(元素)가 있고, 물리학에 원자(原子)가 있으며, 생물학에는 종(種, species)이 있다. 말소리의 최소의 단위는 무엇일까?

말의 단위는 규격(사이즈)에 따라 다를 수 있다. 문장의 단위는 단어이며, 단어의 단위는 음절이고, 음절의 단위는 낱소리이다. 언어를 표기하는 문자를 보면, 모든 가능성이 다 보인다. 문자의 단위가 단어인 단어문자(logograph), 음절이 단위인 음절문자(syllabary), 그리고 낱소리가 표기의 단위는 음소(音素)문자(phonemic script)이다.(흔히 알파벳 alphabet이라고 한다.) 중국어의 한자(漢字)가 단어문자의 예이며(山 '산', 月 '달',

子 '아들' 등은 더 이상 작은 단위로 쪼갤 수 없는 단어문자이다), 일본어의 가다가나/히라가나가 음절문자의 예이고, 한글, 로마자 등이 음소문자(알파벳)의 예이다.

음소문자에는 대체로 소리와 글자와의 사이에 1대 1의 관계가 있다. 한글에서 山을 'ㅅㅏㄴ'의 세 자로 쓰고, 영어에서 dog '개'를 'd o g'의 세 자로 쓰는 데에는 자의적이 아닌 타당한 이유가 있다. 두 나라말에서 '산', 'dog'가 세 소리로 구성되어 있다고 화자들이 의식하기 때문이다.

그러면 이러한 말소리(분절음 segment)는 어떤 기준으로 분류할 수 있을까? 음향학적으로 볼 때, 소리에는 세 가지 자질이 있다. 소리의 길이(length)와, 피치(pitch, 소리의 고저)와 크기(loudness)이다. 음악에서는 이 자질들이 큰 역할을 하며 엄격히 규정된다. 그러나 언어에서는 성조(聲調 tone), 억양(抑揚 intonation), 강세(强勢 stress, accent), 음장(音長 length) 등의 역할을 하긴 하지만, 분절음에서는 그리 큰 기능이 없다. 이 자질들을 초분절소(初分節素, suprasegmentals)라고 부르는 것은 이 때문이다.

1-8-3. 발성기관(Organs of speech)

발성(Phonation)

말소리는 기류(airstream)를 구강에서 조음(articulation)하면서 나온다. 기류를 통제하는 조음기관을, 강물의 흐름을 통제하는 댐(dam)에 비유할 수 있는데, 이를 밸브(valve)라고 한다면, 허파에서의 기류(pulmonic airstream)가 대기로 나오면서 처음 만나는 밸브가 성대(vocal folds)이다.

말의 소리는 발성기관에서 만들어진다. 그런데 이른바 발성기관 (organs of sound production)이란 것은 말소리를 내기 위해서 진화된 것이 아님을, 그래서 발성에 꼭 이상적인 기관이 아닐 수도 있음을 유의해야 한다. 원래 혀는 입안에 있는 음식을 돌리고 음식물의 맛을 보기 위해서, 이(치아)는 음식물을 씹기 위해서, 허파(폐)는 호흡을 위해서 진화된 것이다. 인류에 언어가 발생함에 따라, 그리고 언어의 주 매개체로 소리가 선택됨에 따라, 이 기관들을 이차적으로 적용하게 된 것이다.

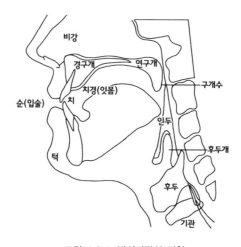

그림 1-8-1. 발성기관의 명칭

1-8-4. 후두와 성대

해부학적으로 볼 때 후두의 위치는 다음과 같다. 기관(trachea) 위에 반지 모양으로 둥근 연골이 얹혀있다. 뒤가 앞보다 조금 더 높은데, 반지모양이라고 해서 반지연골 또는 윤상연골(cricoid cartilage)이라고 한다. 이를 둘러 싼 연골이 갑상연골(방패연골, thyroid cartilage)인데, 앞과 옆만 둘러싸고 뒤는 열려있다. 남자의 경우 갑상연골의 윗부분이 앞으로 튀어나온 것을 결후(結喉, Adam's apple)라고도 한다.

윤상연골 뒤 위에 한 쌍의 세모꼴 모양의 작은 연골이 있는데 이를 피열연골(또는 모뿔연골, arytenoid cartilage)라고 한다. 피열연골은 밑에 있는 윤상연골과 관절(윤상피열관절, crico-arytenoid joint)을 이루고 있으며, 피열연골은 두 개의 돌기를 가지고 있는데, 성대돌기(vocal process)와 근돌기(muscular process)이다. 성대돌기에는 성대근(vocalis muscle)이 연결되어 있으며 성대근의 앞쪽 끝은 갑상연골의 안쪽 가운데에 붙어 있어서 성대를 형성하고 있다. 성대근의 표면은 성대인대(vocal ligament)가 감싸고 그 위는 성대점막고유층과 상피가 덮고 있다. 피열연골의 또 하나의 돌기인 근돌기(muscular process)에는 작은 후두내근(intrinsic muscles of larynx)들이 연결되어 있어서, 이 근육들이 수축하게 되면 성대가 열리거나 닫히게 된다.

우리가 호흡을 할 때에는 열려있는 성대 틈으로 공기가 들락날락한다. 들이마신 공기가 거의 닫혀 있는 성대틈으로 지나갈 때 성대 점막이 주기적인 개폐운동의 진동을 하면서, 공기의 흐름을 on-off의 펄스로 만드는 것이 유성음이 만들어지는 과정이다. 성대가 약간 열려 있는 상태에서 성대점막의 진동이 거의 없이도 소리가 만들어질 수 있는데, 이런 소리를 무성음(voiceless 또는 unvoiced)이라고 한다.

대개의 자음, 특히 이른바 저해음(obstruent)-파열음, 마찰음, 파찰음 -은 구강에서의 조음 시 성대가 열려있는 것이 상례이다. 이 상태를 무성(voiceless 또는 unvoiced)이라고 하고, 성대가 닫히면서 진동이 동반하면 유성(voiced)이라고 한다. 저해음에서는 무성이 무표적(unmarked)

이다. 무성 저해자음만 있고 유성 저해자음은 없는 언어는 있을 수 있으나, 반대로 유성 저해자음만 있고 무성 저해자음은 없는 언어는 없다.(국어의 자음은 비자음(nasal consonants)만 제외하면 다 무성음이다.)

반대로 성대의 진동을 수반하며 생성되는 말소리를 유성음(voiced)이라고 한다. 성대의 진동은 다음과 같은 과정과 물리적 원리로 일어난다. 우선 성대를 느슨히 닫고 숨을 내뿜으려고 한다. 그런데 성대가 닫혀있어서 성대 밑의 기압이 올라간다. 이 높아진 성문하압이 성대를 연다. 센 바람이 살짝 닫힌 문을 열어젖히는 것처럼. 이 열린 성대 사이로 기류가 빠져나가자마자, 다음 두 현상이 성대를 바로 닫는다. ① 성대를 닫으려는 원래의 의도와 ② 이른바 베르누이 효력(Bernoulli effect)에 의한 음압의 형성이다. Bernoulli effect란 18세기 스위스의 수학자/물리학자인 Daniel Bernoulli(1700~1782)의 이름을 따서 지은 현상인데, 액체나 기류가 좁은 통로를 고속으로 지날 때, 그 자리에 저기압(음압)이 생성된다는 원리이다. 이런 현상으로 성문틈을 공기가 지나갈 때 성대점막의 주기적인 개폐운동이 발생 되어 직류성향의 공기의 흐름을 on-off 펄스파형(on-off pulsed wave)으로 바꾸어주게 되는 데, 이래서 만들어지는 소리가 성대음(glottal sound)이다. 이 성대음은 기본주파수를 갖게 되는데 기본주파수(fundamental frequency, F0)란 성대음이 만들어지는 과정 중 1초에 성대점막의 개폐 진동수를 말한다. 대체로 성인 남성의 경우, 100~150Hz, 성인 여성의 경우, 200~250Hz 정도된다. 유성음이란, 바로 발성 시 성대음이 생성되는 소리인 것이다.

1-8-5. 기식(기식, Aspiration)

성대의 진동 여부인 유무성 외에도, 닿소리(자음) 특히 저해음에 수반하는 또 하나의 음성자질이 있다. 이른바 기식(氣息, Aspiration)의 유무이다. 기식의 유무와 성대의 진동 시기(timing of vocal fold vibration)와의 상관관계를 검토해 보면, 성대의 진동이 구강 폐쇄의 개방과 동시에 일어나면 무기(unaspirated)이고, 폐쇄의 개방 얼마 뒤에 성대가 진동하면 유기(有氣 aspirated)임이 밝혀졌다. 이를 도시(圖示)하면 아래와 같다.

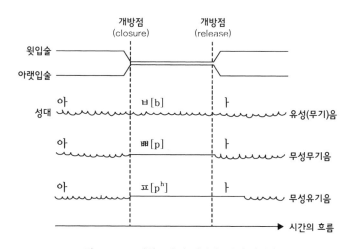

그림 1-8-2. 구강의 조음과 성대진동과의 시간차
입술파열자음 ㅂ, ㅃ, ㅍ에서 '성대진동 시작 시간(Voice Onset Time, VOT)'을
설명하는 그림. ㅍ(pʰ)에서 VOT가 뚜렷하다.

위 그림에서 ㅃ(p)과 ㅍ(pʰ)이 둘 다 폐쇄기간 성대 진동이 없어서 유성음 ㅂ(b)과 대조되는 무성음이지만, 두 소리 사이에는 기식(氣息)의 차이가 있다. 즉 [p]의 경우에는 후행하는 모음의 성대진동이 구강 폐쇄의 개방과 동시에 일어나지만, [pʰ]의 경우에는 조금 지연되어 일어난다는 사실이다. 바로 이 성대진동의 지연기간(delay in voice onset time)을 aspiration(기식)이라고 한다. 통상 약자로 VOT라고 불린다. 국어 격음(거센소리)의 경우 어두에서 VOT는 90~100msec(약 10분의 1초)쯤 되며, 영어의 경우는 이보다 좀 짧다(약 70~80msec 정도).

위에서 ㅂ[b]을 유성음이라고 하였는데, 이는 유성음 간(間)의 경우이고, 어두에서는 무성음이면서 약간의 기식을 띤다(30~40msec 정도). 그러니까 VOT만을 기준으로 국어의 파열음 계열을 분류한다면 이른바 된소리(경음 ㄲ, ㄸ, ㅃ, ㅉ)를 무기음(無氣音 usaspirated), 보통(예사)소리(平音 ㄱ, ㄷ, ㅂ, ㅈ)를 경기음(輕氣音 slightly aspirated), 거센소리(激音 ㅋ, ㅌ, ㅍ, ㅊ)를 중기음(重氣音 heavily aspirated)이라고 할 수 있다.

폐(허파)에서 나오는 기류를 막는 발성기관들을 밸브(valve)라고 한다면, 폐에서 나오는 날숨이 처음 만나는 밸브는 성대이다. 그런데 이 성대의 작용이 성격이 다른 두 가지 종류의 말소리를 만든다. 하나는 대체로 성대 밸브를 열어두고, 구강과 다른 밸브들, 예를 들면 혀나 입술로 기류의 진행을 저해하는 것과, 다른 하나는 성대 밸브를 가만히 닫아서 기관을 통과하는 기류가 성대 점막을 진동시키되, 구강에서는 아무런 밸브의 저지를 받지 않는 것이다. 전자는 대체적으로 소음(noise)을 자아내고, 후자는 낭음(melody)을 자아낸다. 소음만으로는 노래를 부를 수 없으나 낭음으로는 노래를 부를 수 있음은 이 때문이다. 소음인 말소리를 닿소리(자음 consonant)라고 하고, 낭음인 말소리를 홀소리(모음 vowel)라고 한다.

1-8-6. 자음(닿소리, Consonants)

기류를 강물의 흐름에 비유하고, 강물의 흐름을 댐을 쌓아서 막듯, 기류의 흐름을 구강의 어느 곳에 "댐"을 쌓아 막아서 다른 소리들을 만들어낸다고 하였다. 이것이 자음의 조음위치(place of articulation)이다. 어른 남자의 경우 입술에서 성대까지의 공명강의 길이는 평균 17cm이다. 이론적으로는 어느 지점에서도 "댐"을 쌓을 수 있는 무한한 조음위치가 있지만, 두 조음 위치가 너무 가까우면 발화자가 정확히 조음하기도, 또 작은 조음위치 차이에서 나오는 소리의 작은 차이를 청자가 식별하기도 힘들므로, 대체로 열한 군데에서 조음을 한다고 정하였다.

소수의 예외를 빼면, 구강에서의 기류의 저지는 대체로 혀가 입천장으로 올라가서 생긴다. 그러니까 혀는 동적(動的 active)이고 입천장은 정적(靜的 passive)이다. 그런데 이것도 한둘의 예외를 제외하면 기류의 저해를 만드는 혀와 입천장의 부분은 최단 거리에 있는 것들이다. 즉 혀의 어느 부분이 입천장의 어느 부분에 접근 내지 접촉하여 기류의 저해를 이루느냐 하는 것은 입천장에 가장 가까운 혀의 부분이라고 보면 된다. 이 거리가 반드시 수직인 것은 아니다. 오목한 입천장을 반원으로 보면, 혀와의 최단거리는 가상적인 원심(圓心 the center of a circle)을 잇는 사선(斜線)이라고 할 수 있다. 이 때문에, 즉 입천장과 이에 접촉/접근하는 혀의 부분은 정해져 있기 때문에, 조음위치의 명명에서 혀의 부분은 빼고 입천장의 부분만 적는다. 물론 예외적인 경우에는 두 부위를 다 표기한다(예: 양순음, 순치음).

조음위치의 영어명은 형용사형을 택한다. 예: alveolar(명사: alveola), palatal(명사: palate), velar(명사: velum).

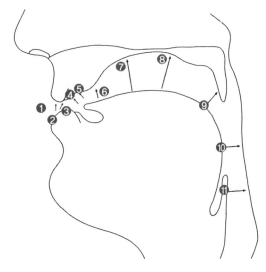

그림 1-8-3. 조음위치 11곳

이제 열한 군데의 조음위치를 입술에서 성대 쪽으로 이동하여 살펴
보자.

(1) 양순음(兩脣音 bilabial): 두 입술로 기류를 저해해서 내는 소리.
예: [p, b, m]

(2) 순치음(脣齒音 labio-dental): 아랫입술을 윗니에 갖다 대고 내는
소리. 국어에는 없고 영어의 [f, v]가 좋은 예이다.

(3) 치음(齒音 dental): 혀끝(舌尖 tongue tip)을 윗니 뒤쪽에 갖다 대고
내는 소리. 역시 국어에는 없고 영어의 *th*[θ, ð] 소리가 예이다.

(4) 치경음(齒莖音 alveolar): 혀끝(舌尖 tongue tip)이나 혓날(설단 舌端
tongue blade)을 잇몸에 대고 내는 소리. 이 위치에서 가장 많은
소리가 난다. 예: [t, d, n, s, z, l, r].

(5) 반전음(反轉音 retroflex): 권설음이라고도 한다. 우리 말에는 이런 발음이 없다.

(6) 치경구개음(齒莖口蓋音 alveolo-palatal 혹은 palato-alveolar): 혓날을 alveola와 palate 사이에 대고 내는 소리. post-alveolar(후치경음)이라고 하기도 한다. 국어의 ㅈ, ㅊ 소리. 영어의 *ch*[tʃ], *sh*[ʃ] 소리들의 위치가 여기이다.

(7) 구개음(口蓋音 palatal): 혓몸 가운데(the middle of the tongue)를 경구개에 대고 내는 소리. 국어에서 힘, 흰 등 모음 ' ㅣ '가 후행할 때의 'ㅎ' 발음이 이에 가깝다.

(8) 연구개음(軟口蓋音 velar): 후설(後舌 tongue back)이 연구개에 닿아 나는 소리. 국어의 ㄱ, ㅋ, 영어의 [k, g, ŋ]가 대표적이다.

(9) 구개수음(口蓋垂音 uvular): 후설이 목젖(uvula)에 닿아 나는 소리. 국어와 영어에 없다.

(10) 인두음(咽頭音 pharyngeal): 설근(舌根 tongue root)이 인두 벽으로 후퇴하면서 좁은 통로를 이루어 내는 소리. 인두파열음은 없고 아랍어에 인두마찰음이 있다.

(11) 성문음(聲門音 glottal): 후두(喉頭 larynx)에서 나는 소리로 ㅎ[h]이 대표적인 예이다.

조음방식(Manner of articulation)

자음(닿소리)의 조음방식은 허파에서 나오는 기류를 구강 혹은 공명강의 어디에서 막느냐가 아니라, 얼마나 막느냐 하는 것으로, 위에서 강류에 댐을 건설한 뒤 댐에 있는 수문의 개폐로 수류량을 조절하는 것과 같다고 하였다. 자음에서는 이를 개구도(開口度 degree of aperture 또는 stricture)라고 하는데, 여기에도 이론적으로 무한한 개구도가 있을 수 있으나, 실제적으로는 대여섯 가지만 쓰인다. 개구도가 가장 좁은 것으로부터 넓은 것으로 가면서 보자.

(1) 파열음(破裂音 stop(미국), plosive(영국)): 구강을 완전하게 폐쇄시켜서 기압을 높였다가 폐쇄를 개방(release)하면 압축된 공기가 방출되며 나는 소리이다. 무성파열음으로 [p, t, k] 등이 있고, 이에 대응하는 유성파열음은 [b, d, g]이다.

(2) 마찰음(摩擦音 fricative): 좁은 조음 간격 사이로 기류가 빠져나오면서 마찰소리를 낸다고 해서 마찰음(갈이소리)이라고 한다. 국어에서는 치경과(ㅅ[s], ㅆ[s']) 성문의 위치(ㅎ[h])에서만 마찰음이 형성되나, 영어에서는 순치([f, v]), 치아([θ, ð]), 치경([s], [z]), 치경구개([ʃ], [ʒ]), 및 성문([h]) 등 다섯 위치에서 마찰음이 형성된다. 어느 음성학자는 [s]와 [ʃ]의 차이가 조음위치이기보다는 조음할 때의 혀의 모양이 다르다고 주장한다. 즉 [s]의 경우는 혓날이 좁고 깊은 홈(groove)을 이루어 이 파인 홈으로 기류가 흐르는데, [ʃ]의 경우는 혓날이 길고 얕은 아귀(slit)를 이룬다는 것이다.

(3) 파찰음(破擦音 affricate): 이름이 시사하듯 파열음과 마찰음의 "튀기"이다. 전반이 파열음이고 후반이 마찰음인데, 이러한 성격이 IPA 기호 [ts](치경파찰음), [tʃ](치경구개파찰음)에 반영되어 있다. 국어의 ㅈ ㅊ ㅉ도, 영어의 *church*[tʃ], *judge*[dʒ]도 치경구개파찰음이다.

(4) 유음(流音 liquid): 소리의 청각적 인상이 유동체와 같다는 데서

지어진 이름으로 ㄹ계 소리가 여기에 속한다. 구강의 협착이 적어서 기류의 마찰이 없다. 유음은 두 종류로 갈린다. 입천장에 닿은 혀의 옆으로 기류가 흐르는 [l]계 설측음(舌側音 lateral)과, 기류가 구강 가운데(central)로 흐르는 [r]계 유음이다. 국어에선 두 소리가 이음(異音 allophone)으로 음절 초성으론 [r], 음절 종성으로는 설측음 [l]로 발음됨은 모두가 잘 아는 사실이다.

[r]에는 혀를 굴려서 내는 굴림소리(전동음 顫動音 trill), 혀끝으로 잇몸을 가볍게 쳐서 내는 혀침소리(경타음 輕打音 tap), 혓날을 잇몸에다 가볍게 스쳐서 내는 날름소리(탄설음 彈舌音 flap)으로 더 세분된다. 국어에서 훌륭, 살림, 활량 등에서 ㄹㄹ의 발음은 경구개 설측음 [ʎ]이다.

(5) 활음(滑音 glide): 개구도를 더 넓히면 구강의 협착이 거의 없이 소리를 낼 수 있다. 모음에서 또는 모음으로 미끄러져 가는 소리라고 해서 활음(glide)이란 이름이 붙여졌는데, 음질이 모음과 비슷하기 때문에 반모음(半母音 semi-vowel)이라고도 한다. [j](=미국식 [y]), [w]가 대표적 예이다.

지금까지 본 조음방식에 속하지 않는 자음류(子音類)가 하나 있다. 비자음(鼻子音 nasal consonant)이다. 비모음과 대조하지 않아도 될 때는 그냥 비음(鼻音 nasal)이라고 한다. 숨이 가쁘지 않을 때나 코가 막히지 않았을 때는 우리는 보통 입을 닫은 채로 호흡을 한다. 평상시에는 연구개와 목젖이 후설(後舌) 위에 내려앉아 있어서 비강(鼻腔 nasal cavity)을 통해 호흡을 하기 때문이다. 그런데 발성모드의 연구개의 위치는 위로 올라가 비강에로의 통로, 즉 비인강(naso-pharynx)을 막음으로써,

허파에서의 기류가 구강을 통해 **빠져나가게** 하는 것이다. 그래야만 구강에서의 조음이 가능하니까. 이때 연구개의 상승(elevation), 인두 측벽의 내측 수축(contraction of lateral wall of nasopharynx)과 후벽 점막의 융기(Passavant's ridge)에 의해 좁혀 지는 부분을 '연인두협부(velopharyngeal isthmus)'라고 한다. 그러나 소수의 경우 발성 시 연구개가 내려와서 기류가 비인강을 통해 비강으로 나가게 한다. 이때 나는 말소리가 비음이다. 입술을 막아서 조음이 되는 비음 'ㅁ', 혀 끝이 위 잇몸(치경)에 닿아 막으므로 조음되는 비음 'ㄴ', 연구개와 후설이 맞닿아 막아서 조음되는 비음 'ㅇ'[ŋ]이 비자음의 대표적인 예이다.

조음위치와 조음방식에 의한 자음(닿소리)의 분류

	순음 (labial)	치경음 (alveolar)	구개음 (palatal)	연구개음 (velar)	성문음 (glottal)
파열음 (stop)	ㅍ, ㅂ	ㅌ, ㄷ		ㅋ, ㄱ	
비음 (nasal)	ㅁ	ㄴ		ㅇ	
마찰음 (fricative)		ㅅ			ㅎ
파찰음 (affricate)			ㅈ, ㅊ		
유음 (lateral)		ㄹ			

1-8-7. 모음(홀소리)의 조음

몇 개의 다른 모음, 예를 들면 [i](ㅣ), [ɑ](ㅏ), [u](ㅜ), [æ](ㅐ) 등을 천천히 발음하면서 발성기관의 움직임을 눈여겨보면 혓몸의 위치가 모음에 따라 위아래로 또는 앞뒤로 바뀌며, 때로는 입술모양도 바뀜을 볼 수 있다. 즉 [i]나 [u] 모음을 발음할 때는 혓몸이 올라가 있는데 [ɑ]나 [æ] 모음을 발음할 때는 턱을 벌리면서 혓몸이 내려감을 알 수 있다. 한편, [i], [ɑ], [æ] 등을 발음할 때는 입술이 퍼져있는데, [u]나 [o]를 발음할 때는 입술이 둥글게 오므라지고 앞으로 나옴을 볼 수 있다. 여기서 우리는 모음을 구별하는 척도가 (1) 혓몸의 높낮이(高度 tongue height), (2) 혓몸의 앞뒤 위치(tongue advancement), 그리고 (3) 입술의 둥글기(=원순 圓盾 lip rounding). 이렇게 셋이 있음을 알 수 있게 된다.

모음을 발성할 때의 혀의 구강 안에서의 움직임을 살펴보면 그 활동 범위가 일정 영역에 국한되어 있음을 알 수 있다. 혀가 입 밖으로 나오거나 인강(咽腔 pharyngeal cavity)으로 빠지거나 하지 않고 구강의 뒤쪽에 국한되어 있다. 여러 모음을 발성할 때의 혓몸의 최고점을 이어보면 다음과 같은 거취영역을 얻게 된다. 이것이 바로 모음도(母音圖 vowel chart)의 기원이다.(Ball & Rahilly 1999:92)

이런 모음도에서 모음의 높낮이(height)를 고모음(high vowel), 중모음 (mid vowel), 저모음(low vowel)으로, 모음의 앞뒤(advancement)를 전설모음(front vowel), 중설모음(central vowel), 후설모음(back vowel)이라고 지칭한다.

다음의 그림은 국어의 단모음의 음가를 모음도에 넣어 표기한 것이다.(이호영 1996:61, 도표 11에서 옮김)

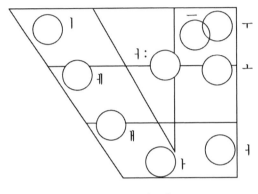

그림 1-8-4. 국어 모음도

1-8-8. 언어음향학(Speech acoustics)

모음음향학(Vowel acoustics)

우리의 발성기관을 성대가 리드(reed)인 목관악기라고 가정할 때, 가장 중립적인모음 즉 중설모음(mid central vowel) [ə]를 조음할 때의 조음기관의 모습은 다음과 같다. [ə]조음 때의 구강의 형상을 이상화하면, 즉 연구개에서의 90도에 가까운 굽이를 직선으로 펴면 다음과 같은 관(管 tube)을 얻을 수 있다.

입술에서 성대까지의 길이는 어른 남자의 경우 약 17cm이다. 길이가 17cm인 피리나 파이프오르간의 리드를 진동시키면 어떤 소리가

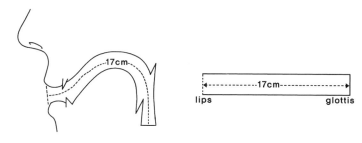

그림 1-8-5. 도식화한 [ə]의 공명관

여기에서 나올까? 이때의 공명주파수는 다음 공식으로 산출할 수 있다.

$$Fn = (2n - 1) V/4L$$

(F=frequency 주파수, V=velocity of sound 음속, L=관의 길이)

V(음속)는 1초당 약 340m이고, L은 17cm이므로 이 수치를 위 공식에 삽입하면 n이 1이면,

F1 = (2x1−1) 340m/4×17cm = 34,000cm/68cm = 500Hz

n이 2이면 2×2−1=3이니까, F2=3×500=1,500Hz, n이 3이면 2×3−1−5, 그래서 5×500=2,500Iz이다. 다시 말하면, 조음기관이 목관과 가장 비슷한 위치, 즉 [ə]를 발음할 때의 자연공명주파수(natural resonance frequency)는 500Hz를 비롯해서 1,500Hz, 2,500Hz, 3,500Hz...의 주파수대에서 공명 배음을 이루는 공명봉(共鳴峰 resonance peak)을 이루게 된다. 이 공명봉을 포르만트(formant)라고 부른다. 주파수가 낮은 것부터 Formant 1(F1), Formant 2(F2), Formant 3(F3), Formant 4(F4) 등으로

불린다.

공명관의 길이와 형상(모양)이 바뀜에 따라, 이 관에서 나오는 음향 스펙트럼이 달라질 것임은 쉬 짐작할 수 있다. 모음의 음향적 자질을 살펴볼 때, 조음관이 앞 공명관(구강 oral cavity)과 뒤 공명관(인강 pharyngeal cavity)의 두 공명관으로 구성되어 있다고 봄이 편리하다. 그리하여 모음 [i]는 앞 공명관이 좁고 작으며 뒤 공명관은 넓고 크고, 모음 [a]는 반대로 앞 공명관이 넓고 크며 뒤 공명관은 좁고 작다. 모음 [u]는 두 공명관을 잇는 곳(연구개 velum)에 병목이 있는 동시에 원순(lip rounding)을 수반한다. 다음 그림은 이 세 모음의 조음 형태와, 이를 이상화한 공명관의 그림과, 이 공명관에서 나오는 포르만트를 도식화한 것이다.

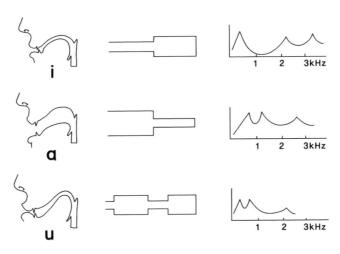

그림 1-8-6. 도식화한 [i] [a] [u]의 공명관과 포만트

다음은 영어의 여덟 모음의 포르만트 주파수이다.

	[i]	[ɪ]	[ɛ]	[æ]	[ɑ]	[ɔ]	[ʊ]	[u]
F1	280	400	550	690	740	590	450	310
F2	2250	1920	1170	1680	1100	880	1030	870
F3	2890	2560	2490	2540	2540	2540	2380	2250

성문분석(sound spectrography)이 무엇인지 잠시 살펴보면, spectro-graph의 본래 뜻은 '분광기(分光器)'란 것으로 한자가 암시하듯 빛을 쪼개는 기계를 지칭했었다. 즉 광선이 프리즘을 통과하면서 빛의 파장의 길이에 따라서 여러 색으로 나뉘어 나타나는 무지개 현상이 바로 자연의 스펙트로그램이다. 같은 원리로 소리를 쪼개서 소리의 주파수, 진폭, 시간 등을 보여 주는 기계가 sound spectrograph이다. 초기에는 sonagraph라고 불리기도 했으며, 아날로그 기계였는데, 지금은 모두 디지털화 되었고, 음성학 및 음성분석 등에 널리 쉽게 사용할 수 있게 되었다. 디지털 프로그램으로 가장 많이 사용되는 것은 Praat이다.

Sound spectrography가 산출한 spectrogram의 구성을 살펴보면, 2차원의 지면에 세 변수(주파수, 진폭, 시간)를 기록하려니까 하나가 희생되어야 하는데, 표준형은 x-축(abscissa)이 시간(time)이고, y-축(ordinate)이 주파수(frequency)이며 진폭(intensity)은 상대적인 명암으로만 나타난다. 주파수는 말소리의 음향변수가 8KHz 이내에 있기 때문에 0에서 8KHz까지이다.

영어의 8모음 포르만트를 보여주는 스펙트로그램은 다음과 같다.

(Ladefoged & Johnson 2015:206, Fig. 8.5에서 옮김)

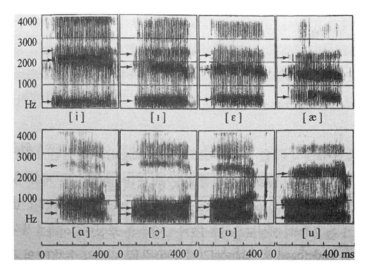

영어 8모음의 스펙트로그램

위와 같은 모음의 포르만트 구조에서 다음과 같은 추세를 엿볼 수 있다.

1) F1은 [i]에서 [a]로 올라가다가 [a]로부터 [u]로 내려간다.
2) F2는 [i]에서 [u]로 점차로 내려간다.
3) F3는 대체로 2,500Hz 근처에 머문다.

위의 추세에서 F1은 모음의 고도(vowol height)와 상반된 관계를 가지고 있고, 즉 F1이 낮을수록 고설모음이고 F1이 높을수록 저설모음이고, F2는 모음의 전후설(tongue advancement)과 비례적 상관관계가 있다고, 즉 F2가 높을수록 전설모음이고 F2가 낮을수록 후설모음이라고 생각하기 쉬우나, Ladefoged & Johnson(2015:206)은 F2 - F1의 수치(F2의 주파수에서 F1의 주파수를 뺀 수치)가 모음의 전후와 더 나은 상관성을 보여준다고 주장한다.

아무튼 음향과 조음 사이에 언제나 1:1의 상관관계가 있는 것은 아님을 유의해야 할 것이다. 같거나 비슷한 음향을 두 다른 조음이 생성할 수도 있기 때문이다. 비슷한 예로, 성문의 하강과 원순은 공명강의 길이를 늘여서 포르만트 수치를 낮추는 음향 효과를 낸다.

포르만트의 수치를 도표로 나타내는 것을 Formant chart라고 하는데, 두세 가지 유의할 것이 있다. (1) 3차원 도표는 불가능하다. 그런데 F3는 모든 모음이 대체로 2,500Hz 근처이므로, F3를 제외한 F1 대 F2의 이차원의 도표를 그린다. (2) 조음적 모음도(articulatory vowel chart)와의 상관관계를 보이기 위해 F1/F2의 교차점을 왼쪽 밑으로 두는 대신 오른쪽 위에 두면서 수직선을 F1, 수평선을 F2로 한다. (3) 스케일은 이른바 Bark scale로 한다. (청자가 등거리로 인식하는 피치 스케일이다. 대체로 500Hz 위에서 스케일이 압축된다. 그래서 F2만 저촉된다.) 이러한 세 원리를 이용해서 영어의 8모음을 Formant chart에 삽입하면 다음과 같은 도표를 얻는다.

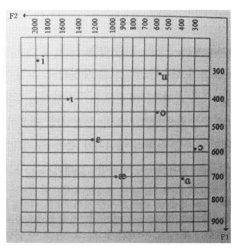

국어 홀소리(모음)의 성문분석(스펙트로그램)

현대 국어의 기본모음은 10개이다. 'ㅏ, ㅑ, ㅓ, ㅕ, ㅗ, ㅛ, ㅜ, ㅠ, ㅡ, ㅣ'.

이 중 'ㅑ, ㅕ, ㅛ, ㅠ'는 훈민정음 해례에서는 '재출자'로 설명되어 있으며, 이중모음에 해당된다.

현대 국어에서 이중모음은 모두 11자이다. 이를 나열하면, 'ㅑ, ㅕ, ㅛ, ㅠ, ㅒ, ㅖ, ㅘ, ㅝ, ㅙ, ㅞ, ㅢ'이다. 이 중 네 글자인 '야, 여, 요, 유'는 기본모음 10글자에 포함되어 있다. 이를 두 글자씩 Praat 프로그램으로 성문분석(스펙트로그램)해 보면 다음과 같다.

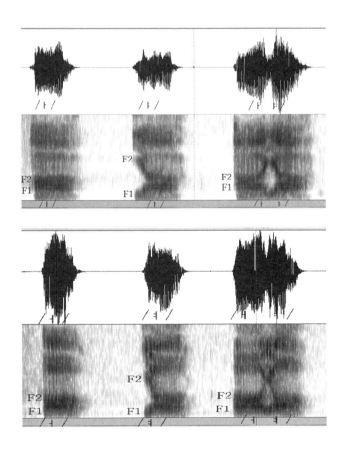

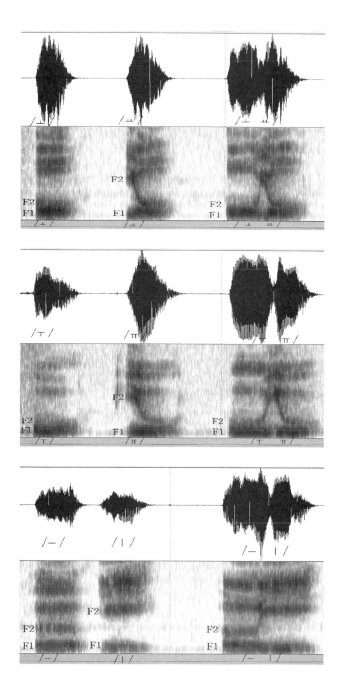

전 세계에서 사용되는 많은 언어 중, 모음에 대부분 포함되어 있는 기본모음은 'ㅏ, ㅣ, ㅜ'라고 할 수 있는데, 밑의 그림은 현대 국어의 'ㅏ, ㅣ, ㅜ'를 성문분석한 모습이다. 모음의 종류에 따라 공명주파수대인 F1과 F2의 차이가 현격하다. 즉, 모음(홀소리)의 조음은 구강 모양의 변화에 의한 공명주파수대인 제1 포르만트(Formant 1, F1)와 제2 포르만트(Formant 2, F2)의 위치를 변화시킴으로써 조음되는 것이라는 것을 알 수 있다.

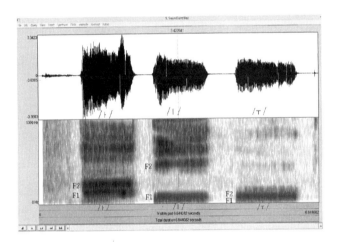

이때, 기본주파수(fundamental frequency, F0)를 추출해 보면(다음 그림의 얇은 실선, 큰 열린 화살표), 모음의 종류와 관계없이 약 111.7Hz를 보이고 있는데, 이는 성대 점막의 1초당 개폐 주파수가 1초에 111.7회로 거의 같다는 뜻이다. 즉, 성대음(glottal sound)은 거의 같은 수준으로 만들어졌는데, 조음 과정을 통해 만들어진 공명강(성도, vocal tract)의 모양이 달라짐에 따라 공명에너지 주파수 대인 제1 포르만트(F1)과 제2 포르만트(F2)의 위치가 모음의 종류 'ㅏ, ㅣ, ㅜ' 조음 과정 중 큰 변화를 초래

하게 되어 조음이 되는 것을 확인할 수 있는 것이다.

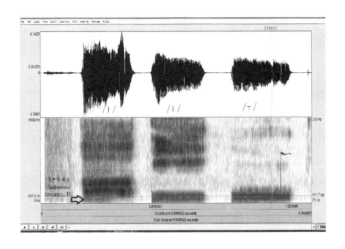

이때 소리의 크기만을 측정한 것은 아래 그림의 '연한 실선, 열린 화살표'로 표시된 선인데, 모음의 종류 'ㅏ, ㅣ, ㅜ' 발음 시 평균 '69.11 dB'의 값을 보인다. 'ㅣ'는 중간 크기이며, 'ㅏ'는 세 모음 중 크기가 가장 크고, 'ㅜ'는 세 모음 중 크기가 가장 작은 모음인 것을 알 수

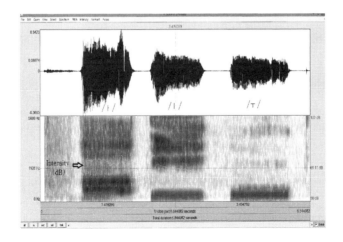

있다. 구강을 크게 벌리는 'ㅏ' 소리에 비하여, 구강을 좁히며 입술을 동글게 앞으로 길게 내밀면서 조음되는 'ㅜ'에서 소리 에너지가 많이 흡수(filtering)되어 입 밖으로 배출되는 소리 에너지의 크기가 작아짐을 알 수 있다.

아래 그림은 모음 'ㅏ, ㅣ, ㅜ' 조음 시 공명주파수(포르만트, formant)를 나타나게 해 본 것인데, 우측으로 이어지는 굵은 실선이 포르만트를 나타낸다. 저 주파에서 고 주파 쪽으로 순서대로 F1, F2, F3, F4 등으로 이름 붙이게 된다. 'ㅏ, ㅣ, ㅜ' 모음의 조음 시 F1과 F2의 위치 차이가 현저한 것을 알 수 있다. 공명강의 길이가 약 17cm라고 생각할 때, 성대에서부터 입술까지의 공명강의 단면적이 일정하다면, F1은 500Hz, F2는 1,500Hz에 위치하게 되는데, 세 모음 'ㅏ, ㅣ, ㅜ'에서 매우 다른 F1과 F2 값을 보이는 것으로 보아 조음 시 공명강의 단면적 변화가 F1과 F2의 위치를 다르게 하여 모음(홀소리)이 조음되는 것을 알 수 있는 것이다.

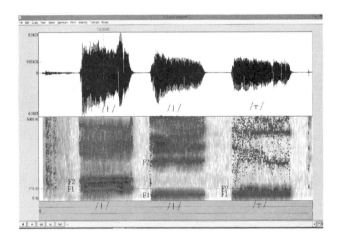

아래의 그림은 /ㅑ/를 초성으로 발음할 때의 모습과 /ㅏㅑ/를 이어 발음할 때의 모습을 보여주고 있다. 이중모음인 /ㅑ/의 조음에서 F1과 F2의 위치 변화가 아주 급격하게 나타나는 것을 확인해 볼 수 있다. /ㅑ/는 /ㅣ/, /ㅏ/를 빠른 시간 안에 연이어 발음하는 것이라고 생각할 수 있으며, 이때 F1은 입술의 오므림과 열림에 아주 민감하게 변화되는 포르만트 이고, F2는 혀의 전진과 후진에 민감하게 변화되는 포르만트 임을 감안한다면, /ㅣ/에서는 입술이 상당히 오므라져 있다가 /ㅏ/로 소리가 변화되면서 입술이 갑작스레 많이 벌어지면서 F1의 상승이 보이는 것이며, 시작 부분 /ㅣ/에서 혀의 전진이 심하게 있다가 /ㅏ/로 변하면서 혀의 후진이 급격히 생기면서 F2의 하강이 급하게 발생되는 것이라 짐작할 수 있다.

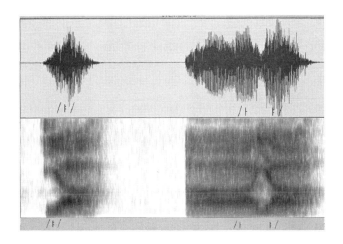

/ㅏ/ /ㅑ/를 연이어 발음할 때에는 /ㅏ/의 말미에 /ㅑ/를 조음하기 위하여 /ㅏ/에서 벌리고 있던 위아래 입술을 급격히 좁혔다가 /ㅑ/조음 시작과 함께 입술을 다시 급격히 벌리기 때문에 F1의 하락과 상승이

특징적으로 아래 notch형으로 보이게 되는 것이며, F2는 역으로 / ㅏ /
에서 혀가 뒤 낮은 곳에 있다가 / ㅑ / 조음 시 급격한 전진과 상승이
있다가 / ㅑ /의 뒷부분은 / ㅏ / 조음과 유사하기 때문에 특징적인 F2의
위를 향한 notching이 보이는 것이다. 따라서 / ㅏ / / ㅑ /를 연이어 발음
할 때에는 특징적인 '금강석(diamond)' 모양의 F1과 F2의 모양 변화가
보이게 되는 것이다. 참으로 재미있다.

현대 국어의 기본모음 10가지에 들지 않는 이중모음을 두 개씩 짝지
어 발음해 보기로 하자.
아래 그림은 / ㅒ /와 / ㅖ /를 조음한 것이다. 여기에서도 조음 초기에
포르만트의 부드러운 이행(transition)이 관찰된다.

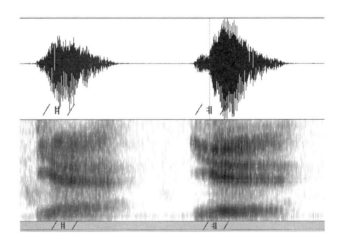

아래 그림은 /ㅘ/ /ㅝ/를 조음한 것이다.

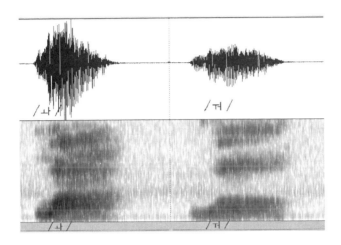

그리고 아래 그림은 이중모음 /ㅙ/와 /ㅞ/를 조음한 것이다.

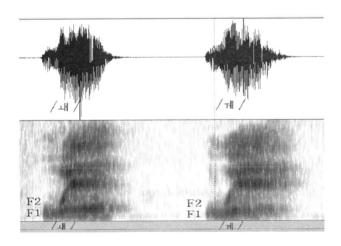

다음 그림은 마지막 이중모음인 /ㅢ/를 조음한 것이다. /ㅡ/와 /ㅣ/ 를 빠른 시간 내에 이어 조음하는 형태인데, 조음 초기에 F2의 급격한

변화가 감지된다. 우리나라 지역에 따라 이 /ㅢ/ 모음 조음이 상당히 어려운 지역이 있다. 이런 곳에서는 이 모음을 /ㅔ/로 발음하기도 한다.

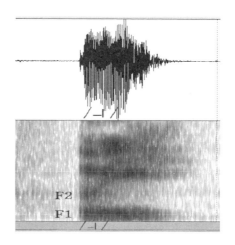

자음음향학(Consonant acoustics)

비자음은 구강의 어느 지점에서 폐쇄되고 연구개(velum)를 내려 허파에서의 기류가 비강(nasal cavity)으로 나가는 자음이다. 이때 비강이 공명관으로 작용하여 마치 모음을 발성할 때와 같은 포르만트를 생성한다. 긴 공명관이어서 포르만트의 주파수가 낮다(대체로 250Hz쯤). 비인강을 통하여 비강까지 연결되는 공명강은 길기도 하지만, 내부에 비갑개 등의 장애물이 많고 비교적 두꺼운 점막으로 덮여 있어서 소리 에너지가 1,000Hz~2,000Hz 사이에서 많이 흡수(filtering)되는데 이를 반공명(anti-resonance)라고 한다. 따라서 비자음은 250Hz 근처의 약한 소리 에너지만 남게 되는데 이를 nasal murmur 혹은 비음 포르만트(nasal formant)라고 하기도 한다. 조음위치가 다른 [m], [n], [ŋ]의 구별은 다음 그림에서 보이듯 막힌 위치 뒤의 구강과 비인강, 비강 끝까지의 길이의 차이에서 나타난다.

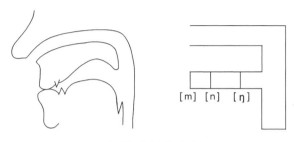

도식화한 비자음의 공명관

비자음 [마]의 음향분석 파형은 다음과 같다.

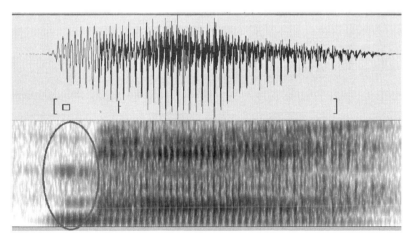

/마/ 음절의 조음 시 음향분석

위는 음향파형(acoustic waveform), 밑은 성문분석(sound spectrography)파형

/마/ 음절 조음 중 /ㅁ/ 부분의 조음은 두 입술을 막은 상태에서 성대음을 만들어지고 소리는 입술이 막혀 있기 때문에 공기의 흐름과

힘께 비인강을 거쳐 비강을 통과하는 조음 과정을 갖게 되는 것이다. 따라서 조음 위치는 양 입술, 조음방법은 비자음(nasal consonant)인 것이다. 이때 /ㅁ/ 부분의 조음 시, 성대음은 만들어지는 데, 형성된 성대음이 아주 긴 공간인 비인강과 비강을 통과하면서 많은 공명음이 재흡수(filtering)되게 되어 공명주파수대(formant) 위치의 에너지는 아주 약하게 변하게 되는데, 이를 '반공명(anti-resonance)'이라고 한다. 그리고 성문 분석에서 아주 저주파의 성대음 만 주로 남게 되며, 이를 nasal murmur (코웅얼거림)이라고도 한다. 위 음향파형에서 /ㅁ/ 부분의 조음 시 성대음은 보이지만, 에너지 크기가 아주 작은 것도 같이 설명할 수 있다. 노래 부를 때 콧소리(허밍)로 부드럽게 노래 부르는 것은 이 비자음을 발성에 이용하는 것이다.

접근음(approximants - 유음, 활음=반모음)도 열려있는 구강이 공명관으로 작용해서 모음과 비슷한 포르만트를 생성한다. 사실 모음과 접근음의 구별을 음향학적으로 스펙트로그램에서 구별하기는 쉽지 않다.

파열음의 음향학적 자질은 무엇인가? 파열음의 조음은 구강이 완전 폐쇄되어 아무런 음향적 에너지가 새어나오지 않는 침묵(silence)이다. 이 기간을 다른 표현으로는 폐쇄기(closure period)라고도 하며, 이때 구강 내의 압력을 측정할 수 있는 장치로 압력을 측정해 보면, 개방기 직전까지 폐쇄점 뒤의 구강 내 압력은 높게 유지되며 갑작스런 개방과 함께 압력은 떨어지게 된다. 유성파열음은 성대진동이 있지만 그 에너지가 구강을 통해 발산되지 않아서 음향학적으로는 꽤 미약하다. 말소리 진행 중의 침묵 구간을 파열음이라고 해석한다 하더라도, 조음위치(place of articulation)의 구별([p] : [t] : [k])은 어떻게 하는가? 이는 선행하는 또는 후행하는 모음으로부터의 추이(推移 transition) 현상에서 추출된다.

이를 보기 위해 [apa]라는 VCV 음절의 어형을 어떻게 발음하나 좀 세밀히 살펴보자. 우선 [a]는 저설 모음이고 [p]는 양순파열음이니까, [a]에서 벌렸던 두 입술을 닫고 얼마 뒤에 다시 열어야 한다 순간적으로 빠른 동작이지만 시간이 걸리게 마련이다. 이를 도시하면 다음과 같다.

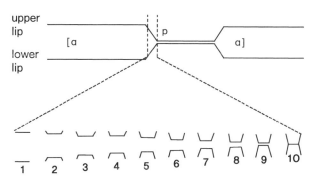

[apa] 발성 시의 폐구 단계

음향학적으로는 [a]의 공명주파수(resonance frequency)에서 [p]의 공명주파수로 갔다가 여기서 다시 [a]의 공명주파수로 돌아가게 되어 있다. [p]는 폐쇄기간 동안 침묵이지만 나름대로의 공명주파수는 있다.

음향학적으로 조음위치에 따른 파열자음을 구분하게 되는 가장 중요한 음향지료는 'VCV'의 뒤 모음이 시작될 때와 'CV'에시 초성 자음 뒤의 모음이 시작될 때 보이는 "성대진동시작시간(Voice onset time, VOT)"이라 할 수 있다. '성대진동시작시간(VOT)'이란 무성폐쇄음의 개방단계 후에 후행하는 모음을 위해 성대점막이 진동하기 시작하는 시간 사이의 기간을 의미한다.

우리말 '바다가', '파타가', '빠따까'를 [VCV] 모드의 [아바 아다 아가], [아파 아타 아카], [아빠 아따 아까] 순서로 Praat에 의한 음향분석 스펙트로그램 화면을 캡쳐한 사진을 공개한다. 파열자음의 조음 위치는 양순파열음, 치조파열음, 연구개파열음의 순서이다.

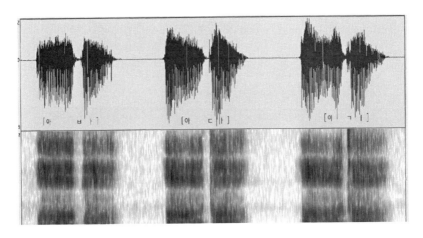

[아바 아다 아가]

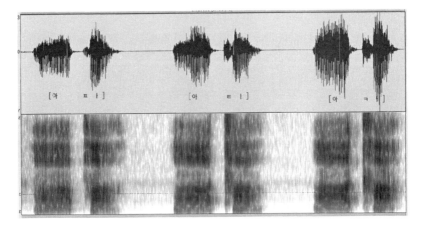

[아파 아타 아카]

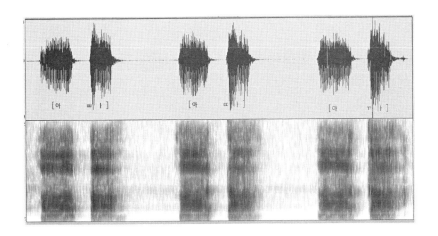

[아빠 아따 아까]

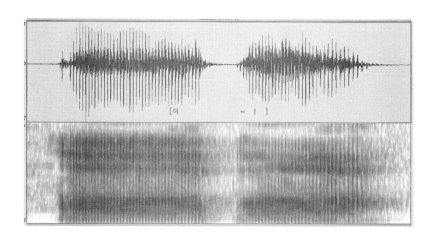

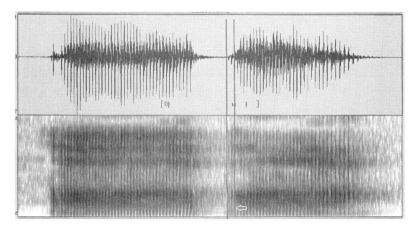

[아바]

실선 사이의 거리가

'성대진동시작시간(VOT)'

[바]의 VOT = 0.019초

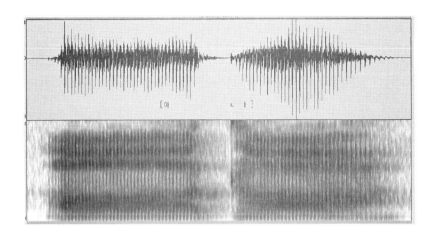

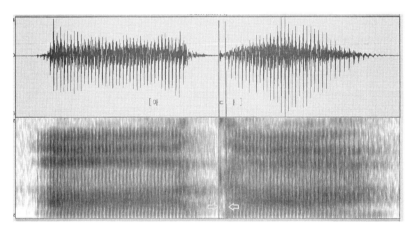

[아다]

실선 사이의 거리가

'성대진동시작시간(VOT)'

[다]의 VOT = 0.027초

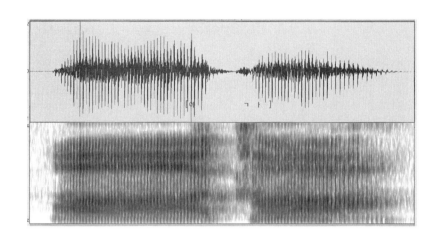

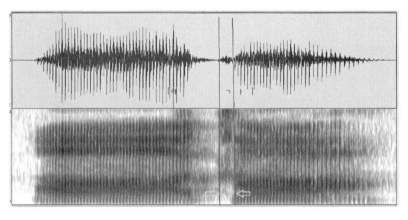

[아가]

실선 사이의 거리가

'성대진동시작시간(VOT)'

[가]의 VOT = 0.065초

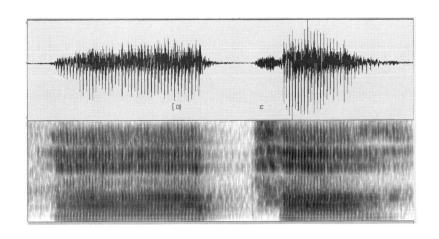

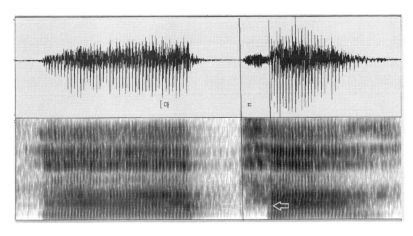

[아파]

실선 사이의 거리가

'성대진동시작시간(VOT)'

[파]의 VOT = 0.921초

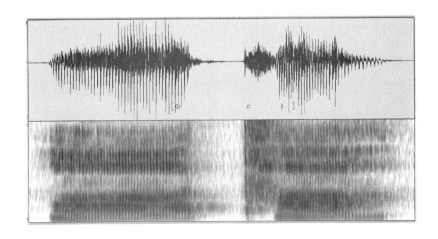

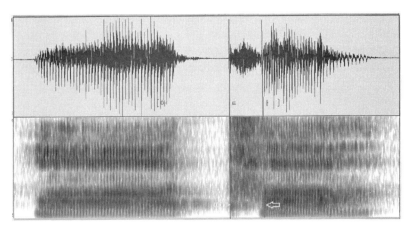

[아타]

실선 사이의 거리가

'성대진동시작시간(VOT)'

[타]의 VOT = 0.11초

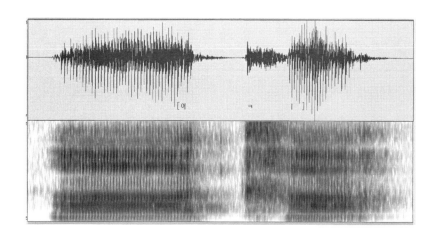

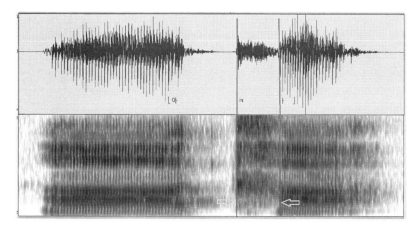

[아카]

실선 사이의 거리가

'성대진동시작시간(VOT)'

[카]의 VOT = 0.148초

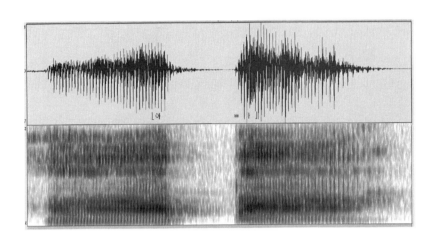

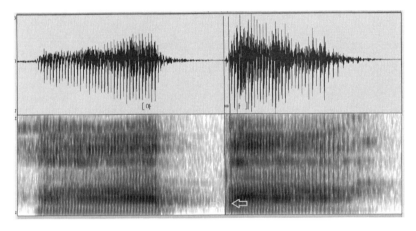

[아빠]

실선 사이의 거리가

'성대진동시작시간(VOT)'

[빠]의 VOT = 0.017초

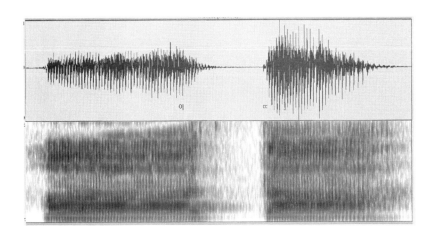

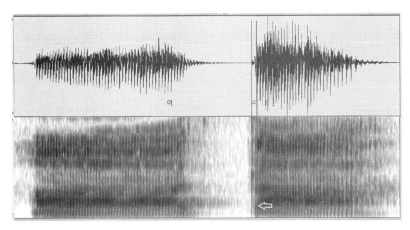

[아따]

실선 사이의 거리가

'성대진동시작시간(VOT)'

[따]의 VOT = 0.027초

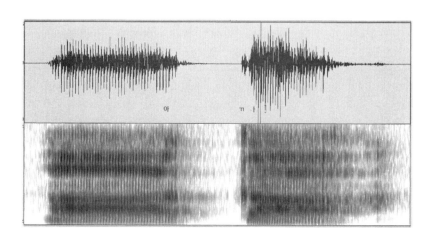

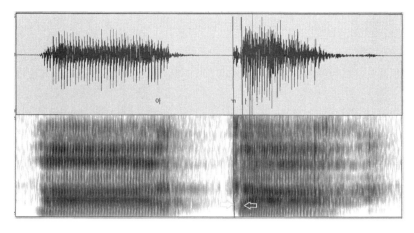

[아까]

실선 사이의 거리가

'성대진동시작시간(VOT)'

[까]의 VOT = 0.03초

앞에 열거한 Praat로 측정한 우리말 파열자음의 '성대진동시작시간(VOT)'의 길이는 자음의 종류와 조음법, 조음위치에 따라 큰 차이를 보인다. 전반적인 추세를 정리하면 다음과 같다.

1) 예사소리(평음), 거센소리(격음, 유기음), 된소리(경음, 농음)

성대진동시작시간(VOT)의 길이는, 거센소리(격음, 유기음)가 가장 길고, 된소리(경음, 농음)가 가장 짧은 경향을 보였다.

2) 양순파열음, 치조파열음, 연구개파열음

같은 종류의 파열자음이더라도 성대진동시작시간(VOT)의 길이는, 연구개파열음 〉 치조파열음 〉 양순파열음의 순으로 길이의 차이가 현저하다.

양순파열음, 즉 예를 들어, "ㅍ"의 경우, 공기역학적 조음 과정을 보다 과학적으로 입증해 보자면, 의학적으로 병원에서 사용하고 있는 '공기역학적 검사 기기'인 "PAS(Phonatory Aerodynamic System, 파스)"라는 장비를 이용하여 설명해 볼 수 있겠다.

'공기역학적 검사 기기'인 "PAS(Phonatory Aerodynamic System, 파스)"

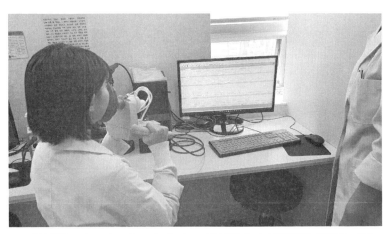

"PAS(Phonatory Aerodynamic System, 파스)"로 "ㅍ" 조음과정을 측정하는 모습

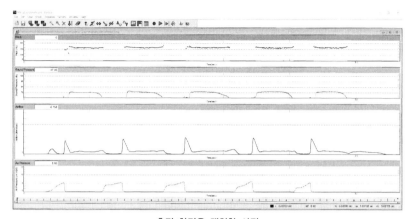

측정 화면을 캡쳐한 사진

[파 파 파 파 파] /파/ 5회 발성한 화면

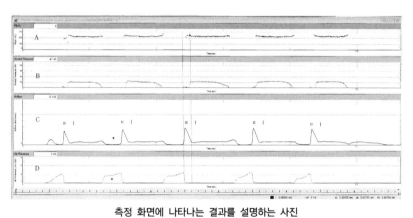

측정 화면에 나타나는 결과를 설명하는 사진

A: 기본주파수(Pitch, Fundamental frequency)
B: 소리의 크기(Sound Amplitude)
C: 공기의 흐름양(Air Flow)
D: 공기압(Air Pressure)

파스(PAS)라는 장비는 이비인후과의 음성검사실에서 사용되는 의학
장비로서, 원래는 '발성효율(Phonatory efficiency)'을 주로 측정하는 장비
이다. 위의 사진에서 볼 수 있는 대로 장비는 입과 코를 모두 감쌀

수 있는 커다란 마스크로 이루어져 있는 측정장치와 컴퓨터 화면 등으로 이루어져 있다. 마스크 안에서 입속으로 작은 플라스틱 튜브가 연결되어 있고 이 튜브 끝을 양 입술 사이로 물면서 입안에 위치시키면서 마스크 핸들을 잡고 입과 코를 전부 감싸듯 밀착시켜 바람이 옆으로 새지 않게 압박시킨다. 이 튜브의 장비 속 끝에는 압력센서가 자리 잡고 있다. 이때 검사자의 지시에 따라 피검자는 [파 파 파 파 파], 즉 /파/ 음절을 5회 반복하여 발성하도록 한다.

이리하면, 위 그림에서 보이는 측정 화면을 얻게 되는데, A는 기본주파수(Pitch, Fundamental frequency), B는 소리의 크기(Sound Amplitude), C는 공기의 흐름양(Air Flow), D는 공기압(Air Pressure)이 같은 시간 대에 동시에 측정되게 되어 있다.

우리 말의 /파/라는 음절은 [ㅍ] 파열자음 음소와 [ㅏ] 모음 음소가 초성과 중성으로 합쳐져서 만들어지는 음절이다. 이 /파/ 음절의 실제의 조음 과정을 설명하는 데 있어서 위의 장비를 사용한 측정치 화면으로 설명하는 것은 정말 과학적이라고 할 수 있다.

두 번째 음절 /파/에서 별표(*)는 '휴지기(closure period)'라고 할 수 있는데, 위아래 양 입술이 닫혀 있어서 소리의 발생(A & B)은 없는 시기이며, 이때 공기의 흐름(C)도 전혀 없다. 다만, 구강 내의 압력은 높게 유지되면서 점차 압력의 크기가 커지다가 갑작스레 입술이 열리면서 압력은 바닥(0)으로 떨어지게 되는 것이다. 그 직후 공기의 흐름이 확 생기되 큰 피크(peak)를 만들며 흐름이 증가되다가 다시 감소하게 된다. 세 번째 /파/ 음절에서 위아래 직선으로 표시한 사이 부분이다. 이 부분이 자음 /ㅍ/이 조음되는 시점이다. 그 이후에는 공기의 흐름이 비교적 적게(약 100~130ml/sec) 유지되는데, 이 부분이 모음 / ㅏ /가 조음되는 부분이다.

이때 조음되는 /파/를 성문분석을 해 보면,

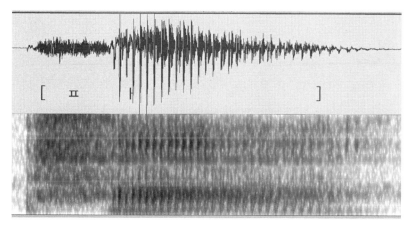

/파/의 음향분석

위는 음향파형(acoustic waveform), 밑은 성문분석(sound spectrography)파형

/ㅍ/은 입술이 닫혀 있다가 구강 내 압력이 증가된 직후 터지면서(열리면서) 순간적으로 만들어지는 잡음(noise)이며, 그 이후 / ㅏ / 부분은 성대가 닫힌 상태에서 성대점막이 주기적으로 개폐운동의 진동을 하면서 만들어지는 모음(홀소리, vowel)인 것을 알 수 있다. 저자의 과거 연구 및 관찰에 의하면, /파/가 조음되는 순간에 코로 굴곡형 후두내시경을 후두 위에 위치시키면서 관찰해보면, 특이하게도 / ㅍ/ 부분에서는 성대가 상당히 열려있고, 이어 조음되는 / ㅏ / 부분에서는 성대가 순간적으로 닫히게 되고 점막은 개폐 진동을 하게 된다. / ㅍ/ 부분에서는 성대가 상당히 열려있는 이유는 파열자음이 압력자음(pressure consonant)이므로 구강 내 즉, 닫혀 있는 양 입술 뒷공간에 높은 압력이 필요하기 때문에 성대를 크게 열어 폐에서 올라오는 공기의 흐름이

구강 내로 충분히 전달되게 하기 위해서인 것이다. 따라서 '성대진동시작시간(VOT)'이 꽤 길게 유지되는 특징을 가지고 있다.

비슷한 위치에서 /빠/의 조음 시에는 성대의 벌어짐이 훨씬 작다. 다만 성대가 약간 긴장되어 보인다. 이는 /ㅃ/이 된소리(긴장음)이기 때문이다. 그리고 '성대진동시작시간(VOT)'도 상당히 짧다. 이렇게 중요한 발성 조음 기관인 성대는 모음(홀소리, vowel)의 조음 시에 성대원음(glottal sound)을 만들어 내는 것 이외에도 자음(닿소리, consonant) 조음 시에도 섬세한 움직임을 보이는 중요한 역할을 하고 있는 것이다. 우리의 청각 중추는 많은 소리들을 들으면서 경험이 쌓이게 되고, 비슷한 유형의 자음(닿소리)이 만드는 잡음이더라도 그 차이를 느끼면서 정확한 음소 레벨의 감별을 하는 소리 인식을 하게 된다. 이는 참으로 놀라운 현상이다.

현대 한국어의 자음(닿소리)의 음향분석 사진(/CV/)을 나열하면 다음과 같다(Praat로 검사, 분석함).

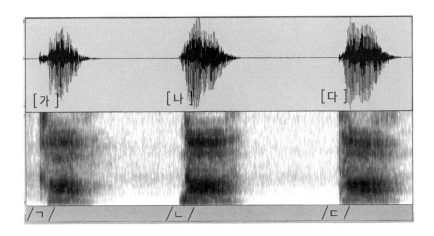

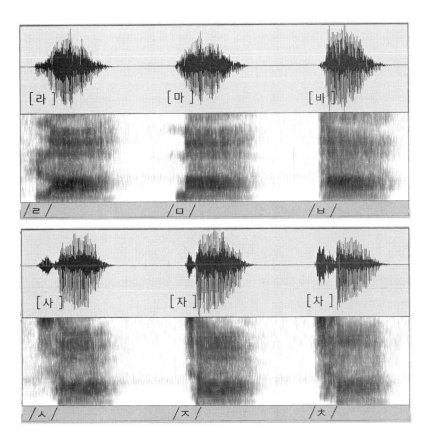

현대 국어에서 'ㅇ'이 초성에 올 때에는 음값이 없으므로 표기하지 않았음.

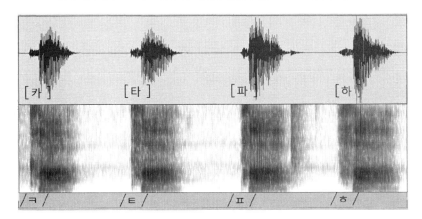

제2장

훈민정음 해례본 제자해의
음성학적 연구

훈민정음 해례본 제자해
(한글학회 다듬본 중)

훈민정음 해례본은 현재 국보 70호로 지정되어 있으며, 간송미술관에 보관되어 있다. 오랫동안 원본이 발견되지 않고 있었는데, 1940년 간송 전형필 선생에 의해 소장되었다. 2008년, 상주에서 두 번째 원본 훈민정음이 발견 확인되었으나, 아직 공개되지 않고 있다.

2015년 간송미술문화재단과 교보문고가 이 귀중본을 정교하게 복간하였으며, 본인도 복간본 1부를 소장하고 있다.

여기에서는 제자해를 제시하는데, 보기가 훨씬 수월하게 보정된 1997년 한글학회 수정본 훈민정음의 '제자해' 부분을 발췌하여 싣는다.

한글학회 수정본 — 훈민정음 제자해 1

한글학회 수정본 — 훈민정음 제자해 2

한글학회 수정본 ― 훈민정음 제자해 3

한글학회 수정본 ― 훈민정음 제자해 4

縮而聲淺。人生於寅也。形之立象
乎人也。此下八聲。一闔一闢。ㅗ與
•同而口蹙。其形則•與一合而
成。取天地初交之義也。ㅏ與•同而
口張。其形則•與ㅣ合而成。亦取
天地之用發於事物待人而成也。
ㅜ與一同而口蹙。其形則一與•
合而成。亦取天地初交之義也。
ㅓ與一同而口張。其形則ㅣ與•
而成。亦取天地之用發於事物待
人而成也。ㅛ與ㅗ同而起於ㅣ。
與一同而口張。其形則•與ㅣ合
ㅑ與ㅏ同而起於ㅣ。ㅠ與ㅜ同而起
於ㅣ。ㅕ與ㅓ同而起於ㅣ。ㅗㅏㅜㅓ
始於天地。為初出也。ㅛㅑㅠㅕ
起於ㅣ而兼乎人。為再出也。ㅗㅏㅜㅓ
之一其圓者。取其初生之義

한글학회 수정본 — 훈민정음 제자해 5

也。ㅛㅑㅠㅕ之二其圓者。取其再
生之義也。ㅗㅏㅛㅑ之圓居上與
外者。以其出於天而為陽也。ㅜㅓ
ㅠㅕ之圓居下與內者。以其出於
地而為陰也。•之貫於八聲者。猶
陽之統陰而周流萬物也。ㅛㅑㅠㅕ
之皆兼乎人者。以人為萬物之
靈而能參兩儀也。取象於天地人
而三才之道備矣。然三才為萬物
之先。而天又為三才之始。猶•
一ㅣ三字為八聲之首。而•又為三
字之冠也。ㅗ初生於天。天一生水
之位也。ㅏ次之。天三生木之位也。
ㅜ初生於地。地二生火之位也。
ㅓ次之。地四生金之位也。ㅛ再生於
天。天七成火之數也。ㅑ次之。天九

한글학회 수정본 — 훈민정음 제자해 6

成金之數也。〻再生於地。地六成
水之數也。〻次之地八成木之數
也。水火未離乎氣。陰陽交合之初
故闔。木金陰陽之定質。故闢・天
五生土之位也。一地十成土之數
也。一獨無位數者。盖以人則無極
之真。二五之精妙合而凝。固未可
以定位成數論也。是則中聲之中

正音解例 七

亦自有陰陽五行方位之數也。以
初聲對中聲而言之。陰陽天道也。
剛柔地道也。中聲者。一深一淺一
闔一闢是則陰陽分而五行之氣
具焉。天之用也。初聲者。或虛或實
或颺或滯或重若輕。是則剛柔著
而五行之質成焉。地之功也。中聲
以深淺闔闢唱之於前。初聲以五

한글학회 수정본 — 훈민정음 제자해 7

音清濁和之於後。而為初亦為終
亦可見萬物初生於地。復歸於地
也。以初中終合成之字言之。亦有
動靜互根陰陽交變之義焉。動者
天也。靜者地也。兼乎動靜者人也
盖五行在天則神之運也。在地則
質之成也。在人則仁禮信義智神
之運也。肝心脾肺腎質之成也。初

正音解例 八

聲有發動之義。天之事也。終聲有
止定之義。地之事也。中聲承初之
生。接終之成。人之事也。盖字韻之
要在於中聲。初終合而成音。亦猶
天地生成萬物。而其財成輔相則
必頼乎人也。終聲之復用初聲者
以其動而陽者乾也。靜而陰者亦
乾也。乾實分陰陽而無不君宰也

한글학회 수정본 — 훈민정음 제자해 8

한글학회 수정본 ― 훈민정음 제자해 9

한글학회 수정본 ― 훈민정음 제자해 10

聲音又自有清濁
要於初發細推尋
全清聲是君斗彆
即戌挹亦全清聲
若迺快吞漂侵虛
五音各一為次清
全濁之聲虯覃步
又有慈邪亦有洪
全清並書為全濁
唯洪自虛是不同
業那彌欲及閭穰
其聲不清又不濁
欲之連書為脣輕
喉聲多而脣乍合
中聲十一亦取象
精義未可容易觀

正音解例 〈十一〉

한글학회 수정본 ― 훈민정음 제자해 11

吞擬於天聲最深
所以圓形如彈丸
即聲不深又不淺
其形之平象乎地
侵象人立厥聲淺
三才之道斯為備
洪出於天尚為闔
象取天圓合地平
覃亦出天為已闢
發於事物就人成
用初生義一其圓
出天為陽在上外
欲穰兼人為再出
二圓為形見其義
君業戌彆出於地
據例自知何須評

正音解例 〈十二〉

한글학회 수정본 ― 훈민정음 제자해 12

初迺地功剛柔彰
中是天用陰陽分
自有剛柔與陰陽
且就三聲究至理
人參天地爲最靈
四聲兼人亦有由
維天之用徧流行
吞之爲字貫八聲

《正音解例》十三

爲陽之動主於天
初聲復有發生義
一動一靜互爲根
陰變爲陽陽變陰
物生復歸皆於坤
和者爲初亦爲終
天先乎地理自然
中聲唱之初聲和

한글학회 수정본 — 훈민정음 제자해 13

終聲比地陰之靜
字音於此止定焉
韻成要在中聲用
人能輔相天地宜
陽之爲用通於陰
至而伸則反而歸
初終雖云分兩儀
終用初聲義可知

《正音解例》十四

正音之字只廿八
探賾錯綜窮深幾
指遠言近牖民易
天授何曾智巧爲

初聲解
正音初聲。即韻書之字母也。聲音
由山而生。故曰母。如牙音君字初
聲是ㄱ。ㄱ與ㅜ而爲군。快字初聲

한글학회 수정본 — 훈민정음 제자해 14

훈민정음 제자해(한문, 현대어 풀이)
음성학적 해설*

훈민정음 제자해 중 음성학적 표현이 있는 부분에 대한 저자의 지식을 동원한 해설을 펼쳐 보고자 한다. 음양오행 등 철학적 의미에 대한 부분은 본인의 전문 분야도 아니고, 잘 알지도 못하여 배제하였으며, 방위와 숫자로의 설명, 하도 낙서 등과 관련된 부분도 다루지 않음을 미리 밝힌다. 그리고 또 하나의 전제 조건은 훈민정음이라는 새로운 문자를 만드는 과정과 전체의 틀을 정하고 시행하는 과정에 있어서, 음성학, 언어학 등에 능통한 한 전문가(세종 자신)가 주도적으로 문자는 만들어 갔다는 전제와 해설서인 훈민정음 해례본을 만든 집현전 학사들의 역할은 확실하게 구분된다는 전제에 기반한 기술임을 밝힌다.

제자해 1 : 천지자연의 이치는 오직 하나의 음양오행뿐이다. "天地之道, 一陰陽五行而已." [정음해례1ㄱ:3]

제자해 2 : 곤괘와 복괘의 사이가 태극이 되고, 움직이고 멎고 한 뒤에 음양이 된다. "坤復之間爲太極, 而動靜之後爲陰陽." [정음해례1ㄱ:3-4]

---

* 인용된 훈민정음 제자해의 원문과 그 현대어 설명은 김슬옹 교수의 저서『훈민정음 해례본 입체강독본』(박이정)에서 따온 것이다.(음성학적 표현이 있는 구절은 별표(★)로 표시함.)

제자해 3 : 무릇 천지자연에 살아 있는 것들이 음양을 버리고 어디로 가겠는가? "凡有生類在天地之間者, 捨陰陽而何之." [정음해례1ㄱ:5-6]

제자해 4 : 그러므로 사람의 성음도 모두 음양의 이치가 있는 것인데, 생각해보니 사람들이 살피지 못했을 뿐이다. "故人之聲音, 皆有陰陽之理, 顧人不察耳." [정음해례1ㄱ:6-7]

★ **제자해 5** : 이제 정음이 만들어지게 된 것도 애초부터 지혜를 굴리고 힘들여 찾은 것이 아니고, 단지 성음의 이치를 끝까지 연구한 것이다. "今正音之作, 初非智營而力索, 但因其聲音而極其理而已." [정음해례1ㄱ:7-8]

성음(聲音)이란 목소리라는 뜻인데, 표음문자(소리글자)를 새롭게 만들기 위한 노력으로 사람의 목소리가 만들어져 나오는 과정을 끝까지 연구하였다는 점이 표현된 것이다. 어제(御製) 서문에서도 잘 표현되어 있듯이, 우리나라의 말이 중국과 달라, 우리의 생각을 표의문자인 한자로는 제대로 표현해 담을 수 없기에 새로운 소리글자를 만든 것이라는 설명과 잘 맞는 제자해의 첫 부분 표현이라고 할 수 있다. 그리고 '끝까지 연구한 것'이라는 표현도 집현전 학사들이 보기에 세종 임금의 헌신적 연구와 그 노력을 높여 표현한 것이라는 생각이 든다.

제자해 6 : 그 이치가 이미 둘이 아니니, 어찌 천지자연의 혼령과 신령스러운 정령과 함께 정음을 쓰지 않겠는가? "理旣不二, 則何得不與天地鬼神同其用也." [정음해례1ㄴ:1-2]

★ **제자해 7** : 정음 28자는 각각 그 모양을 본떠서 만들었다. "正音二十八字, 各象其形而制之." [정음해례1ㄴ:2-3]

이 문장이 훈민정음 제자해의 가장 핵심이 되는 문장이다. 정음 28자 모두 상형(象形, 꼴본뜸)에 의해 글자 모양이 만들어졌다는 중요한 의미 있는 문장인 것이다. 여기서 꼴 본뜸 다시 말하면 '모양을 본뜨다'의 개념이 아주 구체적인 것은 아니라서, 물론 자의적 여러 해석이 가능하기는 하겠지만, 위 문장(제자해 5) 중 '성음의 이치를 끝까지 연구한 것'을 생각한다면 당연히, 말소리를 만들어 내는 발성, 조음기관의 모습이나, 그 작용 기전의 핵심적 모습, 혹은 공명강 공간의 모습을 본떴다고 설명해야 타당할 것이다. 뒤에 다시 나오겠지만, 예를 들어 중성자 'ㅡ' 모음(홀소리)의 제자 핵심이 평평한 땅의 모습을 본떠서 만든 것이라고 말한다면 무언가 석연치 않은 것이 느껴진다. 'ㅡ'란 소리가 나는 문자를 조음(발음)할 때의 공명강 모습을 본떠 글자 형태를 만들었는데, 그 모습이 'ㅡ' 모습이니, 평평한 땅의 모습을 닮은 글자라고 해석하는 것이 올바를 것이다. 중간에 없어지게 된 4글자를 포함한 창제 당시의 모든 글자 28자에 대한 꼴 본뜸에 의한 제자해를 뒤에 하나하나 설명해 보고자 한다.

제자해 8: 초성자는 모두 17자다. "初聲凡十七字." [정음해례1ㄴ:3]

★ 제자해 9: 어금닛소리글자 ㄱ은 혀뿌리가 목을 막는 모양을 본떴다. "牙音ㄱ, 象舌根閉喉之形." [정음해례1ㄴ:4]

초성자(첫소리글자)의 글꼴 만들기의 설명으로 ㄱ 모양으로 글자를 만든 이유를 설명하고 있다. 훈민정음 글자 모양은 아주 독창적으로 만들어진 것이지만, 그 체계에 있어서는 중국의 성운학의 체계를 많이 가져온 것을 알 수 있다.

조선왕조실록 중 세종실록에 의히면, 세종대왕이 훈민정음 창제를 준비하면서 많은 공부를 하였다고 기술되어 있는데, 성운학이 그 근간을 이룬 것으로 보인다. 성운학은 한자음의 체계를 이론적으로 정립한 학문이다. 성운학에서는 음절을 성모(음절의 앞 요소)와 운모(음절의 뒤 요소)로 나누었는데, 훈민정음 해례본에서는 음절을 초성, 중성, 종성으로 나누었다.

성운학에서는 성모를 발음 기관의 위치에 따라 오음(五音)인 아음(牙音), 설음(舌音), 순음(脣音), 치음(齒音), 후음(喉音)으로 분류하거나, 칠음(七音)인 아음, 설음, 순음, 치음, 후음, 반설음, 반치음으로 분류하고, 소리가 만들어지는 방법과 음의 성질에 따라 청탁(淸濁)으로 나누었다.

훈민정음 초·종성자(닿소리, 자음) 제자해에서도 성운학의 분류와 유사하게 5음 혹은 7음의 분류를 하였으나, 독특하게 조음 시 성도에서 조음되어 소리를 만들어 내는 과정의 핵심적인 발음기관의 모습을 본떠(상형, 象形) 기호화하는 멋지고도 아주 과학적인 글자 형태를 만든 것이 아주 인상적이다.

어금닛소리 글자 'ㄱ'이 가장 먼저 나오게 된 것은 '아설순치후' 오음 체계에서 '아음(牙音, 어금닛소리)'이기 때문이다. 이 'ㄱ' 글자 모양에 대하여는 아주 구체적인 음성학적 조음 과정 설명이 되어 있다. 즉, **'혀뿌리가 목을 막는 모양을 본떴다[象舌根閉喉之形]'**라는 설명을 잘 새겨 보아야 한다. 'ㄱ' 글자의 모습은 일반인도 어느 정도 생각해 볼 수 있겠으나, 이비인후과 전문의의 입장에서는 혀의 모습, 더 자세하게는 앞을 보고 있는 사람은 왼쪽 옆모습에서 혀의 모습을 본떴다는 것을 쉽게 생각할 수 있다. 편평한 것은 구강에 속한 혀의 윗면이며, 뒤 수직선은 혀뿌리(base of tongue)의 서 있는 표면 모습이다. 훈민정음 제자해에서 '설근(舌根)'이란 설명과 '설축(舌縮, 舌根後縮)'이란 표현이 여러 번 나오는데, 이런 설명 자체가 상당히 과학적, 음성학적, 의학적 설명이라 할 수 있겠다. '舌根閉喉之形'이란 표현에서 '喉'는 현대 의학에서는 '후두(larynx)'를 말하는 것인데, 당시에는 '후두'와 '인두'의 다른 점에 대한 명확한 지식은 없었던 것으로 보이며, '喉'란 '목 안의 깊은 곳'이란 개념으로 사용된 것으로 생각할 수 있겠다. 현대 음성학에서 'ㄱ'은 (연)구개파열음이라고 정의한다. 조음 위치는 연구개와 혀의 뒷부분이 만나는 부분이며(엄밀히 말하자면 구강 혀와 인두 혀인 혀뿌리가 만나 꺾이는 부분), 조음 방법은 막혔다가 터짐으로 인해 짧은 시간에 잡음을 만들어 내는 파열자음(plosive consonant)인 것이다.

여기서 중요하게 언급해야 할 것은 '아음(牙音, 어금닛소리)'이라는 표현이 '어금니가 조음에 관여한다는 것이 아니고, 어금니가 위치하는 구강 안 위치에서 혀가 주로 작용하여 만들어 내는 소리라는 의미'인 것이다. 따라서 '아음(牙音, 어금닛소리)'은 '조음 위치(place of articulation)'를 주로 표현하는 단어인 셈이다.

★
제자해 10 : 혓소리글자 ㄴ은 혀가 윗잇몸에 닿는 모양을 본떴다.
"舌音ㄴ, 象舌附上腭之形." [정음해례1ㄴ:4-5]

훈민정음 어제 서문 바로 뒤에 나오는 예의(例義: 자음자와 모음자의 음가와 운용 방법에 대해 풀이한 부분)에서는 자음자(초·종성)의 순서를,

아음(牙音): ㄱ, ㅋ, ㆁ
설음(舌音): ㄷ, ㅌ, ㄴ
순음(脣音): ㅂ, ㅍ, ㅁ

치음(齒音): ㅈ, ㅊ, ㅅ

후음(喉音): ㆆ, ㅎ, ㅇ

반설음: ㄹ

반치음: ㅿ

의 순서로 기술하고 있으나, 제자해에서는 자음자(초성)의 순서를 다른 방법으로 기술하고 있다. 아음의 대표 글자 'ㄱ', 다음에 설음의 대표 글자 'ㄴ', 다음에 순음의 대표 글자 'ㅁ', 다음에 치음의 대표글자 'ㅅ', 그리고 후음의 대표 글자 'ㅇ'의 순서로 기술하고 있다.

제자해에서 **"혓소리 글자 ㄴ은 혀가 윗잇몸에 닿는 모습을 본떴다. 舌音ㄴ, 象舌附上顎之形"**이라고 설명하고 있는데, 한자로 된 원어에는 혀가 상악(윗턱뼈)에 닿는 모습의 혀의 모습을 본뜬 것이라 하였고, 현대 국어로 된 해석에는 윗잇몸(치조, alveolus)에 혀끝이 닿는 모습의 혀의 모습을 본뜬(상형) 것으로 풀이하고 있다. 이는 큰 차이가 아니라 받아들일 수 있겠다. 현대 음성학에서 'ㄴ'(/n/)은 비자음(鼻子音, nasal consonant)에 속한 자음이며, 조음 위치는 치조 부분으로 설명한다. 그 부분의 구강에서 혀끝이 입천장 앞부분 윗턱뼈를 덮고 있는 잇몸 부위에 접촉하면서 기류와 성대음 소리의 흐름을 더 이상 입술 방향으로 나가지 못하게 하여 소리와 기류의 흐름이 온전히 비인강을 통하여 비강으로 향한 통로를 이용할 수밖에 없는 것이다. 'ㄴ' 역시 앞을 보고 있는 사람의 왼쪽 옆모습에서 가장 핵심적인 혀의 모습을 본뜬 것이다.

★

제자해 11 : 입술소리글자 **ㅁ**은 입 모양을 본떴다. "脣音**ㅁ**, 象口形."

[정음해례1ㄴ:5-6]

'입술소리 글자 ㅁ은 입 모양을 본떴다.'라는 문장의 해석에서 훈민 성음 초성 'ㅁ'과 한자음 입 구(口)의 모양이 거의 같기 때문에 국어학 자들이 별로 '음성학적 해석이나 적용'을 하지 않고 편하게 생각한 것 이 아닌가 하는 것이 저의 생각이다. 구강(口腔, oral cavity)이라 하면 앞에서 본 위아래 입술 사이의 공간과 그 안의 공간이란 이미지뿐만 아니라, 일괄적으로 통일된 계획을 가진 글자 모양 만들기 추진이라면, 구강의 옆모습일 가능성도 열어 두어야 할 것이다. 즉, 'ㄱ', 'ㄴ'과 동일 하게, 앞을 보고 있는 사람의 왼쪽 옆모습의 구강 공간이 ㅁ 형태라는 가능성이다. 이때 글자 ㅁ의 위 짧은 선분 'ㅡ'은 입천장(구개, palate), 아래 짧은 선분 'ㅡ'은 혀의 윗 표면, 앞의 짧은 선분은 위아래 입술이 닫혀 접촉되고 있는 모습, 뒤의 짧은 수직 선분은 인두의 뒷벽이라고 가정한다면, 비자음 'ㅁ'의 글자 형태는 현대 음성학의 비자음 /m/의 조음 과정과 정확하게 맞아떨어지는 아주 과학적인 글자라고 할 수 있을 것이다. 이어 획 추가로 만들어지는 'ㅂ'과 'ㅍ'의 설명에서 추가 논의하기로 한다.

★ **제자해 12 : 잇소리글자 ㅅ은 이 모양을 본떴다. "齒音ㅅ, 象齒形."**
[정음해례1ㄴ:6]

치음의 대표 글자 'ㅅ은 이 모양을 본떴다'라는 표현은 너무 간결하 고 명확하게 앞니 중 아래 앞니의 좌측 옆모습 즉 뾰족한 모습을 본떴 다는 표현이라고 인정하지 않을 수 없다. 하지만 현대 음성학과 음성 의학적인 견지에서 아래 앞니는 조음 과정에서 그 중요성이 크지 않은 편이어서 고개를 갸우뚱거리게 만드는 표현이다. 앞에 언급되었던 어금닛소리(牙音) 'ㄱ'이 어금니의 모양을 본뜬 것이 아니고, 어금니 위치의 혀와 연구개의 파열 과정 조음의 핵심적인 혀의 모습을 본떠서 만들어진 글자인 것과 같이, 혹시 ㅅ도 아래 앞니에 살짝 닿아 있는 혀 앞의 구부러진 모습을 본떠 만든 것이 아닐까 하는 합리적인 의심을 가져 본다. 현대 음성학에서 ㅅ(/s/)의 조음은 마찰음(fricative) 중 구개마찰음으로 분류되는 자음이라, 실제의 조음과정을 설명하자면, 혀의 중간 앞부분이 구부러지면서 경구개 중간이나 조금 앞쪽의 입천장에 닿을까 말까 하는 정도로 작은 틈을 만들면서 공기의 흐름을 그 사이로 진행시켜 갈이소리(마찰음)를 만들어 내는 것이라 설명된다. 이때 위 앞니가 1~2개 빠져 있다면 저항이 낮아지면서 제대로 된 마찰음 조음이 잘되지 않게 될 수 있다. 이때 혀의 끝(tongue tip)은 아래 앞니의 뒷면에 가볍게 닿아 있는 것을 확인할 수 있다. ㅅ의 꼴 본뜸에 대해서는 앞으로 더 연구가 필요하다고 생각한다.

획 추가로 만든 글자인 ㅈ, ㅊ의 설명이 음성학적으로 타당한 조음과정으로 꼴 본뜬 것으로 설명되려면, 아무래도 치음 ㅅ의 제자 과정 설명은 다음과 같이 해야 할 것이다. 즉, 혀끝이 아래 앞니에 가볍게 닿아 있는 상태에서 혀의 중간을 120도 정도 구부리고 구부려진 부분이 경구개와 근접하게 접근시킨 상황에서 폐에서 올라오는 공기의 흐름이 좁은 부분과 위아래 앞니가 앞을 막은 공간을 지날 때 갈이소리인 마찰잡음을 만들어 내는 것이라는 설명이 타당하다고 생각된다. 즉, '아래 앞니에 닿아 있는 혀의 모습을 본떠 ㅅ의 형태로 글자를 만든 것'이라는 것이 저자의 생각이다.

★
제자해 13 : 목구멍소리글자 ㅇ은 목구명의 모양을 본떴다. "喉音 ㅇ
象喉形."[정음해례1ㄴ:6]

목구멍소리글자(喉音)란 목안 깊은 곳에 있는 '후두'의 모양을 본떴
다는 의미일 텐데, 앞에서도 언급했었지만, 당시의 의학 수준에서는
'인두(pharynx)'와 '후두(larynx)'의 구분을 확실히 알 수는 없었을 것으로
보인다. 후두의 중간에는 성대가 있어서 소리를 만들어 내는 '성대 진
동음을 만들어 내는 곳(source)'인 후두와 성대음이 통과하는 통로의
역할과 동시에 공명과 조음을 이루어 내는 곳이 '인두'라고 감별할 수
없었기에, 다만 목 안의 깊은 곳 소리를 만들어 내는 곳을 '喉(후)'라고
표현하고, 그 모양은 앞을 바라보고 있는 사람의 좌측 옆모습에서 동그
란 형태인 ㅇ으로 표현했을 것으로 생각된다.

★
제자해 14 : ㅋ은 ㄱ에 비해서 소리가 조금 세게 나는 까닭으로 획을
더하였다. "ㅋ比ㄱ, 聲出稍厲, 故加畫."[정음해례1ㄴ:6-7]

ㄱ에 비하여 세게 나는 소리, 즉 거센소리는 ㄱ 안에 가로획을 더하
여 ㅋ 글자를 만들었다. 획 추가는 거센소리를 표현하거나, 조음 방법
이 달라질 때 그 조음기관의 모습을 상징적으로 표시한 것일 가능성이
있다. ㄱ에 비하여 ㅋ은 거센소리이며 다른 표현으로는 숨이 거세게
나오는 자음이란 뜻의 격음(激音)이라고 표현하기도 한다.

제자해 15: ㄴ에서 ㄷ, ㄷ에서 ㅌ, ㅁ에서 ㅂ, ㅂ에서 ㅍ, ㅅ에서 ㅈ, ㅈ에서 ㅊ, ㅇ에서 ㆆ, ㆆ에서 ㅎ이 됨도 그 소리로 말미암아 획을 더한 뜻은 같으나, 오직 ㆁ만은 다르다. "ㄴ而ㄷ, ㄷ而ㅌ, ㅁ而ㅂ, ㅂ而ㅍ, ㅅ而ㅈ, ㅈ而ㅊ, ㅇ而ㆆ, ㆆ而ㅎ, 其因聲加劃之義皆同, 而唯 ㆁ 爲異." [정음해례1ㄴ:6-7]

가획하여 여러 글자를 만든 것을 간략하게 설명하고 있다. 가획을 한 뜻이 그 소리(聲)의 특징 때문이라고 설명하고 있는데, 앞 ㅋ의 ㄱ에서의 획 추가에서 설명해 드린 바와 같이, 거센소리를 표현하기 위한 획 추가가 있고, 조음 방법의 변형을 표현한 획 추가가 있는데, 그에 대한 자세한 설명은 없다.

조음 방법의 변형에 해당되는 경우:

　　　　ㄴ에서 ㄷ(치조비자음에서 치조파열음으로),

　　　　ㅁ에서 ㅂ(양순비자음에서 양순파열음으로),

　　　　ㅅ에서 ㅈ(마찰음에서 파찰음으로)

거센소리를 표현하기 위한 획 추가의 경우:

　　　　ㄷ에서 ㅌ,

　　　　ㅂ에서 ㅍ,

　　　　ㅈ에서 ㅊ,

　　　　ㅇ에서 ㆆ,

　　　　ㆆ에서 ㅎ

오직 ㆁ만은 다르다:

꼭지이응(옛이응)은 특별히 다르다고 설명하고 있다. 무엇이 다르다는 뜻일까?

모양으로 보아서는 'ㅇ'에 획 추가하여 꼭지이응의 모습으로 만든 것으로 생각할 수 있으나, 그것이 아니라는 뜻이다.

훈민정음 어제 서문 바로 뒤에 나오는 예의(例義: 자음자와 모음자의 음가와 운용 방법에 대해 풀이한 부분)에서 'ㆁ'은 '아음(牙音): ㄱ, ㅋ, ㆁ'에 속하는 자음임을 확실히 표시하면서도 앞의 두 글자인 'ㄱ, ㅋ'과 모양이 완전히 다르다. 따라서 조음위치는 '아음(牙音, 어금닛소리)'이지만 조음 방법이 아주 다르다는 뜻으로 해석해야 할 것이다. 앞의 두 글자인 'ㄱ, ㅋ'은 연구개파열음이고, 'ㆁ'은 아음 위치에서 연구개와 혀가 닿아 막히면서 소리와 공기의 흐름이 비인강을 거쳐 비강으로 향하는 비자음인 것을 강조하고 있다고 생각한다. 동그라미 모양이 '후음(喉音)'과 거의 같고 12시 방향의 작은 꼭지는 '획 추가가 아닌 다른 중요한 뜻:비인강을 향한 소리'임을 나타낸다고 저자는 해석한다. 현대 음성학에서 /ing/, /ŋ/의 비자음인 것이다.

제자해 15줄에는 많은 수의 자음(닿소리)이 나열되어 있는데, 이 모두 훈민정음을 이루는 28자에 속한 글자이므로, 이 글자들의 형태를 음성학적으로 설명을 해보고자 한다.

ㄴ에서 ㄷ(치조비자음에서 치조파열음으로), ㄷ에서 ㅌ;
ㄴ이 앞을 보고 있는 사람의 좌측 옆모습 중, 조음 시의 혀의 모습이라면, ㄷ의 'ㄴ'은 혀의 모습이고 위 획 추가한 작은 직선 'ㅡ'은 그 위치의 입천장. 즉, 경구개를 표현한 것이라 할 수 있다. 그야말로 완벽한 음성학적 제자(制字)인 것이다.

ㄷ에서 ㅌ의 ㄷ에 획 추기한 가운데 작은 지선은 거센 터짐을 나타내는 획 추가인 셈이다.

ㅁ에서 ㅂ(양순비자음에서 양순파열음으로), ㅂ에서 ㅍ;

앞을 보고 있는 사람의 왼쪽 옆모습의 구강 공간이 ㅁ 형태라는 것에 착안한 글자 모습으로 'ㅁ' 글자를 만들었다면, 이때 글자 ㅁ의 위 짧은 선분 'ㅡ'은 입천장(구개, palate), 아래 짧은 선분 'ㅡ'은 혀의 윗 표면, 앞의 짧은 선분은 위아래 입술이 닫혀 접촉되고 있는 모습, 뒤의 짧은 수직 선분은 인두의 뒷벽이라고 가정한다면, 비자음 'ㅁ'의 글자 형태는 현대 음성학의 비자음 /m/의 조음 과정과 정확하게 맞아 떨어지는 아주 과학적인 글자라고 할 수 있을 것이다. 비자음 'ㅁ'에 획 추가하여 'ㅂ' 글자를 만들었는데, 다른 글자의 획 추가가 선분 한 개를 추가하여 만든 것에 비하여 'ㅂ'은 위로 향한 작은 선분 두 개를 추가하여 만들었다. 이는 '터짐, 파열'을 의미하는 것일 텐데, 사실 저자도 위로 향한 두 개의 선분의 의미를 음성학적으로 설명하는 것이 쉽지 않다.

그런데 ㅂ에서 ㅍ의 획 추가는 달리 말하면 순음(脣音, 입술소리)의 기본 글자 'ㅁ'에 두 차례의 획 추가를 한 것으로 보는 것이 더 타당할 것 같다. 즉, 'ㅁ'에 앞 방향, 뒤 방향으로 두 개씩의 작은 선분을 그은 것인데, 앞쪽의 획 추가는 '**입술의 터짐**'을 상징하며, 뒤로의 획 추가는 '**성대의 터짐(aspirate)**'을 나타내는 그야말로 절묘한 음성학적 글자 만들기가 아닌가 생각한다. 이런 이론을 확인하기 위해서는 두 음절 단어 '음파'를 조음할 때 굴곡내시경을 사용한 조음 시 성대 모양을 관찰해 봄으로써 확인할 수 있었다. 첫 음절 '음'의 종성 'ㅁ'은 비자음이므로 성대는 닫혀 있는 상태로 진동하여 성대음을 만들고, 연인두협부

(velo-pharyngeal isthmus)는 열려 있는 전형적인 비자음 조음을 하고 있는 것을 확인할 수 있었다. 이어서 '파' 음절을 조음을 할 때 초성 'ㅍ'은 파열 자음이므로 성대가 많이 열리고 바람이 닫혀 있는 입술을 열기 위하여 많은 양의 공기를 구강 쪽으로 보내게 됨으로 성대가 순간적으로 많이 벌어져 열렸다가, 모음 'ㅏ' 조음을 위하여 다시 닫히면서 진동을 하는 것을 확인할 수 있었다.(저자의 과거 실험)

★

제자해 16: 반혓소리글자 ㄹ, 반잇소리글자 ㅿ도 또한 혀와 이의 모양을 본떴으나, 그 짜임새를 달리해서 만들었기에 획을 더한 뜻은 없다. "半舌音ㄹ, 半齒音ㅿ, 亦象舌齒之形而異其體, 無加劃之義焉."

[정음해례2ㄱ:2-4]

반혓소리글자 ㄹ, 반잇소리글자 ㅿ도 또한 혀와 이의 모양을 본떴으나, 그 짜임새를 달리해서 만들었기에 획을 더한 뜻은 없다고 했으니, 'ㄹ'이 'ㄴ'이나 'ㄷ'에서 획 추가로 만들어진 글자가 아니고, 글자 짜임새가 다른 글자라는 의미이다. 그러면서도 혀의 모양을 본떴다고 했으니, 이를 음성학적으로 설명해 보아야 한다. 'ㄹ'의 위 작은 선분 'ㅡ'은 다른 자음들과 비슷하게 입천장(경구개)을 의미한다고 생각한다. 따라서 그 밑을 이루는 'ㄹ'의 형태가 혀의 모습일 것으로 추정된다.

반잇소리글자 ㅿ은 잇소리글자(치음)의 대표글자 'ㅅ'에 밑막음을 한 형태인데, 많은 연구자들이 이 소리는 유성마찰음 /z/일 것으로 추정하고 있다. 저자의 생각도 유사하여, 무성 마찰음 "ㅅ(/s/)"의 모습에 밑막음은 혹시 성대음이 합쳐진 모습을 상징적으로 나타낸 것이라고 추정할 뿐이다. 이 글자도 혹시 발음기관의 조음 시 모습을 본떠 만들

없을 수도 있겠으나, 현재까지의 나의 지식으로는 설명하는 데 한계가 느껴진다.

제자해 17: 무릇 사람의 말소리는 오행에 뿌리를 두고 있다. "夫人之有聲, 本於五行."[정음해례2ㄱ:4-5]

제자해 18: 그러므로 네 계절에 합하여도 어그러짐이 없으며, 오음과 맞추어 봐도 잘 어울리고 틀리지 않는다. "故合諸四時而不悖, 叶之五音而不戾."[정음해례2ㄱ:5-6]

제자해 19: 목구멍은 깊숙하고 젖어 있으니 오행으로는 물이다. "喉邃而潤, 水也."[정음해례2ㄱ:6]

제자해 20: 말소리가 비어 있는 듯이 통하므로 이는 물이 투명하게 맑아 잘 흐르는 것과 같다. "聲虛而通, 如水之虛明而流通也."[정음해례2ㄴ:6-7]

제자해 21: 계절로는 겨울이고, 음률로는 '우음계'이다. "於時爲冬, 於音爲羽."[정음해례2ㄴ:7-8]

제자해 22: '어금니'는 어긋나고 기니 (오행으로는) 나무이다. "牙錯而長, 木也."[정음해례2ㄱ:8]

제자해 23: (어금닛)소리는 목구멍소리와 비슷하나 목이 꽉차므로 나무가 물에서 나되 형체가 있는 것과 같다. "聲似喉而實, 如木之生於水而有形也."[정음해례2ㄱ:8-2ㄴ:1]

제자해 24: 계절로는 봄이고, 음률로는 '각음'이다. "於時爲春, 於音爲角."[정음해례2ㄴ:2]

제자해 25: 혀는 재빠르게 움직이니 (오행으로는) 불이다. "舌銳而動, 火也."[정음해례2ㄴ:2-3]

제자해 26: 혓소리가 구르고 날리는 것은 불이 타올라 퍼지며 위

아래로 오르내림과 같다. "聲轉而颺, 如火之轉展而揚揚也."[정음해례2
ㄴ:3-4]

제자해 27 : 계절로는 여름이고, 음률로는 '치음'이다. "於時爲夏, 於
音爲徵."[정음해례2ㄴ:4]

제자해 28 : 이는 강하고 (끊을 듯) 단오하니 (오행으로는) 쇠이다.
"齒剛而斷, 金也."[정음해례2ㄴ:4-5]

제자해 29 : 잇소리가 부서지고 걸리는 듯하게 나는 것은 쇠가 부스러
졌다가 다시 단련되어 단단해지는 것과 같다. "聲屑而滯, 如金之屑瑣
而鍛成也."[정음해례2ㄴ:5-6]

제자해 30 : 계절로는 가을이고, 음률로는 '상음'이다. "於時爲秋, 於
音爲商."[정음해례2ㄴ:6]

제자해 31 : 입술은 모난 것이 나란히 합해지니, 오행으로는 땅이다.
"脣方而合, 土也."[정음해례2ㄴ:6-7]

제자해 32 : 입술소리가 머금으며 넓은 것은 땅이 만물을 머금으니
넓고 큰 것과 같다. "聲含而廣, 如土之含蓄萬物而廣大也."[정음해례2
ㄴ:7-8]

제자해 33 : 계절로는 늦여름이고, 음률로는 '궁음'이다. "於時爲季夏,
於音爲宮."[정음해례2ㄴ:8ㄱ:1]

제자해 34 : 물은 만물을 낳는 근원이요, 불은 만물을 이루어지게 하
는 작용이므로 오행 가운데서 물·불이 큰 것이다 "然水乃生物之源,
火乃成物之用, 故五行之中, 水火爲大."[정음해례3ㄱ:1-2]

★
제자해 35 : 목구멍은 소리가 나오는 문이요, 혀는 소리를 변별해내는
기관이므로 오음 가운데서 목구멍소리와 혓소리가 으뜸이 된다. "喉
乃出聲之門, 舌乃辨聲之管, 故五音之中, 喉舌爲主也."[정음해례3ㄱ:2-4]

제자해 36 : 목구멍은 뒤에 있고 어금니는 다음이므로 북쪽과 동쪽의 방위이다. "喉居後而牙次之, 北東之位也." [정음해례3ㄱ:4-5]

제자해 37 : 혀와 이가 또한 그 다음에 있으니 남쪽과 서쪽의 방위이다. "舌齒又次之, 南西之位也." [정음해례3ㄱ:5-6]

'목구멍(喉)은 소리가 나오는 문'이라고 표현하였는데, 현대 의학에서는 후두(larynx)는 소리를 만드는 곳, 인두(pharynx)는 성대음을 공명 (resonance)과 조음(articulation) 곳으로 정의하고 있음에 약간의 차이가 있다. 제자해 35의 표현은 '喉'가 인두와 후두를 전반적으로 아우르는 '목구멍'이란 느낌의 표현으로 생각된다.

혀는 소리를 변별하여 조음하는 조음기관으로 올바로 인식하고 있다. 따라서 초성 자음 중, 후음에 속하는 ㆆ, ㅎ, ㅇ과 설음에 속하는 ㄷ, ㅌ, ㄴ의 여섯 글자가 다른 초성 자음에 비하여 '으뜸(중요)이다'라고 표현하고 있다.

제자해 38 : 입술은 끝에 있으니, 오행의 흙이 일정한 방위가 없이 네 계절에 기대어 네 계절을 왕성하게 함을 뜻한다. "脣居末, 土無定位而寄旺四季之義也." [정음해례3ㄱ:6-7]

제자해 39 : 이런즉 초성 속에도 자체의 음양오행과 방위의 수가 있는 것이다. "是則初聲之中, 自有陰陽五行方位之數也." [정음해례3ㄱ:7-8]

★

> **제자해** 40 : 또 말소리를 '맑음과 흐림(청탁)'으로 말하자면. "又以聲音淸濁而言之." [정음해례3ㄱ:8-3ㄴ:1]

말소리를 청탁(淸濁)으로 분류한다는 것도 아주 음성학적으로 만들어진 문자임을 나타낸다.

> ★
> 제자해 41 : ㄱㄷㅂㅈㅅㆆ는 아주 맑은소리 '전청'이 된다. "ㄱㄷ
> ㅂㅈㅅㆆ, 爲全淸." [정음해례3ㄴ:1]

ㄱㄷㅂㅈㅅㆆ는 아주 맑은소리라고 하였는데, 현대국어에서는 예
사소리라고 정의한다.

> ★
> 제자해 42 : ㅋㅌㅍㅊㅎ은 버금맑은소리 '차청'이 된다. "ㅋㅌㅍㅊ
> ㅎ, 爲次淸." [정음해례3ㄴ:2]

ㅋㅌㅍㅊㅎ은 버금맑은소리 '차청'이라고 하였다. 현대국어에서는
거센소리라고 한다.

> ★
> 제자해 43 : ㄲ ㄸ ㅃ ㅉ ㅆ ㆅ은 아주 흐린 소리 '전탁'이 된다.
> "ㄲ ㄸ ㅃ ㅉ ㅆ ㆅ, 爲全濁." [정음해례3ㄴ:2-3]

ㄲ ㄸ ㅃ ㅉ ㅆ ㆅ은 아주 흐린 소리 '전탁'이라고 정의한다. 현대국
어에서는 된소리라고 한다.

> ★
> 제자해 44 : ㆁㄴㅁㅇㄹㅿ은 맑지도 흐리지도 않은 '불청불탁(울림
> 소리)'이 된다. "ㆁㄴㅁㅇㄹㅿ, 爲不淸不濁." [정음해례3ㄴ:3]

ㆁㄴㅁㅇㄹㅿ은 맑지도 흐리지도 않은 '불청불탁' 소리라고 정의

하였다. 그러면서 괄호 안에 '울림소리'라고 써 놓았다. 이 뜻은 ㆁㄴㅁ ㅇㄹㅿ들 자음은 '유성자음' 즉, 성대 진동음이 있는 자음을 의미하는 것으로 보인다. ㆁㄴㅁ 세 글자는 '비(鼻)자음'이므로 유성자음인 것을 알겠는데, 그 뒤에 있는 'ㅇ'도 초창기 훈민정음이 만들어졌을 때는 유성자음이며 음 값이 있었다는 얘기이다. 현대국어에서는 'ㅇ'은 음 값이 없다.

현대 음성학이나 음성의학에서는 청탁, 즉 '맑은 소리(clear voice)', '탁한 소리(husky voice)'의 개념을 말할 때, 성대음이 만들어지는 순간에 좋은 소리(harmonic sound) 성분 이외에 잡음(noise)이 동반되어 만들어질 수 있는데, 이 잡음의 소리 성분(noise)이 많으면 '탁성'이라고 얘기한다. 탁성은 거친 소리 성분(rough)과 바람 새는 고음역의 잡음(breathy voice) 등이 합쳐진 소리 성분인데, 이를 측정하는 것은 SNR(signal to noice ratio, 신호대 잡음비), HNR(harmonic to noise ratio, 배음대 잡음비) 등으로 측정하여 정량화하고 있다.

훈민정음 제자해에서 초성(자음)의 청탁(淸濁)으로 구분하는 것은 현대 음성학이나 음성의학에서의 청탁 분류와는 다른 잣대인 것으로 생각된다. 예사소리로 만들어지는 자음을 '아주 맑은 소리(전청)', 거센소리로 만들어지는 자음을 '버금 맑은소리(차청)', 된소리로 만들어지는 자음을 '아주 흐린 소리(전탁)'라고 정의하였다.(전탁은 중국어 유성음이며 국어와 다름.)

현대 음성학이나 음성의학에서는 이의 구분은 주로 '성대진동시작시간(Voice onset time, VOT)'의 길이 차이로 정의한다. VOT에 대한 자세한 설명은 제1장에서 자세히 기록하였다.

★
　제자해 45 : ㄴㅁㅇ은 소리가 가장 세지 않으므로, 차례로는 비록 뒤에 있으나, 모양을 본떠 글자를 만드는 시초가 된다. "ㄴㅁㅇ, 其聲最不厲, 故次序雖在於後, 而象形制字則爲之始."[정음해례3ㄴ:4-5]

　ㄴㅁㅇ은 불청불탁이라 소리가 세지 않아, 비록 차례로는 뒤에 있으나, 모양을 본떠 만드는 글자의 시초가 된다. 설음의 기본자는 'ㄴ', 순음의 기본자는 'ㅁ', 후음의 기본자는 'ㅇ'임을 다시 한번 말한다.

★
　제자해 46 : ㅅ과 ㅈ은 비록 다 전청이지만 ㅅ은 ㅈ에 비하여 소리가 거세지 않으므로 글자 만드는 데 시초가 되었다. "ㅅㅈ雖皆爲全淸, 而ㅅ比ㅈ, 聲不厲, 故亦爲制字始."[정음해례3ㄴ:6-7]

　ㅅ과 ㅈ은 비록 다 전청이지만, ㅅ은 ㅈ에 비하여 거세지 않으므로 글자를 만드는 데 시초가 되었다. 잇소리 치음의 기본 글자는 ㅅ이다. ㅅ에 획 추가하여 다른 글자를 만들었다.

★
　제자해 47 : 오직 어금닛소리의 ㆁ(옛이응)은 비록 혀뿌리가 목구멍을 막아서 코로 소리 기운이 나가지만 ㆁ의 소리는 ㅇ과 비슷해서 운서에서도 ㆁ과 ㅇ이 많이 혼용된다. 이제 ㆁ을 목구멍을 본떠서 만들었으나 어금닛소리를 만드는 시초로 삼지 않았다. "唯牙之ㆁ, 雖舌根閉喉聲氣出鼻, 而其聲與ㅇ相似, 故韻書疑與喩多相混用, 今亦取象於喉, 而不爲牙音制字之始."[정음해례3ㄴ:7-8-4ㄱ:1-3]

　어금닛소리에 해당하는 ㆁ은 ㄱ, ㅋ 같이 혀뿌리가 목구멍을 막아서 코로 소리 기운이 나가지만, 중국의 운서에서도 소리가 비슷하여 많이

혼용되고 있으며, 소리가 비슷하여 모양도 ㆁ은 ㅇ과 비슷하게 만들어
졌고 목구멍 모양을 본떠서 만들었으나, 어금닛소리의 시초로 삼지는
않았다. 이 설명이야 말로, 훈민정음 제자 자체가 정말로 음성학에 기
초하여 조음 위치와 조음 방법까지 감안하여 핵심적인 발음기관의 모
양을 본떠서 만든 과학적인 문자라고 할 수 있는 근거가 된다고 생각한
다. ㆁ의 동그라미 모양은 목구멍의 모양을 나타내며, 위로 향한 작은
선분은 '획 추가'의 의미가 아니라, 소리의 기운이 비인강을 통하여
비강으로 향한다는 표시인 것이다. 비자음 /ŋ/을 나타내는 아주 독특
한 문자가 만들어진 것이다.

> **제자해 48**: 대개 목구멍은 물에 속하고 어금니는 나무에 속하는 까닭
> 에 ㆁ은 비록 어금니에 속해 있으면서도 ㅇ과 비슷하여 마치 나무의
> 싹이 물에서 나와 부드러우며 거의 물기가 많음과 같기 때문이다.
> "盖喉屬水而牙屬木, ㆁ雖在牙而與ㅇ相似, 猶木之萌芽生於水而柔軟,
> 尙多水氣也." [정음해례4ㄱ:3-5]

> **제자해 49**: ㄱ은 나무가 바탕을 이룬 것이고, ㅋ은 나무가 무성하게
> 자란 것이고, ㄲ은 나무가 늙어 굳건해진 것이니, 이는 한결같이 모두
> 어금니를 본뜬 데서 비롯된 것이다. "ㄱ木之成質, ㅋ木之盛°長, ㄲ
> 木之老壯, 故至此乃皆取象於牙也." [정음해례4ㄱ:5-7]

> **제자해 50**: 전청 글자를 나란히 쓰면 전탁이 되는 것은 전청의 소리
> 가 엉기면 전탁이 되기 때문이다. "全淸並書則爲全濁, 以其全淸之聲
> 凝則爲全濁也." [정음해례4ㄱ:7-4ㄴ1]

> **제자해 51**: 다만, 목구멍소리만은 차청이 전탁이 되는데, 그것은 대
> 개 ㆆ는 소리가 깊어서 엉기지 않고, ㅎ은 ㆆ에 비하여 소리가 얕아
> 서 엉기어 전탁이 되기 때문이다. "唯喉音次淸爲全濁者, 盖以ㆆ聲深
> 不爲之凝, ㅎ比ㆆ聲淺, 故凝而爲全濁也." [정음해례4ㄴ:1-3]

★
제자해 52 : ㅇ을 입술소리 아래에 이어 쓰면 곧 입술가벼운소리(순경음)가 되는 것은 가벼운 소리는 입술이 잠깐 합쳐지면서 목구멍소리가 많아지기 때문이다. "ㅇ連書脣音之下, 則爲脣輕音者, 以輕音脣乍合而喉聲多也."[정음해례4ㄴ:3-5]

순음(입술소리) 아래에 ㅇ을 이어 쓰면 순경음(입술가벼운소리)가 되는 것은 입술을 가볍게 접촉시키면서 파열자음을 만들면서 목구멍소리가 합쳐서 약하고 부드러운 소리를 내는 것임을 음성학적으로 잘 설명하고 있다. ㅸ의 경우 파열자음 ㅂ을 발음하면서 동시에 목구멍소리가 합쳐지면서 부드러운 입술가벼운소리를 만든다는 것이다.

★
제자해 53 : 중성자는 모두 열한 자이다. "中聲凡十一字."[정음해례4ㄴ:5]

중성자(모음, 홀소리)는 모두 열한 자이다.

★
제자해 54 : •는 혀가 오그라들고 소리가 깊어서, 하늘이 자시(밤 11시-1시)에서 열리는 것과 같다. "•舌縮而聲深, 天開於子也."[정음해례4ㄴ:5-6]

•는 설축(설근후축, 舌筋後縮) 즉, 혀 뿌리 근육이 뒤로 수축한다고 기술하여 조음 시의 구강과 인두강의 모양 변화를 구체적으로 언급하고 있다. 소리가 깊다는 표현도 두성보다는 흉성에 가까운 소리라는 음성학적 표현으로 생각된다. 초성(자음)의 제자해 설명에서는 발성 기관의 조음 시의 모양으로 글자의 형태를 만들었다면, 중성자(모음)에서는 공

명강 즉 공간의 모양을 중요시하며, 가장 결정적인 공간의 모양을 상징적으로 글자 형태로 만든 것으로 보인다. 혀뿌리의 뒤쪽 수축으로 구강의 앞부분에 '공같이 둥근 공간'이 만들어지면서, 혀의 뒤쪽 수축으로 성대음이 흉강 공명을 증가시키는 '흉성'의 깊은 소리가 만들어지는 과정을 아주 간결하게 그리고 있다. 단지 철학적 의미의 상형으로 하늘 자체를 둥근 모습으로 상형하여 글자를 만들었을 경우, '설축(舌縮)'이란 단어를 꼭 쓸 필요가 없었을 것이다.

> ★
> **제자해 55**: 그 모양이 둥근 것은 하늘을 본뜬 것이다. "形之圓, 象乎 天也." [정음해례4ㄴ:6-7]

그 모양이 둥근 것은 하늘을 본뜬 것이다. 둥글다는 뜻이 2차원적인 원형이라기보다는 3차원적인 공 모양을 그린 것으로 본다. 하늘 혹은 태양을 본뜬 것이라고 표현했는데, 조음 시 구강 앞부분 공간이 공 모양임을 암시하는 음성학적 표현이다. 조음 시 공명강의 특징적 모습을 간결한 점 하나로 표현했다는 것이 정말 놀라운 발상이다.

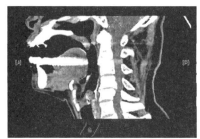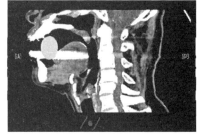

/•/모음 발성시 CT 영상

> ★
> **제자해 56 :** ㅡ는 혀가 조금 오그라드니 그 소리가 깊지도 얕지도
> 않으므로 땅이 축시(밤 1시 – 3시)에서 열리는 것과 같다. "ㅡ 舌小縮
> 而聲不深不淺, 地闢於丑也." [정음해례4ㄴ:6-7]

ㅡ는 혀가 조금 오그라드니 그 소리가 깊지도 얕지도 않으므로 땅
이 축시(밤 1시 – 3시)에서 열리는 것과 같다. 혀가 조금 수축한다는 음성
학적 조음과 관련된 표현이 있는데, 그 위 구강 공간이 땅같이 평평한
긴 모습이라는 것을 설명하며, 소리의 깊이는 깊지도 얕지도 않은 보통
소리라고 설명한다. 중성자의 글자 모양의 상형도 앞을 보고 있는 사람
의 좌측 옆모습에서 성대음이 막힘이 없이 나올 때의 공명강의 모습
중 공간의 대표적 특징을 간결하게 잘 표시하여 글자를 만든 것이다.

> ★
> **제자해 57 :** 모양이 평평한 것은 땅을 본뜬 것이다. "形之平, 象乎地
> 也." [정음해례4ㄴ:8]

모양이 평평한 것이란, 혀와 입천장 사이의 공간 즉, 조음 시 공명강
의 핵심적 모양이 땅이 평평한 모습과 유사하다는 설명을 하고 있다.
역시 공간의 모양을 글자로 본뜬 것이다.

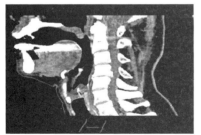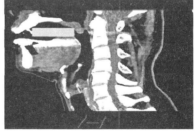

/ㅡ/모음 발성시 CT 영상

> ★
> **제자해 58 :** ㅣ는 혀가 오그라지지 않고 소리는 얕으니, 사람이 인시
> (새벽 3시–5시)에서 생기는 것과 같다. "ㅣ舌不縮而聲淺, 人生於寅
> 也."[정음해례4ㄴ:8-5ㄱ:1]

ㅣ는 혀가 오그라지지 않고 소리는 얕으니, 사람이 인시(새벽 3시–5
시)에서 생기는 것과 같다. 혀의 뒤쪽으로의 수축이 전혀 없고, 오히려
앞쪽으로 전진하며, 소리는 두성이 많아 소리가 얕다고 정의하고 있다.

> ★
> **제자해 59 :** 모양이 서 있는 꼴은 사람이 서 있는 모습이다. "形之立,
> 象乎人也."[정음해례5ㄱ:1-2]

구강과 인두강으로 이루어지는 공명강이 사람이 서 있는 모습으로
보이려면, 혀가 뒤로 수축하지 않고, 오히려 전방으로 전위되어야 하는
데, 그런 구체적인 설명을 하고 있지는 않다. 어쨌든 혀 뒤의 공명강
즉 인두강이 '사람이 서 있는 모습'의 '수직 원통형'을 닮았으며, 그
모습을 상형하여 글자를 만든 것으로 보인다.

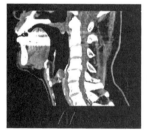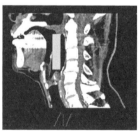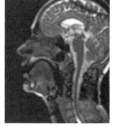

/ㅣ/모음 발성시 CT 영상과 MRI 영상

제자해 60 : 다음 여덟 소리는 한편으로는 거의 닫히고 한편으로는 열린다. "此下八聲, 一闔一闢." [정음해례5ㄱ:2]

다음 여덟 소리는 조음 시 한편으로는 입이 거의 닫히고, 한편으로는 입이 열린다. 기본 중성자인 천(•)지(ㅡ)인(ㅣ) 다음의 여덟 모음도 조음 시 입이 거의 닫히거나 입이 열린다는 음성학적 설명이다.

제자해 61 : ㅗ는 •와 같으나 입을 오므리며 그 모양이 •가 ㅡ와 합해서 이루어진 것은 하늘과 땅이 처음으로 사귄다는 뜻이다. "ㅗ與 •同而口蹙, 其形則 •與ㅡ合而成, 取天地初交之義也." [정음해례5ㄱ:2-4]

ㅗ는 •와 조음형태가 같으나 ㅗ는 입을 오므리는 모습이며, 그 모양이 •가 ㅡ와 합해서 이루어진다는 것은 하늘과 땅이 처음으로 사귄다는 뜻이라고 표현하였는데, 땅 위에 하늘이 있는 모습으로 글자 모습이 만들어졌다.

제자해 62 : ㅏ는 •와 같으나 입을 벌리며 그 모양은 ㅣ와 •가 합하여 이루어진 것으로 하늘과 땅의 쓰임이 일과 사물에서 나타나서, 사람을 기다려 이루어진다는 뜻을 취한 것이다. "ㅏ與 •同而口張, 其形則 ㅣ與 •合而成, 取天地之用發於事物待人而成也." [정음해례5ㄱ:4-6]

ㅏ는 •와 조음 형태가 같으나 입을 벌리며(확장시키며) 그 글자 모양이 ㅣ와 •가 합하여 이루어진 것으로 하늘과 땅의 쓰임이 일과 사물에

서 나타나서, 사람을 기다려 이루어진다는 뜻을 취한 것이라는 설명은 다소 철학적인 설명이라고 볼 수 있겠다. 다만 글자의 모양은 '사람이 서 있는 뒤에 하늘(태양)이 있는 모습'으로 밝은 느낌을 주는 글자로 보인다.

제자해 63 : ㅜ는 ㅡ와 같으나 입이 오므라지며 그 모양이 ㅡ와 •가 합해서 이루어진 것은 역시 하늘과 땅이 처음으로 사귄다는 뜻을 취하였다. "ㅜ與ㅡ同而口蹙, 其形則 ㅡ與•合而成, 亦取天地初交之 義也."[정음해례5ㄱ:7-8]

ㅜ는 ㅡ와 같으나 입이 오므라지며 그 모양이 ㅡ와 •가 합해서 이루어진 것은 역시 하늘과 땅이 처음으로 사귄다는 뜻을 취하였다. ㅡ와 •가 합해서 이루어진 글자 모양이나, 땅 아래 하늘(태양)이 있는 모습의 어두운 느낌의 모음이다.

제자해 64 : ㅓ는 ㅡ와 같지만 입을 벌리니 그 모양은 •와 ㅣ가 합해 서 이루어진 것이며, 역시 하늘과 땅의 쓰임이 일과 사물에서 나타나 되 사람을 기다려서 이루어진 뜻을 취한 것이다. "ㅓ與ㅡ同而口張, 其形則 •與ㅣ合而成, 亦取天地之用發於事物待人而成也."[정음해례5 ㄱ:8-5ㄴ:1-3]

ㅓ는 ㅡ와 조음 형태가 같으나 입을 벌리며(확장시키며)라는 설명이 음성학적 기반의 설명이다. 그 글자 모양이 •와 ㅣ가 합하여 이루어진 것으로 하늘과 땅의 쓰임이 일과 사물에서 나타나되, 사람을 기다려 이루어진다는 뜻을 취한 것이라는 설명은 다소 철학적 의미의 설명으

로 보인다. 다만 글자의 모양은 '사람이 서 있는 앞에 하늘(태양)이 있는 모습'으로 어두운 느낌을 주는 글자로 보인다.

ㅗ, ㅏ, ㅜ, ㅓ 초출자 네 글자의 중성음(모음)의 제자해 설명에서 '음양의 법칙'이 적용된 음성학적 설명이 돋보인다. 양성음에 해당되는 'ㅗ'와 'ㅏ'의 설명에서 'ㆍ'와 같으나 '입을 오므리거나(ㅗ)', '벌린다(ㅏ)'라는 설명으로 'ㅗ'와 'ㅏ'는 'ㆍ'에서 파생되어 만들어진 '양성모음'임을 강조하고 있고, 'ㅜ'와 'ㅓ'의 설명에서 'ㅡ와 조음 형태가 같으나 입을 오므리며(ㅜ)', 'ㅡ와 조음 형태가 같으나 입을 벌리며(ㅓ)'라는 설명으로 '음성(어두운) 모음'인 'ㅜ'와 'ㅓ'는 천지인 중 땅에 해당하는 'ㅡ'에서 파생된 글자라는 뜻을 담고 있다고 보인다.

★ 제자해 65 : ㅛ는 ㅗ와 같으나 ㅣ에서 일어난다. "ㅛ與ㅗ同而起於ㅣ." [정음해례5ㄴ:3]

★ 제자해 66 : ㅑ는 ㅏ와 같으나 ㅣ에서 일어난다. "ㅑ與ㅏ同而起於ㅣ." [정음해례5ㄴ:3-4]

★ 제자해 67 : ㅠ는 ㅜ와 같으나 ㅣ에서 일어난다. "ㅠ與ㅜ同而起於ㅣ." [정음해례5ㄴ:4-4]

★ 제자해 68 : ㅕ는 ㅓ와 같으나 ㅣ에서 일어난다. "ㅕ與ㅏ同而起於ㅣ." [정음해례5ㄴ:5]

재출자 'ㅛ, ㅑ, ㅠ, ㅕ'에 대한 설명이다. 재출자 'ㅛ, ㅑ, ㅠ, ㅕ'는

ㅣ에서 일어난다'라는 표현은 'ㅛ'는 'ㅣ + ㅗ'를 빨리 조음하여 만들어지는 이중모음이라는 설명이 된다. 'ㅑ'는 'ㅣ + ㅏ', 'ㅠ'는 'ㅣ + ㅜ', 'ㅖ'는 'ㅣ + ㅓ'를 빨리 이어 조음하여 만들어진다는 아주 음성학적인 설명을 하는 것이 놀랍다.

> ★ 제자해 69 : ㅗ, ㅏ, ㅜ, ㅓ는 하늘과 땅에서 비롯된 것이라 '처음 나온 것'이다. "ㅗ, ㅏ, ㅜ, ㅓ 始於天地, 爲初出也."[정음해례5ㄴ:5-6]

ㅗ, ㅏ, ㅜ, ㅓ는 하늘과 땅에서 비롯된 것이라 '처음 나온 것'이다. 앞에 설명이 있었지만, 양성 모음인 ㅗ, ㅏ는 하늘에서 비롯되었고, 음의 모음인 ㅜ, ㅓ는 땅에서 기원하였다고 보고 있으며, 하늘과 땅이 처음 사귄다고 하며, 초출자(初出字)로 보고 있다. 현대국어에서는 '기본 모음'에 해당한다.

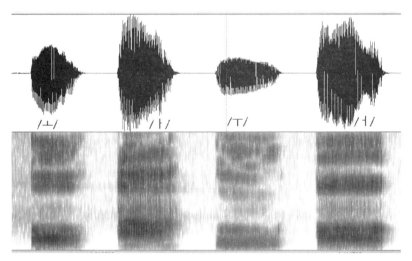

초출자 중성자 /ㅗ/, /ㅏ/, /ㅜ/, /ㅓ/

제자해 70 : ㅛ, ㅑ, ㅠ, ㅕ는 ㅣ에서 시작되어서 사람(ㅣ)을 겸하였
으므로 '거듭 나온 것'이다. "ㅛ, ㅑ, ㅠ, ㅕ起於ㅣ而兼乎人, 爲再出
也." [정음해례5ㄴ:6-7]

ㅛ, ㅑ, ㅠ, ㅕ는 ㅣ에서 시작되어서 사람(ㅣ)을 겸하였으므로 '거듭
나온 것'이다. 재출자라는 표현인데, 현대 국어에서는 '이중모음'으로
표시한다. 조음의 시작이므로 음향분석에서는 제2포르만트의 급격한
변화가 특징지어진다.

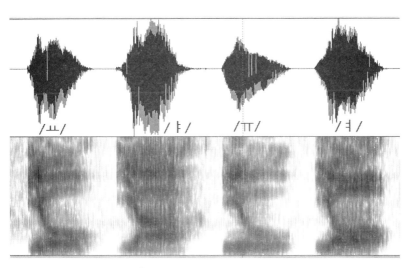

재출자 중성자 /ㅛ/, /ㅑ/, /ㅠ/, /ㅕ/

재출자(이중모음)의 소리 시작은 /ㅣ/에서 되었음을 알 수 있다.

제자해 71 : ㅗㅏㅜㅓ에서 둥근 것(•)을 하나로 한 것은 '처음 생긴
것'의 의미를 취하였다. "ㅗㅏㅜㅓ之一其圓者, 取其初生之義也."

[정음해례5ㄴ:7-8-6ㄱ:1]

ㅗㅏㅜㅓ에서 둥근 것(•)을 하나로 한 것은 '처음 생긴 것' 즉, 초출자(初出字)의 의미를 취하였다.

ㅛㅑㅠㅕ에서 그 둥근 것(•)을 둘로 한 것은 '거듭 생겨난 것' 즉, 재출자(再出字)의 뜻을 취한 것이다.

ㅗㅏㅛㅑ의 둥근 것(•)이 위와 밖에 놓인 것은 하늘(•)에서 나와 양이 되기 때문이고, ㅗㅏㅛㅑ가 밝은 소리 즉 양의 소리임을 나타낸다. 그 이유는 하늘(•)에서 나왔기 때문이다.

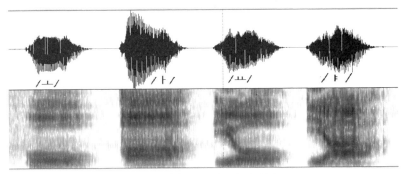

양성 중성자 /ㅗ/, /ㅏ/, /ㅛ/, /ㅑ/

제자해 74 : ㅜ ㅓ ㅠ ㅕ의 둥근 것(•)이 아래와 안에 있는 것은 땅에 서 나와 음이 되기 때문이다. "ㅜ ㅓ ㅠ ㅕ之圓居下與內者 以其出於 地而爲陰也."[정음해례6ㄱ:3-5]

ㅜ ㅓ ㅠ ㅕ의 둥근 것(•)이 아래와 안에 있는 것은 땅에서 나와 음이 되기 때문이다. 어두운 소리 즉, 음의 소리의 특징을 말하고 있다.

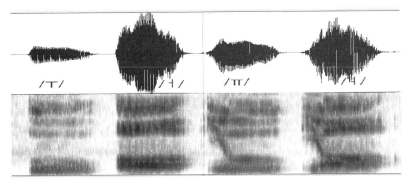

음성 중성자 /ㅜ/, /ㅓ/, /ㅠ/, /ㅕ/

제자해 75 : •가 여덟 소리에 두루 다 있는 것은 마치 양이 음을 거느 리고 만물에 두루 흐름과 같다. "•之貫於八聲者 猶陽之統陰而周流 萬物也."[정음해례6ㄱ:5-6]

•가 여덟 소리에 두루 다 있는 것은 마치 양이 음을 거느리고 만물에 두루 흐름과 같다. 음성학적인 설명이라기보다는 철학적 설명이다.

제자해 76 : ᆢ ᅣ ᆢ ᅤ가 모두 사람(ㅣ)을 겸함은 사람이 만물의 영령으로 능히 음과 양에 참여할 수 있기 때문이다. "ᆢ ᅣ ᆢ ᅤ之 皆兼乎人者, 以人爲萬物之靈而能參兩儀也."[정음해례6ㄱ:6-8]

ᆢ ᅣ ᆢ ᅤ가 모두 사람(ㅣ)을 겸함은 사람이 만물의 영령으로 능히 음과 양에 참여할 수 있기 때문이다. 사람이 만물의 영령으로 능히 음과 양에 참여할 수 있다는 '철학적 설명'이면서 동시에, ᆢ ᅣ ᆢ ᅤ 라는 '이중모음'의 발음 시작이 / ㅣ /에서 시작한다는 '음성학적 설명' 이기도 하다.

제자해 77 : (중성은) 하늘과 땅과 사람에서 본뜬 것을 취하니, 천지 인 삼재가 갖추어졌다. "取象於天地人而三才之道備矣."[정음해례6ㄱ:6-8ㄴ:1]

(중성은) 하늘과 땅과 사람에서 본뜬 것을 취하니, 천지인 삼재가 갖추어졌다. 음절 소리의 근간을 이루는 중성자(모음)의 글자 모양을 천(•)지(ㅡ)인(ㅣ) 세 글자를 조합하여 만든 것이야말로 훈민정음 글 자 만들기를 기획한 인물의 천재성을 여지없이 드러내는 그야말로 획 기적인 아이디어이다. 천지인(天地人) 삼재는 세상을 이루는 가장 기본 적인 세 가지 요소라는 점과도 기가 막히게 일맥상통하여 더욱 멋지게 보인다.

> **제자해 78**: 그러므로 천지인 삼재가 만물의 우선이 되고 하늘이 천지
> 인 삼재의 시작이 되는 것과 같이 •ㅡㅣ 석 자가 여덟 소리의 우두
> 머리가 되고 또한 • 자가 석 자의 으뜸이 되는 것과 같다. "然三才爲
> 萬物之先, 而天又爲三才之始, 猶 • ㅡ ㅣ 三字爲八聲之首, 而 • 又爲
> 三字之冠也." [정음해례6ㄴ:1-4]

'그러므로 천지인 삼재가 만물의 우선이 되고 하늘이 천지인 삼재의
시작이 되는 것과 같이 •ㅡㅣ 석 자가 여덟 소리의 우두머리가 되고
또한 •자가 석 자의 으뜸이 되는 것과 같다'라는 설명을 통해, 훈민정
음 글자체 완성 단계에서 중성자(모음) 11자 중 순서로 보아 앞에 자리
잡은 •ㅡㅣ 석 자가 뒤에 자리한 여덟 글자, 즉 ㅗ, ㅏ, ㅜ, ㅓ, ㅛ,
ㅑ, ㅠ, ㅕ의 우두머리가 되고 천지인 세 글자 중에서는 •자가 석 자의
으뜸이 된다는 점을 강조하고 있다. 따라서 체계적인 글자 모양을 설
계한 설계자 세종대왕의 깊은 뜻이 담겨 있는 천지인(• ㅡ ㅣ) 세 글자
가 어떤 원칙과 어떤 이론적 근거로 만들어졌는지를 아는 것이 아주
중요한 일이라 할 것이다. 중성자 세 글자 중에서도 •자가 우두머리가
된다고 하였으니, '•자'의 확실한 이해가 훈민정음 제자해 이해의 핵심
이라 할 수 있겠다.

> **제자해 79**: ㅗ가 처음으로 하늘에서 나니 하늘의 수로는 1이고 물을
> 낳는 자리다. "ㅗ初生於天, 天一生水之位也." [정음해례6ㄴ:4-5]

> **제자해 80**: ㅏ가 다음으로 생겨났는데 하늘의 수로는 3이고 나무를
> 낳는 자리다. "ㅏ次之, 天三生木之位也." [정음해례6ㄴ:5]

> **제자해 81**: ㅜ가 처음으로 땅에서 나니, 땅의 수로는 2이고 불을

넣는 자리다. "ㅜ初生於地, 地二生火之位也."[정음해례6ㄴ:6]

제자해 82 : ㅓ가 다음으로 생겨난 것이니 땅의 수로는 4이고 쇠를 낳는 자리다. "ㅓ次之, 地四生金之位也."[정음해례6ㄴ:6-7]

제자해 83 : ㅛ가 두 번째로 하늘에서 생겨나니 하늘의 수로는 7이고 불을 이루는 수이다. "ㅛ再生於天, 天七成火之數也."[정음해례6ㄴ:7-8]

제자해 84 : ㅑ가 다음으로 생겨나니 하늘의 수로는 9이고 쇠를 이루는 수다. "ㅑ次之, 天九成金之數也."[정음해례6ㄴ:8-7ㄱ:1]

제자해 85 : ㅠ가 두 번째로 땅에서 생겨나니 땅의 수로는 6이고 물을 이루는 수다. "ㅠ再生於地, 地六成水之數也."[정음해례7ㄱ:1-2]

제자해 86 : ㅕ가 다음으로 생겨나니 땅의 수로는 8이고 나무를 이루는 수다. "ㅕ次之, 地八成木之數也."[정음해례7ㄱ:2-3]

제자해 87 : 물(ㅗㅠ)과 불(ㅜㅛ)은 아직 기를 벗어나지 못하고 음과 양이 서로 사귀어 어울리는 시초이기 때문에 입을 거의 닫힌다. "水火未離乎氣, 陰陽交合之初, 故闔."[정음해례7ㄱ:3-4]

제자해 88 : 나무(ㅏㅕ)와 쇠(ㅓㅑ)는 음과 양이 바탕을 바로 고정시킨 것이기 때문에 열린다. "木金陰陽之定質, 故闢."[정음해례7ㄱ:4]

제자해 89 : •는 하늘의 수로는 5이고 흙을 낳는 자리다. "•天五生土之位也."[정음해례7ㄱ:4-5]

제자해 90 : ㅡ는 땅의 수로는 10이고 흙을 이루는 수다. "ㅡ地十成土之數也."[정음해례7ㄱ:5-6]

제자해 91 : ㅣ만 홀로 자리와 수가 없는 것은 대개 사람이면 무극의 참과 음양과 오행의 정기가 묘하게 어울리고 엉기어서, 진실로 자리를 정하고 수를 이루는 것을 밝힐 수 없기 때문이다. "ㅣ獨無位數者, 盖以人則無極之眞, 二五之精, 妙合而凝, 固未可以定位成數論也."[정음해례7ㄱ:6-8]

제자해 92 : 이런즉 중성 속에도 또한 저절로 음양과 오행, 방위의 수가 있는 것이다. "是則中聲之中, 亦自有陰陽五行方位之數也."[정음해례7ㄱ:8-7ㄴ:1]

제자해 93 : 첫소리와 가운뎃소리를 맞대어 말해 보자. "以初聲對中聲而言之."[정음해례7ㄴ:1-2]

제자해 94 : 중성의 음양은 하늘의 이치다. "陰陽, 天道也."[정음해례7ㄴ:2]

제자해 95 : 초성의 단단하고 부드러운 것은 땅의 이치이다. "剛柔, 地道也."[정음해례7ㄴ:3]

제자해 96 : 중성은 하나가 깊고 하나는 얕고, 하나가 오므리고 하나가 벌리니, 이런쪽 음양이 나뉘고, 오행의 기운이 갖추어지니 하늘의 작용이다. "中聲者, 一深一淺一闔一闢, 是則陰陽分而五行之氣具焉, 天之用也."[정음해례7ㄴ:3-5]

제자해 97 : 초성은 어떤 것은 비고[후음], 어떤 것은 막히고[아음], 어떤 것은 날리고[설음], 어떤 것은 걸리고[치음], 어떤 것은 무겁고 [순중음], 어떤 것은 가볍고[순경음], 이런즉 곧 강하고 부드러운 것이 드러나서 여기에 오향의 바탕이 이루어진 것이니 땅의 공이다. "初聲者, 或虛或實或颺或滯或重若輕, 是則剛柔著而五行之質成焉, 地之功也."[정음해례7ㄴ:5-7]

제자해 98 : 중성이 깊고 얕고 오므라지고 퍼짐으로써 앞에서 소리나고, 초성이 오음의 맑고 흐림으로써 뒤에서 화답하여 초성이 되고 다시 종성이 된다. "中聲以深淺闔闢唱之於前, 初聲以五音淸濁和之於後, 而爲初亦爲終."[정음해례7ㄴ:7-8ㄱ:1]

제자해 99 : 또한 이는 만물이 땅에서 처음 생겨나서, 다시 땅으로 돌아가는 것을 볼 수 있다. "亦可見萬物初生於地, 復歸於地也."[정음해례8ㄱ:2-3]

제자해 100 : 초성, 중성, 종성이 어울려 이루어진 글자를 드러낼 것 같으면, 또한 움직이고 멈추어 있음이 서로 뿌리가 되어 음과 양이 서로 바뀌는 뜻이 있다. "以初中終合成之字言之, 亦有動靜互根陰陽 交變之義焉."[정음해례8ㄱ:3-4]

제자해 101 : 움직이는 것은 하늘이요, 머무는 것은 땅이다. "動者, 天也. 靜者, 地也."[정음해례8ㄱ:4-5]

제자해 102 : 움직임과 멈춤을 겸한 것은 사람이다. "兼乎動靜者, 人 也."[정음해례8ㄱ:5]

제자해 103 : 대개 오행이 하늘에서는 신(우주)의 운행이며, 땅에서는 바탕의 이룸이요, 사람에서는 어짊·예의·믿음·정의·슬기가 신(작 은 우주)의 운행이요, 간장·심장·비장·폐장·신장이 바탕의 이룸이 다. "盖五行在天則神之運也, 在地則質之成也, 在人則仁禮信義智神 之運也, 肝心脾肺腎質之成也."[정음해례8ㄱ:6-8]

제자해 104 : 초성은 움직여 피어나는 뜻이 있으니, 하늘의 일이다. "初聲有發動之義, 天之事也."[정음해례8ㄱ:8-8ㄴ:1]

제자해 105 : 종성은 정해져 멈추는 뜻이 있으니, 땅의 일이다. "終聲 有止定之義, 地之事也."[정음해례8ㄴ:1-2]

제자해 106 : 중성은 초성을 생기게 하고, 이어서, 종성을 이루어지게 하여 붙게 하니 사람의 일이다. "中聲承初之生, 接終之成, 人之事也." [정음해례8ㄴ:2-3]

★
> **제자해 107 :** 대개 글자 소리의 핵심은 중성에 있으니, 초성과 종성과 합하여 음절을 이룬다. "盖字韻之要, 在於中聲, 初終合而成音."[정음 해례8ㄴ:3-6]

훈민정음 글자 모양을 만들어 가는 데 있어서, 가장 핵심적인 점

중 하나가 우리 말소리의 음절의 구성을 '초성', '중성', '종성'의 '음소 (音素, phoneme) 단위'로 파악한 점이라고 할 수 있다. '초성', '중성', '종 성'이 합하여 한 음절(音節, syllable)을 이루는 일도 있고, '초성', '중성'의 합 만으로 한 음절을 이루기도 한다는 것을 간파하고 그것을 원칙으로 제시한 것도 참으로 대단한 일이다. 글자 소리의 핵심이 중성(모음)에 있다는 점과 초성과 종성, 즉 자음에 합해져서 음절을 이루는 체계를 세운 것 또한 놀라운 일이다. 현대국어의 문법적 체계를 세운 최현배의 '우리말본'과 '한글갈'에서 모음을 '홀소리(가온소리)', 자음을 '닿소리' 라고 표현한 것은 훈민정음 제자해의 음성학적 설명을 나타내는 과학 적이면서도 음성학적 단어이다. 소리의 핵심이 중성에 있다는 표현도 소리글자 훈민정음 문자 설명의 핵심적 표현이다.

> **제자해 108** : 또한 천지가 만물을 낳고 이룩해도, 그것이 쓸모 있게 돕는 것은 반드시 사람에게 힘 입음과 같다. "亦猶天地生成萬物, 而其 財成輔相則必賴乎人也." [정음해례8ㄴ:4-6]

> **제자해 109** : 종성에 초성을 다시 쓰는 것은 움직여서 양인 것도 하늘 이요, 멈추어서 음인 것도 하늘이니, 하늘은 실제로는 음과 양을 구분 한다 하더라도 임금(하늘)이 주관하고 다스리지 않음이 없기 때문이 다. "終聲之復用初聲者, 以其動而陽者乾也, 靜而陰者亦乾也, 乾實分 陰陽而無不君宰也." [정음해례8ㄴ:6-8]

> **제자해 110** : 한 기운이 두루 흘러서 다하지 않고, 사계절이 돌고 돌아 끝이 없으니 만물의 거둠(정)에서 다시 만물의 시초(원)가 되고, 겨울에서 다시 봄이 되는 것이다. "一元之氣, 周流不窮, 四時之運, 循環無端, 故貞而復元, 冬而復春." [정음해례9ㄱ:1-2]

> **제자해 111** : 초성이 다시 종성이 되고 종성이 다시 초성이 되는 것도

역시 이와 같은 뜻이다. "初聲之復爲終, 終聲之復爲初, 亦此義也."
[정음해례9ㄱ:2-4]

제자해 112: 아아! 정음이 만들어진 것은 천지만물의 이치가 모두 갖추어졌으니, 아 신묘하구나! "吁. 正音作而天地萬物之理咸備, 其神矣哉." [정음해례9ㄱ:4-5]

제자해 113: 이는 바로 하늘이 성인(세종)의 마음을 열어, 솜씨를 빌린 것이로구나. "是殆天啓聖心而假手焉者乎." [정음해례9ㄱ:5-6]

제자해 결시 0: 갈무리 시 "訣曰" [정음해례9ㄱ:6]

제자해 결시 1: 하늘과 땅의 조화는 본디 하나의 기운이니, 음양과 오행이 서로 처음이 되며 끝이 되네. "天地之化本一氣 陰陽五行相始終." [정음해례9ㄱ:7-8]

제자해 결시 2: 만물이 하늘과 땅 사이에서 꼴과 소리 있으되, 근본은 둘이 아니니 이치와 수로 통하네. "物於兩間有形聲 元本無二理數通." [정음해례9ㄴ:1-2_결시]

> ★
> **제자해 결시 3**: 정음 글자 만들 때 주로 그 꼴을 본뜨니 소리 세기에 따라 그 획을 더하였네. "正音制字尙其象 因聲之厲每加劃." [정음해례9ㄴ:3-4]

훈민정음 해례본에서 또 하나의 독특한 체계는 설명 후에 갈무리 시로 앞의 설명을 요약하기도 하고 추가 설명하기도 하는 것이 참으로 놀랍다. 정음 글자를 만들 때 그 꼴을 본뜬(象)다는 표현을 다시 하면서 일종의 '강조'를 하는데, 앞에서 정음 28자를 상형(象形)하여 만들었다는 것을 다시 확인하는 말이다. 그리고 가획(加劃)의 의미를 다시 한번 확인하였는데, 가획함으로써 소리 세기가 세어진다는 것을 다시 일깨워 준 것이다.

> ★
> **제자해 결시 4**: 소리는 어금니·혀·입술·이·목구멍에서 나니, 여기에서 초성자 17이 나왔네. "音出牙舌脣齒喉 是爲初聲字十七." [정음해례9ㄴ:5-6]

(자음)소리는 어금니·혀·입술·이·목구멍에서 조음되어 나니라는 표현으로 조음 위치를 확실하게 정의하고 있다. 초성자(자음, 닿소리)의 숫자는 열일곱 자다.

> ★
> **제자해 결시 5**: 어금닛소리 글자는 혀뿌리가 목구멍을 막는 모양을 취하였는데, 오직 ㆁ만은 ㅇ과 비슷하여 취한 뜻이 다르네. "牙取舌根閉喉形 唯業似欲取義別." [정음해례9ㄴ:5-6]

어금닛소리 글자는 혀뿌리가 목구멍을 막는 모양을 취하였는데, 오직 (業자의 초성) ㆁ만은 (欲자의 초성) ㅇ과 비슷하여 'ㄱ' 등과는 다르게 후음(喉音)의 기본자 ㅇ과 비슷한 모양으로 만들어졌으나 그 취한 뜻이 다르네라고 표현한 것은, 'ㆁ'의 조음 위치는 'ㄱ'과 비슷하게 어금니 부위이나 조음 방법은 '파열자음'인 'ㄱ'과는 다르게 성대음을 만들면서 어금니 부위의 혀뿌리와 연구개가 구강 통로를 막아 소리 에너지가 비인강, 비강 통로로 빠지는 '비자음(nasal consonant)'임을 밝히는 정밀한 음성학적 조음 설명인 것으로 보인다. '취한 뜻이 다르네'의 표현이 바로 조음 방법의 차이를 설명하는 것이다.

제자해 결시 6 : 혓소리글자는 혀가 윗잇몸에 닿는 모양을 본뜨고,
입술소리글자는 바로 입의 꼴을 취하였네. "舌迺象舌附上顎 脣則實
是取口形." [정음해례10ㄱ:1-2]

혓소리글자는 혀가 윗잇몸에 닿는 모양을 본뜨고, 입술소리글자는
바로 입의 꼴을 취하였네라는 표현은 조음 위치가 구강 앞 혀끝이 윗잇
몸에 닿는 위치는 '치조(alveolus)' 위치와 조음위치가 위아래 입술인 '양
순음(bilabials)'에 대한 설명이며 아주 음성학적 설명이다.

제자해 결시 7 : 잇소리글자와 목구멍소리글자는 바로 이와 목구멍
의 모양을 본떴으니, 이 다섯 자 뜻을 알면 소리 이치는 절로 밝혀지
리. "齒喉直取齒喉象 知斯五義聲自明." [정음해례10ㄱ:3-4]

잇소리글자와 목구멍소리글자는 바로 이와(혹은 아래 앞니에 닿는
혀의 모습과) 목구멍의 모양을 본떴으니, 이 다섯 자 뜻을 알면 소리
이치는 절로 밝혀지리라는 표현을 통하여 초성자(자음) 글자 모양이
조음 시의 조음 위치와 조음 방법에 따라 모양을 갖추는 조음기관의
모습을 본떠 만든 것임을 오음(어금니·혀·입술·이·목구멍 소리)의 모양에
서 이해한다면 소리 이치는 자명하게 알게 된다는 표현이다.

또한 반혓소리글자, 반잇소리글자가 있는데, 본뜬 것은 같은데 짜임새가 다르네. 반혓소리글자 'ㄹ'과 반잇소리글자 'ㅿ'도 본뜬 것(상형한 것)은 조음기관의 모습을 본 뜬 것은 같다고 하면서 짜임새가 다르다는 의미는 '획 추가'로 만들어진 혓소리글자 'ㄷ'과 다르게 'ㄹ'은 'ㄴ'에서 획 추가하여 만들어진 것이 아니라, 다른 의미의 상형 혹은 조음방법이 다름을 암시하는 것으로 보인다. 반잇소리글자 'ㅿ'도 잇소리글자 'ㅅ'에서 획 추가로 만들어진 글자 'ㅈ', 'ㅊ'과는 다른 짜임새라는 것이다. 'ㅿ' 글자의 ㅅ 밑을 막은 작은 선분은 획 추가로 만들어진 것이 아니라 조음방법의 차이가 있는 것임을 암시하고 있다. 몇몇 연구자들에 의하여 'ㅅ'이 /s/형의 무성 마찰음임과 비교해 'ㅿ'은 /z/와 유사한 유성 마찰음일 가능성을 제시하고 있다.

제자해 결시 10 : 이것을 네 계절과 천지 기운에 맞추어보니 오행과 오음에 어울리지 않음이 없네. "配諸四時與沖氣 五行五音無不協."

[정음해례10ㄴ:1-2]

제자해 결시 11 : 목구멍소리는 '물'이 되니 '겨울'과 '우음'이요, 어금닛소리는 '봄'이며 '나무'이니 그 소리는 '각음'이네. "維喉爲水冬與羽

牙酒春木其音角."[정음해례10ㄴ:3-4]

제자해 결시 12 : '치음'에 '여름'이며 '불'인 것은 혓소리요, 잇소리는 곧 '상음'이며 '가을'이니 또한 '쇠'가 되네. "徵音夏火是舌聲 齒則商秋又是金."[정음해례10ㄴ:5-6]

제자해 결시 13 : 입술소리는 방위와 수가 본디 정해진 것이 없어도 '흙'이며 '늦여름'이니 '궁음'이 되네. "脣於位數本無定 土而季夏爲宮音."[정음해례10ㄴ:7-8]

제자해 결시 14 : 성음은 또한 스스로 맑고 흐림이 있으니, 중요한 것은 초성 날 때에 자세히 헤아려 살펴야 하네. "聲音又自有淸濁 要於初發細推尋"[정음해례11ㄱ:1-2]

★
제자해 결시 15 : 전청 소리는 'ㄱㄷㅂ'이며, 'ㅈㅅㆆ'도 또한 전청 소리라네. "全淸聲是君斗彆 即戌挹亦全淸聲."[정음해례11ㄱ:3-4]

전청 소리는 'ㄱ ㄷ ㅂ'이며, 'ㅈ ㅅ ㆆ'도 또한 전청 소리라네. 예사 소리에 해당되는 소리를 맑은소리(淸音)라고 하였다.

★
제자해 결시 16 : 'ㅋ, ㅌ, ㅍ, ㅊ, ㅎ'와 같은 것은 오음에서 각 하나씩 차청이 되네. "若酒快呑漂侵虛(ㅋ, ㅌ, ㅍ, ㅊ, ㅎ) 五音各一爲次淸."[정음해례11ㄱ:5-6]

거센 소리 계열 'ㅋ, ㅌ, ㅍ, ㅊ, ㅎ'와 같은 것은 오음에서 각 하나씩 버금맑은소리(차청)가 되네.

> ★ 제자해 결시 17 : 전탁의 소리는 'ㄲ, ㄸ, ㅃ'에다 'ㅉ, ㅆ'가 있고
> 또한 'ㆅ'이 있네. "全濁之聲虯覃步 又有慈邪亦有洪." [정음해례11ㄱ:7-8]

전탁의 소리는 'ㄲ, ㄸ, ㅃ'에다 'ㅉ, ㅆ'가 있고 또한 'ㆅ'이 있네.
같은 초성을 이어 나란히 쓰면 된소리가 되는데 된소리는 전탁(全濁)으
로 정의하였다.

> ★ 제자해 결시 18 : 전청을 나란히 쓰면 전탁이 되는데, 다만 'ㆅ'만은
> 'ㆆ'로부터 나와 이것만 같지 않네. "全淸並書爲全濁 唯洪自虛是不
> 同." [정음해례11ㄴ:1-2]

전청인 예사소리 초성을 나란히 쓰면(병서) 된소리가 되며 이를 전탁
으로 정의하였다. 다만 'ㆅ' 만은 'ㆆ'을 병서한 것이며 이 또한 전탁으
로 분류되는데, 다른 전탁인 예사소리와 다르게 'ㆆ'은 예사소리로서
'전청'이 아니고 '차청'인 점이 다르다. 차청인 'ㆆ'을 병서하여 'ㆅ'로
쓰니 전탁이 된 것이다.

> ★ 제자해 결시 19 : 'ㆁㄴㅁㅇ'과 'ㄹㅿ'은 그 소리가 맑지도 흐리지도
> 않네. "業那彌欲及閭穰 其聲不淸又不濁." [정음해례11ㄴ:3-4]

비자음인 'ㆁㄴㅁ'과 후음의 대표 글자인 'ㅇ'과 반혓소리 'ㄹ' 반잇
소리 'ㅿ'은 그 소리가 맑지도 흐리지도 않다고 말한다.

> ★ **제자해 결시 20 :** ㅇ을 이어 쓰면 입술가벼운소리가 되는데, 목구멍
> 소리가 많아지면서 입술을 살짝 합해 주네. "欲之連書爲脣輕 喉聲多
> 而脣乍合." [정음해례11ㄴ:5-6]

　입술소리(양순음) 초성 바로 밑에 ㅇ을 이어 쓰면(연서) 입술가벼운소
리(순경음)가 되는데, 목구멍소리가 많아지면서 입술을 살짝 합해주는
형태의 조음이다.

> ★ **제자해 결시 21 :** 중성자 11자 또한 꼴을 본떴는데, 섬세한 뜻은 아직
> 쉽게 볼 수 없네. "中聲十一亦取象 精義未可容易觀." [정음해례11ㄴ:7-8]

　중성자 11자 또한 조음 시의 발음 구조 혹은 공명관 모양 꼴을 본떴
는데, 섬세한 뜻은 아직 쉽게 볼 수 없네. 해례본 즉 설명서를 만든
집현전 학사들도 중성자 11자의 꼴 본뜸(상형)에 대하여는 확실히 알지
못한 것이 아닌가 하는 추정이 가능한 설명이다. 실제 글자를 만든 세
종대왕만이 확실히 알고 있었을 듯하다.

> ★ **제자해 결시 22 :** •는 하늘 본떠 소리 가장 깊으니 둥근 꼴이 총알
> 같네. "呑擬於天聲最深 所以圓形如彈丸." [정음해례12ㄱ:1-2]

　•는 하늘 본떠 소리 가장 깊으니 둥근 꼴이 총알 같네. 공 모양임을
가리킴. 설축에 의하여 구강의 앞쪽 혀 위 공간이 탄환 모습같은 공
모양임을 시어로 표현한다.

> ★
> **제자해 결시 23 :** ━ 소리는 깊지도 않고 얕지도 않아, 그 모양 평평
> 함은 땅을 본떴네. "即聲不深又不淺 其形之平象乎地." [정음해례12ㄱ:
> 3-4]

━ 소리는 깊지도 않고 얕지도 않고, 그 모양 평평함은 땅을 본떴네.
━ 소리 조음 시 혀와 입천장 사이의 구강 공간의 평평한 모습이 땅이
평평한 것과 유사하다는 내용이다.

> ★
> **제자해 결시 24 :** ㅣ는 사람이 서 있음을 본떠 그 소리는 얕으니,
> 천지인 삼재 이치가 이에 갖추어졌네. "侵象人立厥聲淺 三才之道斯
> 爲備." [정음해례12ㄱ:5-6]

ㅣ는 사람이 서 있음을 본떠 그 소리는 얕으니, 천지인 삼재 이치가
이에 갖추어졌네. 전설모음인 'ㅣ'모음의 조음 시에는 설근의 수축이
전혀 없이, 혀 몸이 앞쪽으로 이동하여 구강에 속한 혀 몸이 동그랗게
입천장 쪽으로 올라가 좁게 만들며, 혀 뿌리 쪽에 위아래로 수직형의
긴 공명 공간을 만들게 된다. 이때 성대음과 공기의 흐름은 비인강을
통한 비강 쪽 흐름이 다른 모음의 조음 시보다는 훨씬 많아지므로, 두
성의 요소가 커지고 소리가 가벼워진다는 지극히 음성학적인 설명이
다. 이때 옆모습에서 혀 뒤의 구강과 인두강의 모습이 위아래 긴 원통
형의 구조로 만들어지는 공명과 조음을 하기 때문에 'ㅣ'모습의 글자
형태를 정한 것으로 생각된다. 글자 설계자의 천재적인 창조성이 놀라
울 따름이다.

> **제자해 결시 25** : ㅗ는 하늘(•)에서 나서 입을 거의 닫으니, 꼴은
> 하늘의 둥긂과 땅의 평평함을 아울러 취했네. "洪出於天尙爲闔 象取
> 天圓合地平." [정음해례12ㄱ:7-8]

ㅗ는 하늘(•)에서 나서 입을 거의 닫으니, 꼴은 하늘의 둥긂과 땅의
평평함을 아울러 취했네. 밝은 모음에 속한 'ㅗ'는 시작이 하늘(•)인데
입술은 동그랗게 오므리는 조음을 하여 소리를 만드는 글자임을 설명
하고 있다. 하늘의 공같이 둥근 모습과 땅의 평평함('ㅡ')이 합하여 만
들어진 글자다.

> **제자해 결시 26** : ㅏ도 하늘에서 나와 많이 열려 있으니, 사물에서
> 피어나 사람에서 이루어짐이네. "覃亦出天爲已闢 發於事物就人成."
> [정음해례12ㄴ:1-2]

ㅏ도 하늘에서 나와 많이 열려 있으니, 사물에서 피어나 사람에서
이루어짐이네. 밝은 소리 'ㅏ'도 시작은 하늘(•)인데 입술은 많이 벌려
열리니, 시작은 사물에서 피어나 사람(ㅏ)에서 이루어진다고 말하고
있다.

> **제자해 결시 27** : 처음 생겨나는 뜻을 사용하여 둥근 점을 하나로
> 하였으니 하늘에서 나와 '양'이 되어 위와 밖에 놓이네. "用初生義一
> 其圓 出天爲陽在上外." [정음해례12ㄴ:3-4]
>
> **제자해 결시 28** : ㅛ, ㅑ는 사람을 겸하여 거듭 남이 되니, 두 개의
> 둥근 꼴로 그 뜻을 보이네. [정음해례12ㄴ:5-6]

제자해 결시 29 : ㅜ와 ㅓ와 ㅠ와 ㅕ는 땅에서 나니 예를 들면 저절로 알 것을 어찌 꼭 풀이를 해야 하랴? "君業戌彆出於地 據例自知何須 評."[정음해례12ㄴ:7-8]

제자해 결시 30 : ·글자가 여덟 소리에 통해 있음은 오직 하늘의 작용이 두루 흘러 다님이네. "吞之爲字貫八聲 維天之用偏流行."[정음 해례13ㄱ:1-2]

제자해 결시 31 : 네 소리(ㅗ ㅑ ㅠ ㅕ)가 사람[ㅣ]을 겸함도 또한 까닭이 있으니, 사람(ㅣ)이 하늘과 땅에 참여하는 데 가장 신령하기 때문이네. "四聲兼人亦有由 人參天地爲最靈."[정음해례13ㄱ:3-4]

제자해 결시 32 : 또 초·중·종 세 소리 깊은 이치를 살피면, 단단함과 부드러움, 음과 양이 절로 있네. "且就三聲究至理 自有剛柔與陰陽." [정음해례13ㄱ:5-6]

제자해 결시 33 : 중성은 하늘의 작용으로서 음양으로 나뉘고, 초성은 땅의 공로로 단단함과 부드러움을 나타내네. "中是天用陰陽分 初迺 地功剛柔彰."[정음해례13ㄱ:7-8]

제자해 결시 34 : 중성이 부르면 초성이 응하니 하늘이 땅보다 앞섬은 자연의 이치이네. "中聲唱之初聲和 天先乎地理自然."[정음해례13ㄴ:1-2]

제자해 결시 35 : 응하는 것이 초성도 되고 또 종성도 되니, 만물이 땅에서 나서 다시 모두 땅으로 되돌아감이네. "和者爲初亦爲終 物生 復歸皆於坤."[정음해례13ㄴ:3-4]

제자해 결시 36 : 음이 변해 양이 되고 양이 변해 음이 되니, 한 번 움직이고 한 번 멎음이 서로 뿌리가 되네. "陰變爲陽陽變陰 一動一靜 互爲根."[정음해례13ㄴ:5-6]

제자해 결시 37 : 초성은 다시 피어나는 뜻이 있으니, 양의 움직임이 되어서 하늘에 임자 되네. "初聲復有發生義 爲陽之動主於天."[정음해례 13ㄴ:7-8]

제자해 결시 38 : 종성은 땅에 비유되어 음의 멎음이니 글자 소리가 여기서 그쳐 정해지네. "終聲比地陰之靜 字音於此止定焉." [정음해례14ㄱ:1-2]

제자해 결시 39 : 운을 이루는 핵심은 중성 쓰임새에 있으니 사람이 능히 하늘과 땅의 마땅함을 도울 수 있기 때문이네. "韻成要在中聲用 人能輔相天地宜." [정음해례14ㄱ:3-4]

제자해 결시 40 : 양의 쓰임은 음에 통하니, 이르러 펴면 도로 돌아오네. "陽之爲用通於陰 至而伸則反而歸." [정음해례14ㄱ:5-6]

제자해 결시 41 : 초성과 종성이 비록 음양으로 나뉜다고 하나 종성에 초성을 쓰는 뜻을 알 수 있네. "初終雖云分兩儀 終用初聲義可知." [정음해례14ㄱ:7-8]

제자해 결시 42 : 정음 글자는 단지 스물여덟뿐이로되, 깊고 복잡한 걸 탐구하여 깊이가 얼마인가를 밝혀낼 수 있네. "正音之字只卄八 探賾錯綜窮深幾." [정음해례14ㄴ:1-2]

제자해 결시 43 : 뜻은 멀되 말은 가까워 백성을 이끌기 쉬우니 하늘이 주신 것이지 어찌 일찍이 슬기와 기교로 되었으리오? "指遠言近牖 民易 天授何曾智巧爲." [정음해례14ㄴ:3-4]

훈민정음 제자해
음성학적 연구와 관련된 기존 연구들

2018년도에 국립한글박물관에서 '훈민정음 연구의 성과와 전망'이란 책을 펴냈다. 그동안 국내와 국외에서 연구 발표된 많은 논문과 책들을 분야별로 대표 저자가 정리하고 요약하여 발표한 저서이다. 오랜 세월을 거쳐 이룩한 많은 업적들이 비교적 소상하게 정리되어 있어서 이런 분야에 전문적 지식이 많지 않은 나 같은 의학도에게는 크게 도움이 되는 책이었다.

여러 분야의 전문가들이 본인 나름대로의 연구를 바탕으로 내세운 훈민정음에 대한 수많은 의견들을 이 책에서 언급한다는 것은 도리에도 맞지 않고 나에게 그럴만한 능력도 부족하다는 것을 잘 알고 있다. 다만 이 책을 통하여 소개되는 훈민정음 제자해의 음성학적 연구 보고들에 대하여 일단 정리해 보고자 한다.

총론은 '국내에서 이루어진 훈민정음 연구의 역사 개관'이란 제목이며 이현희 교수(서울대)께서 정리 발표한 것이다. 내용 중에서 내 나름대로 음성학적 연구와 관련되었다고 생각하는 내용들을 나열해 본다.

『훈민정음』의 발굴 이래 훈민정음의 제자원리로서 상형설은 거의 정설로 받아들여지고 있으나, 구체적으로 문자의 모양을 만들어 낸 것은 다른 네에서 영향을 받았으리리고 생각하는 학자들이 많다.

초성의 경우 기본자는 발음기관을 상형해서 만들어 내고 그 외의 글자들은 체계적 가획을 통하거나 이체자를 만듦으로써 창제하였으며, 중성의 경우 천·지·인의 삼재를 추상화하여 상형하여 기본자를 만들고 그것을 바탕으로 초출자(ㅗ, ㅏ, ㅜ, ㅓ)와 재출자(ㅛ, ㅑ, ㅠ, ㅕ)를 만들어 내었다는 것이 『훈민정음』 제자해에서의 설명이지만, 학자마다 이것을 받아들이는 데에는 차이가 났다. 가획과 관련된 해석, 초성의 기본자의 숫자와 상형 대상을 해석하는 데에서 견해가 갈라졌다. 상형 대상을 발음기관으로 파악하지 않고 「기일성문도(起一成文圖)」에 있는 도형을 초성의 기본자로 가져왔다는 견해도 1940년도 이래 지금까지 꾸준히 언급되어 오고 있다.

중성의 기본자도 발음기관을 상형하여 만들었다는 견해가 없는바 아니고 〈기일성문도〉나 〈하도(河圖)〉 등에 나타나는 도형과 관련시키는 견해 등이 없는바 아니지만 대체로 천·지·인의 삼재를 추상화하여 상형하였다는 것이 그간 학계에서 받아들인 통설이었다. 문제는 중성 11자에 'ㅑ, ㅕ, ㅛ, ㅠ'가 포함되어 있다는 사실인데, 그에 대한 해석들이 많이 달랐다.

"훈민정음의 창제 배경과 동기 및 목적, 그리고 창제자에 관한 연구의 회고", 한재영 교수(한신대) 내용 중에서,

훈민정음 해례에서의 '象形而字倣古篆'에 대한 다른 해석으로는 박형우(2008)도 있다. 훈민정음 해례에서 논의하고 있는 '象形'은 일반적으로 중국의 문자학에서 논의하고 있는 '象形'의 의미와 같은 것이 아니라 오히려 '일정한 사물의 모양을 본뜨다'라는 일반적인 의미로 쓰인

것이라는 것이며, '字倣古篆'에서 '古篆'은 중국의 서체 중 小篆體를 의미하는 것으로 小篆體의 특성은 획의 굵기가 일정한 것이라고 주장한다. 결국 '字倣古篆'은 훈민정음의 제자와 관련하여 서체(書體)와의 관련성을 이야기 하고 있는 단편적인 논의라는 것이다. (저자도 이 의견에 동의합니다. 다시 말하면 현재의 '글꼴', '폰트(font)'를 의미하여, 현재 한글 글꼴 중 '훈민정음체'의 특성도 소전체의 모양을 본뜬 것이라고 생각합니다.)

"『훈민정음』의 번역·어구풀이의 역사적 흐름에 대한 고찰", 이현희 (서울대)

훈민정음의 제자원리로서 '상형설'은 널리 받아들여지는 것임에 틀림없으나, 이때의 '상형'이 무엇을 의미하는지에 대해서는 학자에 따라 견해상의 차이가 보이는 것이다. 『漢語大詞典』에 따르면 '상형'의 의미는 ① 그 형상을 본뜨는 것(象其形), ② 한자의 글자를 만드는 기본적인 방법(漢語造字的基本方法)의 두 가지로 나눌 수 있다.

따라서 『訓民正音』의 '상형'은 '일정한 사물의 모양을 본뜨다'라는 ①의 일반적인 의미로 쓰인 것이라고 볼 수 있다(박형우 2009).

"훈민정음의 문자론적 연구, 그 성과와 과제", 김유범(고려대)

자질문자에 관한 연구: '자질문자'(Featural Writing) 논의

일반적으로 문자의 유형을 표의문자와 표음문자로 나누고 표음문자를 다시 음절문자와 음소문자로 나눌 때, 한글이 기존의 문자 유형으로는 이야기될 수 없는 특별한 성격을 지니고 있다는 점을 언급하고 있

다. 즉 문자의 모양이 말소리의 음성적 특성을 반영하고 있다는 것인데, 획이 더해지거나 동일한 문자가 한 번 더 겹쳐져 나타나는 모습이 이러한 양상을 보여 준다는 것이다.

세계 문자의 체계를 논하며 한글을 '자질문자'라고 명명하고 이에 대해 본격적으로 논의한 것은 Sampson(1985)이다. Sampson이 한글을 자질문자로 본 근거는 한글이 피트만의 속기체와 함께 로마자나 동종의 알파벳과는 달리 음소의 음성_자질 결합과 관련된 체계적인 내적 구조를 가지고 있다는 점이다. 그가 언급한 체계적인 내적 구조를 정리해 보면 다음과 같다.

가. 자음자 관련 자소 → 모두 9개

　① 조음점을 위한 외형: 5개(ㄱ, ㄴ, ㅁ, ㅅ, ㅇ)

　② 조음 방식의 변화: 4개

　　1차 가획(ㄷ, ㅂ, ㅈ) → [폐쇄성]

　　2차 가획(ㅋ, ㅌ, ㅍ, ㅊ, ㅎ) → [유기성]

　　중복(ㄲ, ㄸ, ㅃ, ㅆ, ㅉ) → [경음성]

　　모서리 구부러진 부호 첨가(ㄱ+ㄷ=ㄹ) → [유음성]

나. 모음자 관련 자소 → 모두 8개

　① 후설모음을 위한 외형: 5개(ㅡ, ㅓ, ㅏ, ㅜ, ㅗ)

　② 전설모음 'ㅣ'를 위한 외형: 1개

　③ 후설모음을 전설모음으로 변환하는 원칙: 1개 → ['ㅣ'첨가]

　④ 후설모음을 상향 이중모음으로 변환하는 원칙: 1개 → [획 중복]

이처럼 Sampson(1985)은 한글에 한국어의 30개(자음 19개, 단모음 9개,

활음 2개) 분절 음소의 절반에 해당하는 17개의 자소가 있다는 점을 한글을 자질 체계의 문자로 보는 이유로 삼았다. 특히 기본자에 해당하는 글자를 기본 자소로, 기본자에 더하여 새로운 분절 음소가 되게 하는 요소를 부가 자소로 파악한 점이 눈에 띈다. 이러한 관점은 해례본 『훈민정음』 제자해에서 설명한 내용과 부합되는 점이 있음을 볼 수 있다.

"훈민정음의 음운론적 연구 성과와 전망: 모음을 중심으로", 이진호 (서울대)

중성자(모음)의 제자해 설명 중 나오는 '舌縮, 口蹙, 口張' 등의 개념에 대한 해석

'설축'에 대한 다양한 해석:

ㄱ. 혀의 움츠림

ㄴ. 혀의 전후 위치

ㄷ. 구강에서의 좁힘점

ㄹ. 혀의 위치

ㅁ. 혀뿌리의 전진(Advanced Tongue Root, 이하 ATR)

ㅂ. 혀뿌리의 수축(Retracted Tongue Root, 이하 RTR)

ㅅ. 혀의 위치 + 개구도

/ㄱ/은 '설축'을 『훈민정음』에 나오는 설명 그대로 수용하고 있다는 점에서 다른 견해와 구별된다. /ㄱ/을 제외한 것들은 '설축'을 현대 언어학의 개념에 비추어 해석하고 있다. 위에 제시된 견해 중 시기적으로 가장 늦게 제시되었지만 매우 활발하게 언급되는 것은 /ㅁ, ㅂ/이다. ATR과 RTR이 각광을 받게 된 배경에는 서구의 언어학에서 ATR과

RTR 같은 변별적 자질을 적극적으로 활용하여 여러 언어를 기술하기 시작한 배경이 크게 작용했다. 그러나 ATR과 RTR이 변별적 자질로 작용하는 언어와 중세 국어는 모음 체계가 다소 다르다는 점을 좀 더 심각히 고민할 필요가 있어 보인다.

"고친 한글갈 1961년판"(외솔 최현배)에서의 제자해 꼴 본뜸 기술 중 일부를 옮김.

외솔 최현배 선생의 대표 저서 중 하나인 『한글갈』(정음학, 正音學)은 훈민정음을 연구한 책으로서 '역사편'과 '이론편' 두 부분으로 당시까지 연구 발표된 거의 모든 책과 논문들을 정리하면서 본인의 학문적 이론적 의견을 첨가한 대단한 저서이다. 초간본의 완성과 펴냄이 1942년이었는데, 그해에 훈민정음 해례본 원본(간송본)이 발견되었으며, 간송 전형필 선생이 그 책을 외솔 최현배 선생에게 보이고 진본임을 확인한 큰일이 있었던 해였다. 따라서 외솔 선생은 거의 집필이 완료되어가던 원고에 '훈민정음 해례본 원본'을 접하면서 급히 연구하고 요약한 원고를 책의 중간 부위(pp.264~277)에 싣고 있는데, 그중의 일부 제자해의 음성학적 고찰 부분을 여기에 옮긴다.

해례본 원본을 접하면서 '의문점' 네 가지를 기술하였는데, 그중 ③과 ④(1961년 고친 『한글갈』 p.276)를 옮긴다.

③ 그 서문에는 "象形而字倣古篆"이라고 분명히 말하여 놓았는데, 어찌하여 "解例"에서는 다만 꼴 본뜸에 대해서만 풀이하고, 도모지 "字倣古篆"에 관하여는 한 말도 없는가? 아마도, 이는 그의 손 빠짐이 아닐까?

④ 이 "解例"의 "制字解"로써 한글의 기원 문제는 종국적 해명을 얻

은 것이라 하여, 다시는 남은 문제가 없다 할 것인가? 이를테면, 그 첫 소리글자를 발음기관의 꼴 본뜸으로 풀이함과 같이, **가온 소리글자 도 발음기관 꼴 본뜸 내지 발음 작용 꼴 본뜸으로 풀이할 수 없을까?**

위의 ③, ④의 내용으로 보아, 훈민정음 해례본 원본을 접하기 전까지 는 외솔 선생은 훈민정음 제자의 원칙이 '꼴 본뜸' + '字倣古篆'이라고 주장해 왔으나, 원본의 제자해를 본 이후에는 생각이 바뀐 것 같은 기 술이라 흥미롭다. 특히, 가온 소리글자(중성, 모음, 홀소리)의 제자도 '발 음기관 꼴 본뜸 내지 발음 작용 꼴 본뜸'으로 풀이할 수는 없을까 하는 새로운 풀이의 가능성을 시사한 점이 눈에 띈다. 여기에서 "발음 작용 꼴 본뜸"이 핵심이 되는데, 중성자 즉 모음의 조음이 '공명강의 모양의 변화'에 의한 것임을 어느 정도 알고 계셨던 것 같다.

'象形'과 '訓民正音'. 김양진(경희대, 2016)

비교적 최근의 연구로서 훈민정음 28자가 모두 상형에 따랐다는 (해 례본)훈민정음 제자해의 설명을 적극적으로 받아들여 자음자뿐만 아 니라 중성자(모음자)도 발음기관을 상형했다는 내용의 제자해 풀이 논 문이다. 훈민정음 발견 이전과 이후에 진행되어 온 상형설 논문들의 내용을 정리한 좋은 논문이다. 다만, 모음자의 상형이 '혀의 모양'에서 상형된 것으로 풀이하여 모음자의 조음 과정이 '공간(공명강)의 모양 변화'에 의한 것임을 간파하지 못한 것으로 보인다.

훈민정음 제자해:
중성(홀소리, 모음)에 대한 저자의 연구

2-4-1. 이비인후과 전문의로서 한글 / ㅣ / 모양이 인두강이 서 있는 모습임을 보면서 감탄하다

6년간의 의과대학 공부와 실습을 마치고 의사 국가시험을 통과하여 의사가 되었다. 인턴 1년을 마친 후 이비인후과 전문의가 되려고 세브란스병원 이비인후과 수련의 과정에 지원하여 합격하여 전공의가 되었다. 당시에는 내시경이 개발되기 이전이었기에 사람의 성대를 들여다보려면, 의사는 반사경(head mirror)을 머리에 쓰고, 밝은 광원을 환자의 옆에 두고 거즈로 환자의 혀를 의사의 왼손으로 잡고 약간 당기면서, 손잡이가 있는 작은 거울로 이루어진 '후두경(laryngeal mirror)'을 의사의 오른손으로 잡고 적절히 열을 가한 후두경을 환자 입안으로 집어넣으면서 연구개와 목젖을 후방으로 밀어 들어 올리면서 환자에게 "'이' 소리 길게 내세요!"라고 소리치면서 작은 거울인 후두경에 반사되어 보이는 성대를 관찰하는 것이 참 어려운 진단 과정이었다. 환자가 구역 반응이 예민한 경우에는 특히 애를 많이 먹게 되어 있었다. 이때 거울에 비친 후두와 그 안에 열리고 닫히는 성대의 모습은 거울의 이미지이므로 좌우가 바뀌어 보이기 때문에 이를 익히는 것이 중요하고도 어려운 과정이었다.

전공의 과정이 반 정도 진행되던 전공의 2년 차 후반쯤 되어 병원에 내시경이 등장하기 시작하였다. 환자의 입 안을 통하여 보는 내시경이 먼저 등장했고, 곧이어 연성 굴곡형 내시경(fiberscopy)이 개발되어 보급되면서, 더 쉽고 더 정확하게 임상적 진단이 이루어지게 되었다.

전공의 과정을 수료하고 전문의 시험을 무난히 통과하여 이비인후과 전문의가 되었다. 3년간의 군의관 복무를 마치고, 모교인 연세의대 이비인후과학교실에 교수 요원인 '연구강사'로 임용되었다. 이때부터 세부 전공과목을 확실히 정하게 되는데, 나는 '후두학'과 '음성언어의학', '두경부외과학'을 전공하게 되었다. 이비인후과의 세 분야 '이(耳)', '비(鼻)', '인후(咽喉)' 중 '인후' 분야를 세부 전공으로 정하게 된 것이다. 세부 전공 분야가 정해지면 대학병원에서의 환자 진료나 연구 분야는 그 세부 전공 분야에 해당되는 부분만 파고들게 된다.

조교수로 승진하고, 미국 UCLA에 있는 '후두생리연구소(Laryngeal Physiology Laboratory)'에 2년간 교환교수로 연수를 다녀왔다. 연수 후 본격적인 진료와 연구, 전공의 교육 등을 활발하게 시작하였다. 이때 학생과 전공의 교육 자료를 준비하기 위하여 다양한 동영상 자료를 만들게 되었다. 각종 내시경으로 구강, 비강, 인후두의 내부를 자세히 관찰하는 방법을 내시경 동영상 파일로 만들었으며, 동료인 영상의학과 '정태섭 교수'의 협조로 '비디오 형광투시촬영법(video-fluorography)' 촬영을 실시하여 후두 내부 특히 성대의 앞부분을 잘 보기 위해서는 환자가 "/ㅣ/ 발성"을 해야만 혀가 앞으로 전진하면서 거기에 달려 있는 '후두개(epiglottis)'가 앞으로 들려 올려지면서 후두 내부가 잘 보이게 되는 것을 촬영하고 있었다. 촬영 대상자는 바로 나였고 당시 나이가 42세였던 것으로 기억한다. 당시 촬영된 동영상의 화면 캡쳐 사진이 다음과 같았다.

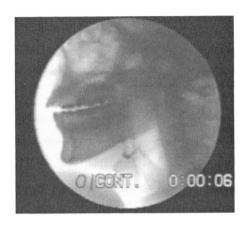

"정 교수, 저 인두강의 모습을 좀 봐! 세종대왕께서 이 모습을 상상하고 글자 / l /를 만들었다면 정말 대단한 일이지?" 내가 영상에 나오는 내 공명강의 모양 변화를 보면서 너무 놀라 감탄사와 함께 내뱉은 말이었다.

당시(1994년)만 해도 이비인후과 전문의 중에서 '모음의 조음 과정'이 공명강의 변화에 의한 '공명에너지주파수대(포르만트, formant)의 변화, 즉 F1 & F2의 변화'에 의한 것이라는 것을 확실히 아는 교수가 드물었다. 그 후 '음성언어연구회'라는 모임을 만들어 사람의 목소리와 관련된 공부를 하는 '음성의학자', '음성학자', '음성공학자', '국립과학수사연구소 음성실 담당자'들이 매달 모여서 목소리와 관련된 공부 모임을 정례화하였고, 이 모임을 통하여 많은 것들을 배울 수 있었다.

의학적인 면에서의 목소리 연구 외에, 나는 한글과 훈민정음에 대한 연구에도 관심이 있었는데, 여기에 많은 시간을 할애할 수는 없었다. 왜냐하면, 환자 진료와 의학 연구 진행, 논문 발표 등 의과대학 교수로서의 업무가 너무 많았기 때문이었다.

그러다가, 할아버지가 외솔 최현배 선생이란 사실 때문에 여러 한글 단체의 일을 자의로 맡기도 했지만, 억지로 떠맡을 수밖에 없는 일도 생기면서 어언 근 30년 가까이 '외솔회', '세종대왕기념사업회', '한글학회'의 임원으로 일을 해 오고 있다.

앞에서도 언급한 적이 있었지만, 훈민정음 제자해 연구에 몰두하게 된 계기는 역시 '훈민정음 해례본(복간본) 원본'을 직접 대하게 되면서부터이다. 제자해를 공부하면서, 중성자(모음, 홀소리)의 제자해가 조음과정의 조음기관과 공명강의 모양에 대한 확실한 음성학적 설명과 꼴본뜸에 대한 설명이 확실히 있는데도, 현재까지 국어학계 등에서 이를 인정하지 않고 있는 것이 퍽 이상하게 느껴지면서, 이 문제를 확실하게 해결해야 되겠다는 다짐을 하게 되었다. 특히, 중성자의 근간을 이루는 "천(•), 지(ㅡ), 인(ㅣ)" 세 글자에 대한 의학적, 음성학적 공명강 모양의 꼴 본뜸(象形)임을 증명하기 위해서는 '아래 •'의 조음 시 공명강의 모양을 정확히 촬영할 수 있어야 만 하고, 소리 값(F1, F2의 위치) 등을 아울러 제시해야만 했다. 이것이 큰 걸림돌이었다. 왜냐하면, '지(ㅡ), 인(ㅣ)' 두 글자는 지금도 사용되고 있는 모음자이므로 규명이 쉬운 편이지만, '아래 •'의 규명은 쉽지 않아서였다.

2-4-2. '아래 •'에 대한 연구

'아래 •'에 대한 논문을 찾아보니 여러 논문이 있었는데, 주로 제주에 아직 '아래 •'가 포함된 단어들이 사용되고 있으며, 노령층 주로 70대 후반에서 80대 초반의 어르신들이 정확한 조음을 하고 있다고 하였다. 우리 (사)세종대왕기념사업회의 이사이면서 한글서예의 대가이신 '현병찬 선생님'께 자초지종 이야기를 드리고 촬영에 대한 협조를 요청했더니 흔쾌히 허락하신다. 그래서 진행된 연구와 그 성과물인 논문이 밑에 인용된 논문 "제주어 화자에서 '아래 아(/•/)' 조음의 영상의학적 및 음향적 특성"이란 논문이다. 당시 연구원으로 근무하고 있었던 이승진 박사와 나의 공동 저작 논문이다. 이 논문에서 아래 아(/•/) 조음 시 '비디오 형광투시촬영법(video-fluorography)' 촬영과 CT 촬영에 의한 앞뒤세로영상(sagittal view)으로 정확한 공명강의 모습을 얻을 수 있었으며, 그 영상이 아래와 같다.

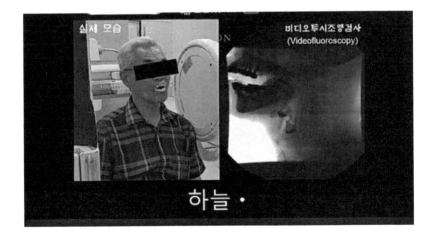

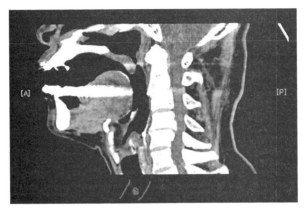

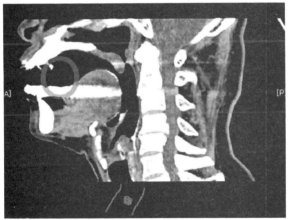

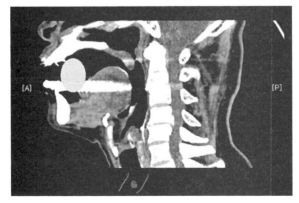

pISSN 2005-8063
eISSN 2586-5854
2018. 03. 31.
Vol.10 No 1
pp. 57-64

말소리와 음성과학

Phonetics and Speech Sciences

한국음성학회지

https://doi.org/10.13064/KSSS.2018.10.1.057

Check for updates

제주어 화자에서 '아래 아'(/ㆍ/) 조음의 영상의학적 및 음향학적 특성

Radiological and acoustic characteristics of "Arae-a" (/ㆍ/) articulation in Jeju language speakers

이 승 진 · 최 홍 식*

Lee, Seung Jin · Choi, Hong-Shik

Abstract

The purpose of the present study was to explore the radiological and acoustic characteristics of "Arae-a" (/ㆍ/) articulation in two male Jeju language speakers, focusing on selected measures in radiological images derived from computed tomography scans, as well as the first and the second formant measures in selected vowels. An elderly male speaker (a 78-year-old) and a young male speaker (a 34-year-old) participated in the study. During the production of four selected vowels , the shape of the vocal tract was identified, and selected measures were obtained from the elderly participant's computed tomography (CT) scans. For acoustic analysis, the participants were given a list of near-minimal pairs consisting of 112 words and asked to read them aloud. The results indicated that the "Arae-a" (/ㆍ/) articulation of the elderly speaker showed unique acoustic and radiological characteristics compared to other similar vowels, thus presenting substantial consistency with the descriptions of the "Hunminjeongeum Haeryebon." In contrast, the F1 and F2 measures of the young male's /ㆍ/ articulation were not distinguished from those of /ㅗ/. Current results, in part, support the scientific principles underlying the invention of "Arae-a," which reflects the shape of the vocal tract during production, and the necessity for further research.

Keywords: Arae-a (/ㆍ/), Jeju language, computed tomography, acoustic analysis, formant

1. 서론

한국어의 모음에 대한 음향학적 분석은 1990년대 이후 비로소 본격적으로 이루어지기 시작했으며, 그 이전의 모음 체계는 대개 문헌의 기술에 근거하여 이론적인 분석을 시도하는 간접적인 방법을 통해서 연구가 이루어져 왔다(한정임 & 김주연, 2014). 그러나 예외적인 경우의 하나로 16세기 후반에서 17세기에 걸쳐 다른 지역에서는 이미 소실된 아래 아(또는 하늘 아, 이

하 /ㆍ/) 소리가 장년층이나 노년층 제주어 화자에서는 /ㅗ/, /ㅏ/, /ㅓ/ 등에 합류하지 않은 독립적인 말소리로서의 포먼트(formant) 측정치를 보인다(김종훈, 2006; 신우봉 & 신지영, 2012). 모음 소리의 특성이 통시적으로 변화함을 증명해 온 많은 연구들에 비추어 볼 때, 이러한 현상은 제한적으로나마 과거의 말소리 특성이 보존된 말 자료를 현재의 음성의학적 기술로 분석해 볼 수 있는 좋은 사례라 하겠다.

/ㆍ/의 문헌 기술을 살펴보고자 한다면, 먼저 '훈민정음'을 살

---

* 연세대학교 의과대학, hschoi@yuhs.ac, 교신저자

Received 1 January 2018; Revised 26 February 2018; Accepted 28 March 2018

펴볼 필요가 있다. 훈민정음의 정음해례관에는 제자해(制字解), 초성해, 중성해, 종성해, 합자해, 용자례의 순으로 기술이 되어 있고, 마지막에 정인지의 서문으로 맺고 있다. 제자해의 서두에 "정음 28자는 각각 그 모양을 본떠서 만들었다(正音二十八字各象其形而制之)."라는 기술이 있으며, 해례서 상에는 모음을 포함한 각 소리를 조음(articulation)할 때 나타나는 조음 기관의 움직임에 대한 상세한 기술이 이루어져 있다(김슬옹, 간송미술문화재단, 2015). 이러한 기술은 조음 시 조음기관이나 구강 혹은 인후두강, 즉 현대적인 설명으로는 '성도(聲道, vocal tract)'의 모양을 참고하여 만들었다는 것으로 해석할 가능성을 일부 시사하는 것이다. 이는 전술한 맥락에서 현대의 음성의학적인 관점에서 접근할 필요성을 보여주는 부분이라 할 수 있다. 다만 성도의 모습을 나타낼 수 있는 다양한 평면(plane) 중 어느 것을 본 딴 것인지, 어느 조음 기관 혹은 공간의 모습을 나타낸 것인지에 대해서는 기록을 토대로 추정을 해볼 수 있을 따름이다.

/ㆍ/는 /ㅣ/, /ㅡ/와 함께 '천지인'을 구성하여 모음 체계의 기본을 형성한다. /ㆍ/ 소리에 대한 훈민정음 해례본 해제서 상의 기술을 좀 더 자세히 살펴보면, /ㆍ/ 소리는 입술은 /ㅏ/보다는 좁히고 /ㅗ/보다는 더 벌려서 내며, 입술 모양이 /ㅏ/처럼 벌어지지 않고 /ㅗ/처럼 오므라지지도 않는 중간 되는 소리로 기술되어 있다. 혀는 /ㅏ/나 /ㅗ/같이 정중앙쪽으로 오그리는 것으로, /ㅡ/를 낼 때보다 더 오그리고 혀를 아예 오그리는 /ㅣ/보다는 훨씬 더 오그리는 소리라고 하였다. 혀뿌리를 중앙으로 당기듯이 오그리다 보니 성대가 살짝 열리면서 소리는 성대 깊숙이 울려 나온다는 것이다. 입술 모양은 둥근 모음과 안 둥근 모음의 중간 정도 되는 소리라고 설명하고 있다. 이와는 대조적으로 /ㅡ/는 혀를 조금 오그리고 깊지도 얕지도 않은 소리(聲不深不淺)라고 정의하였다. 따라서 이 세 가지 모음의 제자 원리에 대한 기술과 실제 조음 시의 영상의학적(radiological), 음향학적 특성을 분석한 결과를 종합적으로 해석함으로써 기본 모음에 대한 기술을 좀 더 과학적으로 뒷받침할 수 있을 것으로 여겨진다.

이러한 노력의 일환으로 현우종(1988)은 /ㆍ/ 소리에 대한 음향학적인 분석과 더불어 정면 및 측면 입술 사진과 X선 촬영을 통하여 객관적 분석을 시도하였다. 이에 따르면, /ㆍ/ 조음 시 악은 후방, 하방으로 이동하며, 이로 인하여 혀 뿌리부 부위의 압박을 느낄 수 있다 하였는데, 이는 훈민정음에서 /ㆍ/ 조음 시 혀의 모양에 대해 설명한 용어인 '설축(舌縮)'과 일맥상통하는 부분이다. 입술의 개방 정도는 정면 사진을 통해서는 /ㅓ/와 크게 구분이 되지 않으나, X선 사진을 통해 보면 /ㆍ/의 입술 세로 벌림 정도가 더욱 넓으며, 하악이 더욱 하강하는 것으로 기술된다. 그러나 이러한 결과는 X선 사진을 필사하여 대략적인 추측을 통하여 이에 대한 기술을 시도한 것이며, 기술의 발달로 비디오투시조영검사(videofluoroscopy), 컴퓨터 단층 촬영(CT, computed tomography) 등의 새로운 방법들이 말 산출 시 성도의 촬영과 정확한 거리 측정, 이를 이용한 분석에 이용되어 오고 있다. 따라서 보다 정확한 측정 및 정량적 분석을 위해서는 이러한 최신의 영상의학적 분석방법을 활용할 필요가 있다.

음향학적인 측면에서는 모음의 조음 시 조음기관의 위치나

성도의 모양을 가장 잘 반영하는 측정치로 F1과 F2를 꼽을 수 있다. 제주어 화자에서 /ㆍ/의 F1과 F2를 측정한 선행연구들을 살펴보면, 대체로 노년층에서는 다른 모음에 합류하지 않은 경향을 보이는 반면, 청년층에서는 /ㅗ/, /ㅡ/, /ㅓ/ 등의 모음에 합류하는 경향을 보인다(고영림, 2006; 김원보, 2006; 김종훈, 2006; 신우봉 & 신지영, 2012). 그러나 노년층에서 특징적으로 관찰되는 /ㆍ/의 음향학적 특성을 영상의학적 분석결과와 함께 통합적으로 고찰한 논문은 부족한 실정이다.

따라서 본 연구에서는 70대 남성 제주어 화자에서 /ㆍ/ 조음의 영상의학적 특성을 살펴보고, 음향학적 특성을 30대 청년 제주어 화자와 비교하여 차이가 있는지를 알아보고자 하였다.

2. 연구방법

2.1. 연구대상

현재 제주도(산북 지역, 제주시)에 거주 중인 만 78세 남성인 제주어 화자 1인(EM, elderly male)이 본 연구의 영상의학적 검사 및 음향학적 분석 대상자로 참여하였다. 또한 음향학적 분석의 대상자로는 제주시에서 태어나고 자란 만 34세 남성 제주어 화자 1인(YM, young male)이 추가로 참여하였다. 제주시의 대상자들을 선정한 주된 이유는 제주시에 위치한 중간산 마을에 비해 서귀포시와 위치한 예안 마을이 상대적으로 표준어를 사용하는 외지인에 대한 노출 정도가 높아 해당 지역 화자에서 모음 실현 양상이 표준어와 유사해질 가능성이 더욱 크다는 선행연구 결과에 근거한 것이다(신우봉 & 신지영, 2012). 대상자들은 사전에 연구의 취지 및 연구방법, 영상의학적 검사 및 음향학적 검사의 상세한 시행 절차 및 영상의학적 검사 시 위험성에 대하여 고지를 받았으며, 자의로 연구에 참여하였다.

2.2. 영상의학적 검사 및 성도의 측정

2.2.1. CT 촬영

CT 촬영은 서울 소재 한 대학병원에서 1인의 영상의학과 전문의가 직접 시행하였다. CT 기기 내에서 등을 대고 반듯이 누운 자세(supine position)를 취하도록 한 후, 가급적 안정적인 사지 및 머리 자세를 유지하도록 하였으며, 머리의 위치는 프레임을 이용하여 고정시켰다. 다음으로 /ㆍ/, /ㅡ/, /ㅣ/, /ㅗ/의 네 모음을 차례대로 5초 이상 안정된 음도와 크기로 연장 발성하도록 하면서 두경부의 시상면(sagittal plane)을 촬영하였다. 이때 말 산출 과제의 정확하고 안정적인 시행 여부를 1인의 언어병리학 박사(1저자, 1급 언어재활사)가 모니터링하였다. 모음의 선정에 있어서는 /ㆍ/, /ㅣ/, /ㅡ/가 /ㆍ/가 훈민정음 모음 체계의 기본을 형성한다는 점을 우선적으로 고려하였다. CT 검사 시 방사선 노출량을 최소화하기 위해 여기에 하나의 모음만 추가하였는데, 이때 청년층에서 /ㆍ/가 /ㅗ/와 통합되었다는 선행연구 결과를 참고하여 추가 모음을 /ㅗ/로 결정하였다(신우봉 & 신지영, 2012).

2.2.2. CT 분석

CT 이미지에서 성도의 길이 및 구조물 간 거리를 측정하기 위해 면저 1인의 이비인후과 전공의가 CT 촬영을 통해 얻어진 이미지들 중 정중시상면(midsagittal plane)에 가장 가까운 이미지를 선정하였다. 이 정중시상면 이미지들에서 거리 측정은 언어병리학 박사 1인(1저자, 1급 언어재활사이) 2회, 이비인후과 전공의 1인이 1회 수행하였다. 기준선의 설정, 표시 및 거리의 측정에는 Centricity DICOM Viewer Version 2.2 프로그램을 이용하였다. 거리의 정의 및 측정 원칙은 Guzman et al.(2017)을 따랐으며, 세부 원칙에서 보조선 활용이 필요할 경우, 수평선 또는 특정 지점들을 연결한 보조선을 추가적으로 그어 측정에 활용하였다. 아래는 Guzman et al.(2017)에서 이용한 각 거리의 정의 및 측정 원칙이다.

(1) 성도의 세로 길이(vertical length of the vocal tract): 경추(atlas) 치상돌기(odontoid process)의 최저점과 성대 사이의 수직 거리.
(2) 성도의 가로 길이(horizontal length of the vocal tract): 경추의 최저 지점과 양 입술 사이 가장 좁은 지점 사이의 거리.
(3) 입술 개방(lip opening): 윗입술의 최하부 경계와 아랫입술의 최상부 경계 사이의 거리.
(4) 턱 개방(jaw opening): 하악골 윤곽(contour)의 최하부 경계와 경구개의 앞쪽 경계 사이의 거리.
(5) 헛몸 높이(tongue dorsum height): 하악골 윤곽의 최하부 경계와 헛몸(tongue dorsum)의 최상부 지점 사이의 거리.
(6) 구인두 너비(oropharynx width): 제2경추의 최하부 지점과 혀 윤곽의 가장 뒤쪽 지점 사이의 거리. 동일한 각도를 유지하기 위해 하악골 윤곽의 앞쪽 최상부(anterior uppermost) 경계로부터 제2경추의 앞쪽 최하부 지점으로 이어지는 직선을 활용함.
(7) 연구개 상승(velum elevation): 경구개의 뒤쪽 상부 경계와 목젖의 앞쪽 최하부 지점 사이의 거리.
(8) 하인두 너비(hypopharynx width): 인두의 최하부 지점과 후두개의 내측 경계 사이의 거리. 하악골 윤곽의 앞쪽 최상부 경계로부터 인두의 하부 지점까지 이어지는 직선을 활용함.

2.3. 말 자료 녹음 및 음향학적 분석

/ㆍ/의 음향학적인 특성을 분석하기 위하여, 면저 /ㆍ/를 포함한 제주어의 목록을 제주특별자치도 홈페이지의 방언사전(http://www.jeju.go.kr/culture/dialect/dictionary.htm)을 참고하여 선정하였다. 이때 분석의 대상이 되는 모음이 단어의 첫 음절에 위치하도록 하였으며, 불가피한 경우를 제외하고는 가급적 단음절어, 의태어나 외래어는 피하고자 하였다. /ㆍ/를 포함한 음절은 한국어의 초성에 위치할 수 있는 모든 자음을 초성에 포함하도록 하였고, 초성이 없는 음절구조(음 V 혹은 VC) 또한 포함하되, 종성의 유무에는 제한을 두지 않았다.

청년층 제주어 화자에서 /ㆍ/가 흡수되어 유사한 소리 특성을

가진 것으로 알려진 모음으로 /ㅏ/, /ㅗ/, /ㅓ/가 있으므로, 해당 제주어와 유사한 음소 구성을 가지고 있으면서도 가급적 모음에 있어서만 차이가 나도록, 즉 해당 모음 전후의 음운론적 맥락이 가급적 동일한 제주어와 현대어의 유사 최소대립쌍(near-minimal pair)을 구성하였다. CT 검사 시 포함된 /ㅡ/와 /ㅣ/의 경우 유사 최소 대립쌍의 원활한 구성을 위해 제외하였다.

확장된 목록은 아래 <표 1>과 같으며, 단어의 개수는 28개의 제주어에 대하여 각 단어별로 세 가지 모음의 쌍이 추가되어 112개(28단어×4쌍)였다. 구성된 단어 목록과 /ㆍ/를 포함한 단어의 뜻 설명을 사전에 대상자들에게 보여주고 읽도록 한 후, 의미가 파악되지 않는 단어가 있는지의 여부를 사전에 확인한 결과, 모두 대상자들이 뜻을 알고 있는 단어인 것을 확인하였다.

표 1. 제주어와 현대 한국어의 유사 최소 대립쌍 단어 목록
Table 1. A word list of near-minimal pairs for Cheju language and modern Korean language

/ㆍ/	/ㅏ/	/ㅗ/	/ㅓ/	/ㆍ/ 단어 뜻 설명
ᄀᆞ을	가을	고을	거울	가을
ᄀᆞᆺ	갓	곳	것	갓, 이제 막
ᄂᆞᆫ	나도	노도	너도	오른
ᄂᆞᆯ망	날다	놀다	널다	옌맘
ᄃᆞ리	다래	도리	더러	다리
ᄃᆞᆫᄃᆞᆫ	단단	돈돈	던지다	난난하다
ᄆᆞᆯ	말	몰	멀떠름	땀
ᄆᆞ슴	마삼	모습	머슴	마음
ᄆᆞᆯ다	발다	몰다	멀다	마르다
ᄆᆞᆷ	맘	몸	멈	모자반
ᄇᆞ디다	바다	보디	버디	가깝다
ᄇᆞᆨ	박색	복집	버벅	바싹
ᄈᆞᆯ리	빨리	뽈뽈	뺑짓	빨리
ᄉᆞ	사	소	서	4
ᄉᆞᄆᆞᆺ	사뭇	소문	서무	사뭇
ᄊᆞᆯ	쌀	쫄쫄	썰때	쌀
ᄋᆞᆼ	아동	오동	어두	아동
ᄋᆞ쏙	아수라	오소리	어구툭	조용하고 깊숙함
ᄌᆞ주	자주	조조	저주	자주
ᄌᆞᆼᄌᆞ	잘잘	좋	점점	잠잠
ᄎᆞ마	차마	후미	처마	차마
ᄎᆞᆷ다	참다	촘촘	첨가	참다
ᄏᆞᆨ	카데일	콕콕	컥컥	반
ᄐᆞᆨ	탁	톡	턱	한계
ᄐᆞᆫᄐᆞᆫ	탄탄	톤	턴	튼튼
ᄑᆞᆯ	팔	폴	펄	팔
ᄒᆞ다	하다	호두	허다	하다
ᄒᆞ적	한척	혼자	헌신	어서

2.3.1. 말 자료 녹음

말 자료의 녹음환경은 미국의 국립 음성 말 센터(The National Center for Voice and Speech)의 기술 보고서 권고사항을 참고하여 다음과 같이 구성하였다(Spielman et al., 2007). 소음을 유발할 수 있는 냉각용 팬이 없는 태블릿 PC(Surface Pro 4, Core m3 model; Microsoft, Redmond, WA, U.S.A), USB 기반의 오디오 인터페이스(UR-22, Steinberg Media Technologies GmbH, Hamburg, Germany), 충분한 수준의 증폭을 위한 프리앰프(Tube Ultragain MIC200; Behringer GmbH, Kirchardt, Germany), 카디오이드 다

이나믹 마이크(SM48; SHURE, Niles, IL, U.S.A)와 녹음용 소프트웨어(Sony Sound Forge Pro 11.0; Sony Creative Software Inc., Middleton, WI, U.S.A)를 이용하였다(이승진 외, 2017). 표본추출율은 44,100 Hz, 양자화는 16-bit, wav 확장자로 설정하여 녹음하였으며, 마이크는 스탠드를 이용하여 대상자들의 입술에서부터 정면 직선거리 약 10 cm에 안정적으로 유지되도록 하였다.

2.3.2. 음향학적 분석

음향학적 분석에는 Praat 6.0.22 버전(Boersma & Weenink, 2016)을 이용하였으며, 각 말 샘플에서 모음의 F1과 F2 값을 측정하였다. 구체적으로는 먼저 Praat 상에서 음형대의 형태와 변화 양상을 고려하며, 모음 안정구간 부분을 시각적으로 확인한 후 별도의 객체로 추출하였고, 표본추출을 10,000 Hz로 다운 샘플링하여 별도의 wav 파일로 저장한 후 F1과 F2를 측정하였다. 이때 저장된 샘플의 중간 위치에서 측정을 하는 것을 원칙으로 하되, 안정구간의 확인이 어려운 경우에는 말 샘플의 전체 모음 구간의 중간에서 측정하는 것을 원칙으로 하였다(신우봉 & 신지영, 2012). <그림 1>은 말 자료 중 EM의 '으소록' 샘플의 / · /의 안정구간을 확인한 예시이다.

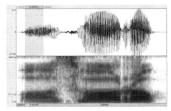

그림 1. 단어 샘플 내에서 모음 / · /의 안정 구간을 확인한 예시
Figure 1. An example of identifying stable portion of the vowel / · / in a word sample

2.3.3. 통계적 분석

CT 이미지의 분석을 통해 측정된 거리들에 대하여 검사자 내(one-way random model) 및 검사자 간(two-way mixed model) 신뢰도를 측정하기 위하여 단일 측도의 급 내 상관계수(ICC, intra-class correlation coefficient)을 산정하였다. 대상자들에 따라 각 모음 간 F1과 F2 측정치의 차이가 있는지 알아보기 위해 이원분산분석(ANOVA, two-way analysis of variance)을 시행하였고, 사후분석은 본페로니 방법(Bonferroni method)으로 하였다. 다만 동일 화자기 신호현 내 가지 모음에서 측정된 간의 비교를 수행한 것이므로, 유의성을 해석하는데 있어 본페로니 교정(Bonferroni correction)을 적용하여 유의 수준을 .0125(.05÷4)로 해석하였다.

3. 결과

3.1. CT 분석

<그림 2>는 각 모음 발성 시 촬영한 EM의 CT 이미지에서 성도 내 구조들 간의 거리를 측정한 예시이다. CT 분석을 통해 측정한 성도 내 구조들 간의 거리에 대하여 신뢰도를 나타내는 ICC를 산정한 결과, 검사자 간에는 .997(95% CI .994~.998), 검사자 내에는 .995(95% CI .991~.998)로 매우 높은 수준이었다.

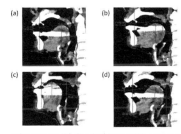

그림 2. 네 가지 모음 산출 시 CT 정중시상면에서 거리를 측정한 모습.
(a) / · /, (b) /—/, (c) / | /, (d) /ㅗ/
Figure 2. An illustration of distances measured in the computed tomography (CT) midsagittal image producing four vowels: (a) / · /, (b) /—/, (c) / | /, (d) /ㅗ/

각 모음에 따라 측정된 거리를 요약한 결과는 <표 2>와 같다. 먼저 성도의 세로 길이는 /—/가 92.58mm였던 반면, / | /는 82.42mm였고, / · /는 85.92mm였다. 가로 길이는 /ㅗ/가 107.78mm였던 반면 / | /가 104.64mm였다. 입술 개방은 / · /가 14.45mm였던 반면, 원순모음인 /ㅗ/가 8.59mm였고, / | /는 11.73mm였다. 턱 개방은 / · /가 86.26mm로 나타난 반면 / | /가 74.61mm였고, / | /는 86.26mm였다. 혓몸 높이 측정치는 /ㅗ/가 59.77mm, /—/가 49.22mm, / | /는 57.62mm였다. 구인두 너비는 전설모음인 / | /가 36.09mm였던 반면, /—/가 14.26mm였고, / · /는 14.56mm였다. 연구개 상승 폭은 / · /가 23.46mm였으며, / | /가 18.36mm였다. 마지막으로 하인두 너비는 / | /가 18.90mm였던 반면, /—/가 15.55mm였고, / · /는 17.72mm의 측정치를 보였다.

표 2. 네 가지 모음 산출 시 CT 정중시상면에서 측정한 거리
Table 2. Distances measured in computed tomography (CT) midsagittal image producing four vowels

Variables (mm)	/ · /	/ㅡ/	/ l /	/ㅗ/
Vertical length	85.92	92.58	82.42	87.11
Horizontal length	104.64	106.31	104.87	107.78
Lip opening	11.73	14.45	8.98	8.59
Jaw opening	86.26	80.08	74.61	83.98
Tongue dorsum height	57.62	49.22	58.98	59.77
Oropharynx width	14.56	14.26	36.09	15.36
Velum elevation	23.46	19.53	18.36	21.88
Hypopharynx width	17.72	15.55	18.90	17.26

3.2. 음향학적 분석

두 대상자가 산출한 / · /, /ㅏ/, /ㅗ/, /ㅓ/의 유사 최소 대립쌍에서 네 가지 모음의 F1과 F2측정치의 평균과 표준편차가 <표 3>에 제시되어 있다. EM에서 / · /의 F1 평균치는 549.209Hz로 /ㅓ/와 /ㅏ/의 사이, F2 평균치는 954.070Hz로 /ㅗ/와 /ㅓ/의 사이의 측정치를 보였다. 반면, YM에서는 / · /의 F1 평균치가 399.602Hz로 /ㅗ/와 /ㅓ/의 경우(397.406Hz)와 거의 유사하였고, F2 평균치 또한 756.771Hz로 역시 /ㅗ/와 /ㅓ/ 사이에 위치하면서도 /ㅗ/의 경우(766.434Hz)와 비교적 유사하였다.

표 3. 네 가지 모음 산출 시 F1과 F2 측정치의 기술 통계
Table 3. Descriptive data of F1 and F2 measured in four selected vowels

Formant (Hz)		F1		F2	
		EM	YM	EM	YM
/ · /	M	549.209	399.602	954.070	756.771
	SD	65.008	32.740	81.607	108.953
/ㅏ/	M	702.091	709.366	1,323.946	1,271.409
	SD	94.311	41.016	86.920	105.275
/ㅗ/	M	374.959	397.406	778.063	766.434
	SD	50.342	33.132	117.359	113.252
/ㅓ/	M	491.968	541.414	1,073.656	966.595
	SD	45.067	39.261	104.067	82.554

대상자에 따라 네 모음 간 F1과 F2의 차이가 있는지 알아보기 위해 이원분산분석을 시행한 결과, 유의한 교호작용 효과 (interaction effect)가 있었다(F=39.055, p<.001). 대상자에 따른 주 효과는 본페로니 교정방법을 적용하였을 경우 유의하지 않았던 반면(F=6.020, p= .015), 모음에 따른 주효과는 유의하였다 (F=352.5745, p<.001). 대상자에 따른 네 가지 모음의 F1과 F2 측정치 간 교호작용 그림은 <그림 3>에 제시되어 있다. 그림에서 볼 수 있듯이, EM에서 / · /의 F1과 F2 측정치 평균이 /ㅗ/에 비해 높았던 반면, YM에서는 / · /와 /ㅗ/의 F1과 F2 측정치 평균이 비교적 유사하였다.

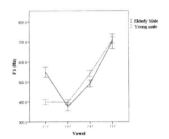

(a)

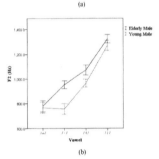

(b)

그림 3. 대상자와 모음에 따른 (a) F1과 (b) F2 측정치 간 교호작용 그림
Figure 3. Interaction plots for (a) F1 and (b) F2 measures by means of participant and vowels

4. 논의 및 결론

본 연구에서는 1인의 70대와 1인의 30대 남성 제주어 화자를 대상으로 / · / 조음의 특성을 영상의학적 및 음향학적 관점에서 살펴보고자 하였다. 이를 위해 노년층 화자에 대해 훈민정음의 기본 모음인 천지인에 해당되는 모음을 산출하면서 CT 촬영을 실시하여 성도의 모양을 분석하였으며, / · /를 포함한 제주어 단어들에 대해 유사한 모음들을 포함한 단어들과 함께 유사 최소 대립쌍을 구성하여 두 대상자의 말 샘플을 음향학적으로 분석하여 F1과 F2측정치를 모음 간에 비교하였다.

먼저 CT 이미지에 대한 분석에서 얻어진 / · / 산출 시 성도의 모양에 대해 살펴보면, 성도의 세로 길이는 85.92mm로 전설 고모음인 /ㅣ/와 후설 원순모음인 /ㅗ/ 의 중간 정도였으며, 가로 길이는 /ㅣ/와 유사하였다. 한편, 입술 개방정도는 11.73mm, 혓몸의 높이 측정치는 57.62mm였다. 단일 대상의 측정치라는 점에서 해석에 있어 매우 주의가 필요하나, 위의 측정치들은 훈민정음에서 '입술은 /ㅏ/보다는 좁히고 /ㅗ/보다는 더 벌려서 내는

소리, 입술 모양이 /ㅏ/처럼 벌어지지 않고 /ㅗ/처럼 오므려지지도 않는 중간쯤 되는 소리, 입술 모양은 둥근 모음과 안 둥근 모음의 중간 정도 되는 소리'라 기술한 부분(김슬옹 & 간송미술문화재단, 2015)과 일맥상통한다고 할 수 있다. 또한 /·/의 입술 세로벌림과 하악 하강의 정도가 /ㅗ/보다 더 크다는 현우종(1987)의 연구결과와도 일치한다.

이와 더불어 혀와 관련된 길이 측정치들을 살펴보자면, 구인두 너비 및 하인두 너비 측정치가 /ㅗ/와 거의 유사한 수준이었다. 이는 /·/가 중세 국어에서는 원순 저모음으로 실현되었다가 점차 상승화 추세를 보였다는 주장이나, '/ㅏ/나 /ㅗ/같이 정 중앙쪽으로 오그리는 것으로, /ㅡ/를 낼 때보다 더 오그리고 혀를 아래 오그리지 않는 /ㅣ/보다는 훨씬 더 오그리는 소리'라는 기술과 비교적 일치하는 경향을 보인다고 요약할 수 있다(김슬옹 & 간송미술문화재단, 2015, 신우봉 & 신지영, 2012).

종합해보면 /·/ 조음 시 입술은 원순모음과 비원순모음의 중간 정도의 개방을 하면서도 혀 근육을 수축하여 원순모음과 유사한 모양을 취함으로써, 시상면에서 보았을 때 성도의 앞부분에 '동그스름한 공간'이 형성된다고도 볼 수 있다. 이는 /·/가 '둥근 하늘'을 뜻하는 점과도 일맥상통하며, 모음인 /·/의 제자 원리에도 성도의 모양을 모사하는 훈민정음의 기본적 원리가 적용되었을 가능성을 일부 뒷받침하는 것으로 여겨진다. 같은 맥락에서, /ㅡ/의 경우 역시 혓몸 높이 측정치가 다른 모음에 비해 가장 낮고, 이로 인해 혀의 상부에 낮고 길게 퍼진 공간이 형성되는 것을 확인할 수 있었다. 또한 /ㅣ/ 조음 시에도 혀가 앞쪽으로 이동하면서 구인두의 너비가 여타 모음에 비해 훨씬 넓어지면서 세로로 긴 공간이 형성되는 것을 주목할 필요가 있다고 여겨진다. 물론 이 같은 견해에 대해서는 보다 다수의 대상자에서 얻어진 자료를 통하여 추가적 검증이 이루어져야 할 것으로 본다.

연구개 상승 정도와 관련하여 주목할 만한 점은 본 대상자의 연구개 상승 정도가 /·/에서 23.46mm로 /ㅡ/와 같은 고모음과는 다소 구별되는 경향을 나타낸다는 점이다. 본 연구에서 연구개 상승 정도는 경구개의 뒤쪽 상부 경계와 목젖의 앞쪽 최하부 지점 사이의 거리로 정의되었다. 정상인에서도 모음이나 음운환경, 검사어의 길이 등에 따라 서로 다른 비음치(nasalance score)를 보인다는 점, 특히 저모음에 비해 고모음에서는 더욱 큰 비음치가 관찰된다는 점(김민정 외, 2000)을 감안할 때, /·/ 연장 발성 시 측정한 비음치를 다른 모음들과 비교한다면 /·/ 발성 시의 이러한 특징적인 성도의 모양을 간접적으로 뒷받침할 수 있을 것이다. 또한 제주어 화자 중에서도 청년층에서는 이미 음향학적으로 /·/의 구분이 모호해진 것에 대해, F1과 F2 측정치를 보충하는 하나의 지표로 이용하여 더욱 상세히 검증할 수 있을 것으로 본다. 물론 이를 위해서는 이러한 연구개 상승의 정도가 보편적으로 /·/ 산출 시 나타나는 것인지에 대한 검증이 선행되어야 할 것이며, 지역에 따라 나타날 수 있는 비음치의 차이 또한 고려하여야 할 것이다(황영진, 2007).

EM이 산출한 말 샘플에서, /·/의 F1과 F2 측정치를 살펴보면, 각각 549.209±65.008Hz, 954.070±81.607Hz로 선행연구의 노년층

에서 관찰된 F1과 F2 측정치와 비교적 매우 유사한 경향을 보였다(신우봉 & 신지영, 2012; 70대 남성 F1 537.0±48.7Hz, F2 902.1±82.3Hz; 김원보, 2006; 70대 이후 남성 평균 F1 578Hz, F2 910Hz; 김종훈, 2006; 70대 북제주군 남성 F1 614Hz, F2 849Hz). 이는 앞서 살펴본 영상의학적 결과와 통합적으로 생각해볼 필요가 있다. 음향학적인 관점에서 /·/의 F2가 1,500Hz에 비해 비교적 낮은 측정치를 보인 것은 혀의 전후 위치상 중립적인 모음에 비해 비교적 후설모음에 가깝다는 것을 반영하며, 이는 혀가 수축된다는 점을 설명한 '훈민정음'의 기술과도 일치한다. 아울러, 앞서 영상의학적 측면에서 살펴본 결과들 중에서 혓몸 높이가 다른 모음에 비해 다소 높으면서도 구인두 너비가 비교적 좁은 결과들과 같은 경향을 보이는 결과라 할 수 있다.

두 대상자와 모음에 따른 F1과 F2 측정치를 비교한 결과, 유의한 교호작용효과가 있었다. EM의 /ㅡ/, /ㅓ/, /ㅣ/의 F1과 F2 측정치는 청년층만을 대상으로 한 연구나 폭넓은 연령대를 포함한 연구와는 다소 차이를 보였으나(김영수 외, 2013, 조성문, 2003), 제주 지역 거주자를 대상으로 한 선행연구의 산북지역 남성 화자의 포먼트 평균값과 거의 유사한 수치를 보였다(고영림, 2006). 반면, YM의 경우, /·/의 F1과 F2 측정치가 /ㅡ/의 측정치와 크게 다르지 않은 경향이 나타났다. YM과는 달리 EM에서는 /·/의 측정치가 다른 세 모음의 측정치와는 비교적 뚜렷하게 구분되었는데, 이는 젊은 층에서는 /·/의 음가가 다른 모음, 특히 /ㅡ/에 흡수되었음에도 노년층에서 비교적 뚜렷하게 잔존하고 있음을 보고한 선행연구와 일맥상통하는 결과인 것으로 보인다(신우봉 & 신지영, 2012). 젊은 층에서 이미 소실된 음소간 변별이 노년층 화자에서 잔존하고 있는 이러한 현상은 서울 말 화자에게 /ㅔ/와 /ㅐ/에서도 발생될 수 있으며, 제주어 화자에서도 /ㅔ/와 /ㅐ/의 구분이나 /·/와 /ㅗ/의 구분이 사라지는 것은 모음의 상승 추세에 의해 일부 설명된다(박지윤, 2011; 신우봉 & 신지영, 2012).

본 연구의 결과는 제주도에서 거주 중인 노년층 화자를 대상으로 /·/의 특성을 후속 연구를 통해 더욱 과학적으로 규명할 수 있는 토대를 제공할 수 있을 것으로 판단된다. 또한 본 연구에서 도입한 영상의학적 연구방법 이외에도 다양한 학술적 관점이나 연구방법론을 도입하여 /·/의 조음 특성에 대한 규명이 이루어질 수 있으리라고 본다. 제주 지역의 제주어 화자라 할지라도 표기만을 보고 직관적으로 바로 정확한 발음을 하는 데에는 어려움이 있으며(신우봉, 2016), 추후 특히 청년층에서 현대 국어의 모음과 동일한 7모음 체계로 바뀌어 갈 가능성이 크기 때문이다(김종훈, 2006).

본 연구의 가장 큰 제한점은 대상자 수가 1인으로 매우 부족하다는 점이다. 설령 대상자가 노년층 제주어 화자의 최저세대를 대표성을 가진다고 가정하더라도, 특히 CT 검사 시 방사선 조사량을 고려하여 1회 측정에 그쳤으므로, 개인 내에서의 조음의 변이성(variability) 또한 무시되었을 가능성이 높다. 이와 더불어 제주어 화자 중 노년층에서만 /·/의 조음 특성이 비교적 보존되어 있다는 점을 감안하더라도, EM의 영상의학적 및 음향학적 측정치에는 노화에 의한 해부생리학적 변화가 결과에 반영되

어 있을 가능성이 높다. 예컨대 이러한 변화에는 발성 및 조음기 관의 뼈나 연골의 골화(ossification), 근육의 약화(weakness), 관절의 운동 범위 감소, 음성의 질 저하, 특히 남성의 경우 기본주파수의 상승이 포함되며, 이러한 변화는 음성이나 조음의 특성에 영향을 미쳤을 수 있다(Linville, 2001). 따라서본 연구의 결과에 대한 해석에는 주의가 필요할 것으로 보이며, 더욱 많은 대상자를 확보한다면 / · /의 특성을 보다 과학적이고 통계방법을 적용하여 확인할 수 있을 것이다. 또한 대상자의 치아 보철 치료로 인해 특히 구강 앞쪽 부분의 CT 이미지에서 아티팩트(artifact)가 다소 발생하였으며, 이로 인하여 성도의 길이 측정에 다소 영향을 받았을 가능성을 완전히 배제할 수 없다. 마지막으로 본 연구의 대상자들은 산북 지역 거주자로서 산북과 산남 지역의 차이(신우봉 & 신지영, 2012)까지는 본 연구에서 충분히 고려하지 못하였다. 따라서 이러한 점을 포함한 보다 엄밀한 대상자 선정 기준을 적용하여 많은 수의 대상자에서 후속 연구를 진행할 필요가 있다고 판단된다.

감사의 글

CT 촬영에 도움을 주신 연세대학교 의과대학 영상의학교실 정태섭 교수님과 CT 이미지 분석에 도움을 주신 이비인후과교실 전공의 황혜진 선생님께 진심으로 감사드립니다.

참고문헌

Boersma, P., & Weenink, D. (2016). *Praat (6.0.22)*. Retrieved from http://www.fon.hum.uva.nl/praat/download_win.html on November 15, 2016.

Cho, S.-M. (2003). An acoustic study of Korean vowel system. *Journal of Korean Language and Culture*, 24, 427-441. (조성문 (2003). 현대 국어의 모음체계에 대한 음향음성학적인 연구. 한국어와문화, 24, 427-441.)

Guzman, M., Miranda, G., Olavarria, C., Madrid, S., Muñoz, D., Leiva, M., Lopez, J., & Bortnem, C. (2017). Computerized tomography measures during and after artificial lengthening of the vocal tract in subjects with voice disorders. *Journal of Voice*, 31(1), 124.e1-124.e10.

Han, J.-I., & Kim, J.-Y. (2014). A phonetic investigation of Korean monophthongs in the early twentieth century. *Phonetics and Speech Sciences*, 6(1), 31-38. (한정임·김주연 (2014). 20세기 초 한국어 단모음의 음향음성학적 연구. 말소리와 음성과학, 6(1), 31-38.)

Hwang, Y. (2007). Normative nasalance scores and differences as a function of gender and residential area. *Communication Sciences and Disorders*, 12(3), 508-520. (황영진 (2007). 성별 및 지역 간 정상 성인의 비성도 연구. 언어청각장애연구, 12(3), 508-520.)

Hyun, W.-J. (1988). A phonetical study for the value for 「·」 sound in the dialect of Cheju island. *Tamla Munhwa*, 7, 25-57.

(현우종(1988). 제주도 방언 「·」 음가의 음성학적 연구. 탐라문화, 7, 25-57.)

Kim, C. (2006). The acoustic comparative analysis of Jeju dialect vowels and Korean vowels. *Journal of Studies in Language*, 21(3), 261-274. (김종훈 (2006). 제주방언 단모음과 현대국어 단모음의 음향 분석 비교. 언어연구, 21(3), 261-274.)

Kim, M., Sim, H.-S., & Choi, H.-S. (2000). The effects of phonetic context and stimulus length on the nasalance score in normal adults. *Communication Sciences and Disorders*, 5(2), 1-15. (김민정·심현섭·최홍식 (2000). 음운환경과 검사어 길이가 정상성인의 비음치에 미치는 영향. 언어청각장애연구, 5(2), 1-15.)

Kim, S.-O., & Kansong Art and Culture Foundation.(2015). *Hunminjeongeum Haeryebon*. Seoul: Kyobo Book Centre Co., Ltd. (김슬옹·간송미술문화재단 (2015). 훈민정음 해례본. 서울: 교보문고.)

Kim, W. (2006). The acoustic analysis of monophthongs of Jeju dialect speakers in their 20s, 50s, and 70s or more and their vowel inventories. *The Journal of Linguistics Science*, 39, 125-136. (김원보 (2006). 제주방언화자의 세대별(20대, 50대, 70대) 단모음의 음향분석과 모음체계. 언어과학연구, 39, 125-136.)

Kim, Y.-S., Kim, K., Kim, J., & Jang, J.-S. (2013). A study on the formant comparison of Korean monophthongs according to age and gender - A survey on patients in oriental hospitals. *Phonetics and Speech Sciences*, 5(1), 73-80. (김영수·김근호·김종émile·장준수(2013). 연령 및 성별에 따른 한국인 단모음 포먼트 비교에 관한 연구 -한방병원 내원환자를 중심으로. 말소리와 음성과학, 5(1), 73-80.)

Ko, Y. (2006). An acoustic study on characteristics of monophthongs in the Cheju Dialect. *Korean Language and Culture*, 30, 5-20. (고영림 (2006). 현대제주방언 단모음의 음향음성학적 특성 연구. 한국어와문화, 30, 5-20.)

Lee, S., Lim, S., & Choi, H.-S. (2017). A comparison of cepstral and spectral measures according to measurement position in a reading passage. *Communication Sciences & Disorders*, 22(4), 818-826. (이승진·임성은·최홍식(2017). 문단 내 위치에 따른 캡스트럼 및 스펙트럼 측정치 비교. *Communication Sciences & Disorders*, 22(4), 818-826.)

Linville, S. (2001). *Vocal aging*. San Diego: Singular Thomson Learning.

Park, J. (2011). Formant measurement of / ㅔ/ and / ㅐ/ between old and young generations within Seoul -Focusing on articulatory phonetic features and spectrogram. *Korean Education*, 88, 295-313. (박지윤 (2011). 서울 지역 세대 간 /ㅔ/와 /ㅐ/ 모음의 포먼트 측정: 조음음성학적 특징과 스펙트로그램을 중심으로. 새국어교육, 88, 295-313.)

Shin, W. (2016). A study of pronunciation education in Jeju dialect: focused on 'Are-a'(/ ㆍ/). *Journal of Learner-Centered Curriculum*

and Instruction, 16(10), 1117-1138. (신우봉 (2016). 제주방언 학습자를 위한 발음교육 방안 연구: 아래아(/ㆍ/)를 중심으로. *학습자중심교과교육연구, 16*(10), 1117-1138.)

Shin, W., & Shin, J. (2012). An acoustic phonetic study on monophthongs in Jeju Korean. *Korean Linguistics*, 56, 63-90. (신우봉·신지영 (2012). 제주 방언 단모음에 대한 음향 음성학적 연구. *한국어학*, 56, 63-90.)

Spielman, J., Starr, A., Popolo, P., & Hunter, E. (2007). Recommendations for the creation of a voice acoustics laboratory. The National Center for Voice and Speech Online Technical Memo, 7. Retrieved from http://www.ncvs.org/ncvs/library/tech/NCVSOnlineTechnical Memo07.pdf on September 1, 2007.

2-4. 훈민정음 제자해: 중성(홀소리, 모음)에 대한 저자의 연구   **229**

앞의 논문을 발표한 후, 훈민정음 해례본 제자해에 대한 추가 연구를 진행하였으며, 이를 꼭 논문으로 남겨야 하겠다고 생각하여 두 편의 논문을 만들었다.

첫 논문 제목은, "훈민정음 음성학(I): 중성자(홀소리) 제자해에 대한 음성언어의학적 고찰(종설)"

둘째 논문 제목은, "훈민정음 음성학(II): 초성, 종성(닿소리) 제자해에 대한 음성언어의학적 고찰(종설)"이다.

논문은 『대한후두음성언어의학회지』에 게재되었는데, 이 학회지는 내가 평생을 몸담아왔던 '대한후두음성언어의학회'의 공식 학술지이기 때문에 이 학회지에 내 논문을 실어야 되겠다고 생각했기에 투고한 것이었다. 그런데 다소 문제가 생긴 것은 최근 편집위원회에서 결정하기를 논문 제목과 그림과 표의 설명, 그리고 참고문헌을 오로지 '영어'로만 표기하기로 정했다고 하여, 이런 원칙을 따를 수밖에 없는 애로가 있었다. 그래서 이 책에서는 실제 논문집에 실린 원고의 PDF 그림 파일로 논문을 옮겨 실었으며, 그 앞에 중간 단계에서 주로 한글로 표기된 논문을 함께 실어서 독자들의 이해를 돕고자 하였다. 이해해 주시기 바란다.

2-4-3. 훈민정음 제자해: 중성(홀소리, 모음)에 대한 저자의 연구 논문(학회지 교정 전 상태)

훈민정음 음성학(I):

중성자(홀소리) 제자해에 대한 음성언어의학적 고찰(종설)

최홍식

천지인발성연구소 소장

제일이비인후과의원 대표원장

연세의대 이비인후과학교실 명예교수

(사) 세종대왕기념사업회 대표

[영문초록]

Hunminjeongeum Phonetics(I): Phonetic & Phoniatric Consideration for Explanation of the Designs of the Middle Vowel Letters

Hunminjeongeum was made by King Sejong the Great for the purpose to promote literacy among the common people. It was composed of 17 consonant letters and 11 vowel letters. At the 'Explanation of the designs of the letters', there is a meaningful sentence like this, 'All the 28 letters are made according to the shape of their respective sound (象形)'. It may mean 'modeling the certain point of shape of vocal organ or space during articulation' to make shaping each letters. This review article is focused on phonetic & phoniatric consideration for explanation of the designs of the middle vowel letters, especially three main vowel letters[ㆍ(天, heaven), ㅡ(地, earth), ㅣ(人, human)] using video-fluoroscopic evaluation as well as CT scanning, etc. During articulating /ㆍ/ sound, we found a ball-like space at frontal portion of the oral cavity, articulating /—/ sound, a flat air space between oral tongue and hard palate, and articulating /l/ sound, a longitudinal oro-pharyngeal air space is made distal to the forward-moving tongue were also found. Explanation of the designs of middle vowel letters, /·/ : tongue contracts and the sound is deep(舌縮而聲深), /—/:slightly contracting the tongue thus it is neither deep nor shallow(舌小縮而聲不深不淺), /l/:the tongue is not contracted so the sound is light(舌不縮而聲淺) may also indicates making vowel letters by modeling the typical shape of the vocal tract space during articulation.

So, I'd like to suggest that we had better change the explanation drawing from a philosophical modeling to a more scientific modeling from real vocal tract space modeling during middle vowels of Hunminjeongeum.

순서:
1. 들어가는 말
2. 음성학과 음성의학
3. 훈민정음 해례의 중성자(홀소리) 제자해를 음성학적, 음성의학적으로 설명
4. 고찰
5. 맺는말

1. 들어가는 말

세계 여러 나라에서 많은 문자들이 사용되고 있지만, 만든 사람과 만들어진 때와 만든 목적이 알려져 있는 문자는 우리나라의 '훈민정음 (한글)' 밖에 없다고 한다. 훈민정음은 조선왕조실록 특히 세종실록에 잘 기록이 되어 있는 대로 1443년 창제되어 3년간의 시범 사용 기간을 거친 후, 1446년(세종 28년) 10월에 반포되었다고 알려져 있다. 이런 사

실은 훈민정음 해례본(현재 간송미술관 소장)이 1940년 발견되어 여러 전문가에 의하여 진본임이 확인되고, '해례' 부분이 세상에 알려지게 된 이후 더욱 공고히 실증되었다.[1,2]

훈민정음은 '예의'와 '해례'로 나누어져 있으며, '예의'는 세종이 직접 지은 것으로 훈민정음을 만든 이유와 훈민정음 문자의 사용법을 간략하게 설명한 글이다. '해례'는 정인지, 성삼문, 박팽년 등 세종을 보필하며 훈민정음을 만드는 데 기여하였던 집현전 학사들이 훈민정음의 자음(닿소리, 초성, 종성)과 모음(홀소리, 중성)을 만든 원리와 용법을 상세하게 설명한 글이다. 해례란 해설(풀이)과 용례(보기)에서 따온 말이다.[3-6]

정음해례편에는 제자해(制字解), 초성해, 중성해, 종성해, 합자해, 용자례의 순으로 기술이 되어 있고, 마지막에 정인지의 서문으로 맺고 있다. 제자해의 처음 부분에 "정음 28자는 각각 그 모양을 본떠서 만들었다(正音二十八字各象其形而制之)."라는 기술이 있다. 위 문장의 핵심이 되는 두 글자는 '상(象)'과 '형(形)'이며 이어 쓴 '상형(象形)'이란 단어가 훈민정음 글자체를 만들게 된 가장 근본이 되는 중심 표현인 것이다. 위 문장을 설명하자면, 28자 모두 조음(발음) 시 구강이나 인후두강 즉 현대적인 설명으로는 '성도(聲道, vocal tract)'의 모양을 본떠서 만들었다는 설명이 되며, 최소한 처음 만들어진 28자 중 닿소리(자음, 초성자) 17자의 대표가 되는 5자의 상형자, 즉 'ㄱ(아음), ㄴ(설음), ㅁ(순음), ㅅ(치음), ㅇ(후음)'과 홀소리(모음, 중성자) 11자의 대표가 되는 3자의 상형자, 즉 'ㆍ(天, 하늘), ㅡ(地, 땅), ㅣ(人, 사람)'의 8글자는 조음(articulation) 시의 성도(聲道, vocal tract)'의 모양을 본떠서 만들었다는 확실한 기록인 것이다.

그러나 저자는 최근까지도 훈민정음(한글)의 글자체가 만들어진 성도(구강 및 인후두강) 구조의 모습이 제대로 근거 있게 설명되고 있지 못하다고 생각하기에 이를 음성학적으로, 음성의학적인 관점에서 설명해 보고자 한다. 본 논문에서는 중성자(홀소리) 중심으로 설명하고, 다음 논문에서는 초·종성자(닿소리) 중심으로 설명하고자 한다.

2. 음성학과 음성의학

음성학(phonetics)이란 학문은 문과 쪽의 국문학, 영문학, 불문학 등 문학 쪽과 언어학(linguistics) 등을 전공하는 학자들 중에서 음성의 생성 과정과 조음과정을 주로 연구하는 학문이다. 특히, 과학적인 실험 기자재를 많이 사용하는 음성학을 실험음성학(experimental phonetics)이라고 하며, 최근에는 디지털 분석장치와 많은 컴퓨터 소프트웨어가 개발되어 있어서, 과거에 비해서는 손쉽게 더 자세한 연구가 진행될 수 있게 되었다.

음성의학(phoniatrics)이란 학문은 음성이 산출되는 과정과 발성기관(주로 후두, 성대 등)의 병적 변화로 초래되는 음성의 이상(쉰 목소리 등)을 진단하고 치료하는 이비인후과의 특화된 한 분야의 학문이다. 이와 유사하게 조음(articulation) 과정을 연구하며, 발음의 이상 등을 진단하고 치료하는 학문은 따로 '언어의학(logopedics)'이라고 하기도 한다. 음성의학 쪽에서는 큰 병원에서 사용하는 다양한 방사선 장비, 즉 컴퓨터 방사선 단층촬영(CT scanning), 핵자기공명단층촬영(MRI), 동위원소를 이용한 형광투시법(fluoroscopy) 등을 다양하게 이용하여 발성 시 성도의 움직임을 2차원적, 3차원적으로 보여주고 설명이 가능하게 되었으며, 특수 내시경인 스트로보스코피(stroboscopy) 혹은 초고속영화촬영술

(high speed cinematography)을 이용하여 발성 시 성대 점막의 미세 움직임을 손쉽게 관찰할 수 있게 되었고, 다양한 음향검사(sound spectrography) 및 음성분석검사 등으로 성문분석(voice printing)이나 음성의 성분 분석(voice analysis) 등이 가능하게 되어, 발성과 조음되는 과정을 보다 객관적으로 과학적인 해석을 가능하게 해 주게 되었다.[7]

또한, 말소리를 전기적인 신호 혹은 디지털 신호로 바꾸어 전송을 하거나, 음성인식이나 음성합성 등을 공학적으로 연구하는 학문을 '음성공학(sound engineering)'이라고 하며, 우리나라는 특히 이 분야가 많은 발전을 보이고 있는 정보통신기술(IT, information technology) 강국이기도 하다.

3. 훈민정음 해례의 중성자(홀소리) 제자해를 음성학적, 음성의학적으로 설명

현대 국어 홀소리(모음)의 조음 과정을 음성학적 음향검사 기법으로 설명해 가면서 훈민정음 홀소리(중성자)의 제자 원리를 설명해 보고자 한다.

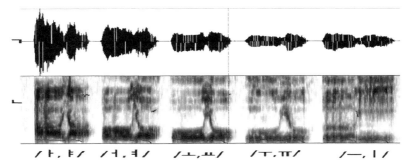

그림 1. 현대 국어에서 사용하고 있는 홀소리(모음) 열 자를 두 음절씩 묶어 발음하였을 때의 소리 파형(ㄱ, sound waveform)과 음향분석파형(ㄴ, sound spectrographic analysis). (Praat 음성분석 프로그램을 사용하여 측정함)

그림 1에서 이중모음인 /ㅑ, ㅕ, ㅛ, ㅠ/가 발성될 때 음향분석파형에서 선명한 다이아몬드 형의 파형 변화가 4곳에서 모두 선명하게 관찰된다. 다이아몬드 형태를 보이는 이유를 설명하자면, 음형대(포르만트, formant) F1, F2의 급격한 변형이 생기기 때문이다. 공명주파수대인 F1과 F2는 입의 열고 오므림, 혀의 높낮이, 전진과 후진과 관련되어 변화된다. 이중모음 ㅑ 의 경우 모음 'ㅣ' 'ㅏ'를 연이어 빠르게 조음하여 만들어진다고 볼 때, 조음 시작부분에서 적은 입 벌림이 조음 끝날 시 크게 벌어지며, 구강 중간 부분의 혀의 높이가 처음 높게 있다가 조음 종료 시 갑자기 낮아지는 것을 알 수 있다. ㅏ ㅑ 를 연이어 발음했기에 입 벌림은 급격히 좁아졌다가 벌어지고, 혀는 급격히 높아졌다가 낮아지는 변화를 보이므로, F1은 급 하강 후 급 상승, F2는 급 상승 후, 급 하강을 보이게 되어, 다이아몬드 형태가 만들어지는 것이다.

현대 음성학에서 모음(홀소리)의 조음은 성대에서 만들어진 '성대음 (glottal sound)'이 성도를 통과할 때, 공명강인 성도의 모양의 변화 즉 혀의 모양과 위치, 그리고 입술의 벌림, 오므림 등과 같은 공명강의 모양의 변화가 '공명주파수대'인 음형대(포르만트, formant)의 위치를 변화시켜 조음되는 것으로 알려져 있다. 이때 제1음형대(F1)와 제2음형대(F2)의 위치가 가장 중요하게 모음의 음값을 결정한다.[7]

모음의 조음을 모음사각도로 설명한 그림은 아래의 그림 2(가)와 같다.

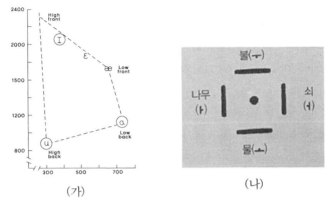

(가)   (나)

그림 2. 가로 F1, 세로 F2로 모음의 조음 위치를 그린 영어의 모음사각도(가)와 훈민정음 모음 중 중심이 되는 하늘 •를 중심에 둔 모음의 모습(나)

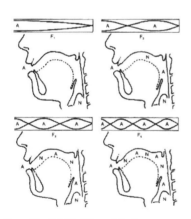

$$Fn = (2n-1)C/4L$$

(단, n=1,2⋯)
Fn : 공명 주파수
C : 소리의 속도 340 m/sec
L : 공명관의 길이

Fn = (2n-1)C/4L (단, n=1,2⋯)
Fn : 공명 주파수, C : 소리의 속도 340 m/sec, L : 공명관의 길이
그림 3. 사람 성도(공명강)의 음형대(공명주파수대, 포르만트, Formant)가 생기는 물리학적 설명.

그림 2(가)는 영어 모음의 F1, F2의 위치에 따른 모음사각도이다.

X축은 제1음형대인 F1이고 Y축은 제2음형대인 F2이다. 사람의 성도의 길이가 약 17cm라면 성도의 공명관은 한쪽은 막혀 있고 다른 한쪽은 열려 있는 공명관(closed cavity resonance tube)에 해당되므로, 그림 3의 공식에 대입하면,

$$F1= 1 \times (34,000/17\times4) = 500 \ Hz$$

$$F2= 3 \times F1 = 1,500 \ Hz$$

$$F3= 5 \times F1 = 2,500 \ Hz$$

$$F4= 7 \times F1 = 3,500 \ Hz$$

즉, 후두 성대 부위에서 입술까지 ㄱ자 모양으로 꺾여 있는 성도를 펴서 그림 3과 같이 모든 성도의 단면적이 일정하게 만든 상태에서 조음을 하면, 그 모음은 F1이 500Hz, F2가 1500Hz에 위치하게 되는 모음이며, 모음사각도(그림 2(가))에서는 거의 중간 위치에 존재하는 모음이 될 것이다. 훈민정음의 모음을 도식화 한, 그림 2(나)에서 하늘 •는 ㅏ, ㅜ, ㅓ, ㅗ의 중간에 위치하고 있으며, 해례본 제자해에서 •의 조음은 혀를 오그리며(설축, 舌縮) 깊은 소리(성심, 聲深)가 나는 모음이라고 했는데, 아마 성도의 단면적이 거의 일정하여 모음사각도의 거의 중심에 위치한 모음이 아니었을까 하는 추정을 해 볼 수 있겠다.

조음 과정을 비디오 형광투시법(Video-fluoroscopy)로 촬영한 사진을 제시한다. 구강과 비강으로 소량의 바리움(barium)을 넣어서 점막에 묻혀 화상을 보다 선명하게 처리하였다. 모음 /아/, /이/, /오/, /우/를 차례로 제시한다.(그림 4)

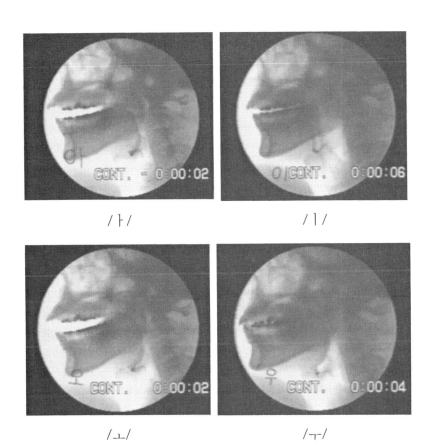

/ ㅏ /　　　　　　　　/ ㅣ /

/ ㅗ /　　　　　　　　/ ㅜ /

그림 4. 모음(홀소리) / ㅏ /, / ㅣ /, / ㅗ /, / ㅜ / 조음 시 성도의 측면 모습을 특수 방사선 영상인 비디오 형광투시법(Video-fluoroscopy)으로 촬영한 모습. 혀의 모양과 위치, 구강과 인두강의 넓고 좁음이 각 모음 마다 많이 다른 것을 확인할 수 있다. 성도의 단면적의 차이가 각 모음의 제1, 제2 음형대(포르만트, formant, F1 & F2)의 변화를 유발한다.(저자 본인을 촬영한 것)

　　훈민정음 해례본 복간본(2016, 간송미술관, 김슬옹 교수)의 해제서에서 설명하기로는, / • /소리는 입술은 / ㅏ /보다는 좁히고 / ㅗ /보다는 더 벌려서 낸다. 입술 모양이 / ㅏ /처럼 벌어지지 않고 / ㅗ /처럼 오므라지지도 않는 중간쯤 되는 소리다. 혀는 / ㅏ /나 / ㅗ /같이 정중앙 쪽으로 오그리는 것으로, / ㅡ /를 낼 때보다 더 오그리고(설축) 혀를 아예 오그리지 않는 /ㅣ/보다는 훨씬 더 오그리는 소리다. 혀뿌리를 중앙으로 당기듯이 오그리다 보니 후두는 하강되고, 성도의 길이가 길어지면서 깊이 있는 소리로 울려 나온다. 입술 모양은 둥근 모음과 안 둥근 모음의 중간 정도 되는 소리라고 설명하고 있다.

/ㅣ/는 혀 앞에서 나오는 전설 모음을 대표하는 기본 모음이다. 혀끝 뒷부분이 아랫니에 닿으면서 입을 살짝 벌리고 혀를 높이 올려 나오는 고모음이다. 혀 앞에서 나오는 전설 모음을 대표하는 기본 모음 역할을 한다.

/ㅡ/는 아랫니에 닿아 있던 혀를 떼고 '혀를 약간 내리면서 혀 뒤쪽으로 발음이 나오는 고모음 소리'로 혀 뒤에서 발음이 나므로, 후설 모음을 대표하는 기본 모음이다. 결국 /ㅣ/와 /ㅡ/ 발음은 다양한 모음의 기준 역할을 한다. 따라서 세종은 /ㅣ/와 /ㅡ/를 모음자를 만드는 기본 모음으로 하고 기본 문자로 삼았다.

그런데 음성의학적 방법으로 실제 조음 시의 구강과 인두강의 모습을 촬영한 위 그림 4의 두 번째 /ㅣ/모음의 경우, 이와 입술을 많이 벌리지는 않고 좌우로 넓게 벌어지며, 혀는 구강설(oral tongue)의 중간 부분이 앞쪽 위로 들려 올라가고 혀뿌리가 위아래로 곧게 펴지듯 서면서 앞쪽으로 향하여 혀 뿌리 뒷부분 인두강이 위아래로 길고 넓게 큰 공간이 만들어지는 특징이 있다. 저자의 생각은 아마도 세종이 이 모습을 상상하여 비슷한 형태인 /ㅣ/라고 정의하면서, 이는 '사람이 서 있는 모습'이라 하여 '人'이라고 명명하지 않았나 하는 추정을 한다.(그림 5)[8]

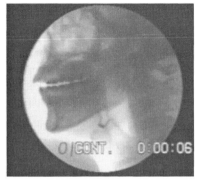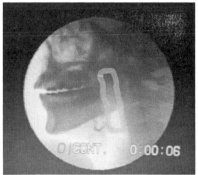

그림 5. /ㅣ/모음 발성시 형광투시동영상의 모습. 혀뿌리 부분이 위아래로 길게 선채 구강 앞쪽으로 나오기 때문에 혀뿌리 뒤 인두강이 'ㅣ' 모습으로 서 있는 모습. 'ㅅ'은 이 모습의 인두강 모습에서 착안되어 만들어졌을 가능성이 있다.

　/•/는 조음 시 혀를 오그리고 깊은 소리(聲深)나는 모음이라 하였고, /ㅡ/는 혀를 조금 오그리고 깊지도 얕지도 않은 소리(聲不深不淺)라고 정의하였다. 저자의 생각으로는 /ㅡ/모음은 조음 시 혀의 옆모습이 앞뒤로 편평한 모습으로 땅과 같은 모습으로, 혹은 혀의 위 표면과 입천장 사이의 구강 모습이 앞뒤로 긴 편평한 공명강 공간의 모습이므로 'ㅡ'로 만든 것이 아닌가 생각한다. 그리고 /•/는 구강 앞부분에서 위로는 입천장, 아래는 구강 앞바닥과 혀의 앞이 낮게 깔려 있는 그 둥근 입속 "공간"의 모습을 상형(象形)한 것이라고 생각한다. 그래서 둥근 하늘(天) 모습의 '•' 글자를 만들었을 것으로 추정한다.

　이 추정을 증명하기 위해서는 '•'의 발음 시의 공명강의 모습을 삼차원적으로 관찰해 보아야 한다. 현대를 살고 있는 사람이 조선 초기 사람들의 '•' 발음을 정확하게 조음할 수 있는 사람은 없으므로, 간접적인 방법으로 아직 아래아('•') 발음이 남아 있는 제주 70~80대 사람들의 발음을 연구한 몇몇 논문들이 있으며[9-13], 본인도 이와 관련된 연

구를 진행하였다.[14]

저자가 2018년 진행한 연구에서, 제주가 고향인 만 78세 남성을 대상으로 아래아('·') 조음 시, 일정한 거리에서 동영상 촬영하여 입술의 벌어짐 정도를 관찰하였고, 이와 동시에 비디오형광조영술(video-fluoroscopy) 방사선 촬영을 실시하여 구강 및 인두강(공명강)의 공간적 변화, 혀의 움직임을 관찰하였다. 훈민정음 중성 즉 홀소리의 대표가 되는 아래아(/·/), /ㅡ/, /ㅣ/ 조음 시의 화면 캡쳐 사진을 제시하면 다음과 같다.(그림 6)[14]

 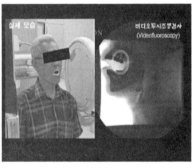

(가)   (나)

그림 6. 제주가 고향이며 현재도 거주 중인 만 78세 남성의 아래아(하늘아, /·/) 조음 시의 동영상 촬영 입술의 모습과 동시에 촬영된 구강, 인두강의 비디오형광조영(video-fluoroscopy) 방사선 촬영 모습. (나)는 (가)의 비디오형광조영술 화면에 보이는 구강 내 공간의 특징적 모습을 동그랗게 그린 것.

같은 대상자가 /ㅡ/, /ㅣ/ 조음 시의 같은 화면 캡쳐 사진은 그림 7에 제시한다.

(가)   (나)

그림 7. /ㅡ/와 /ㅣ/ 조음 시의 동영상 촬영 입술의 모습과 동시에 촬영된 구강, 인두강의 비디오형광
조영술(video-fluoroscopy) 방사선 촬영 모습. (가) /ㅡ/ 조음 시 혀의 구강 부위와 입천장 사이
공간이 '편평'한 'ㅡ' 형 모습으로 보인다. (나) /ㅣ/ 조음 시 혀가 전방으로 전진하며 혀뿌리와
인두 후벽 사이 인두강 공간의 모습이 서 있는 막대 형태의 공명강의 모습으로 보인다.

그러나 비디오형광조영술 사진은 삼차원적인 공명강의 모양을 선명하게 보여 주지는 못하여, 추가로 조음 시의 구강과 인두강의 모습을 고해상도 CT로 촬영하였고, CT 영상을 3차원적으로 디지털 복원하여 앞뒤세로영상(sagittal image)으로 만들었다.(그림 8, 9. 10)[14]

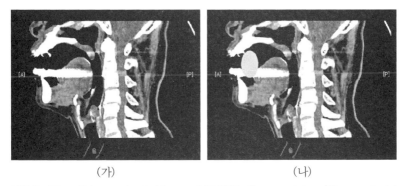

(가)   (나)

그림 8. CT sagittal reconstructed image of 아래아(/ · /) pronunciation. (78-y-o male Jeju citizen)

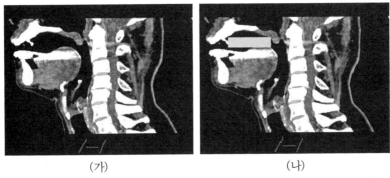

(가)　　　　　　　　　　(나)

그림 9. CT sagittal reconstructed image of /ㅡ/ pronunciation. (78-y-o male Jeju citizen)

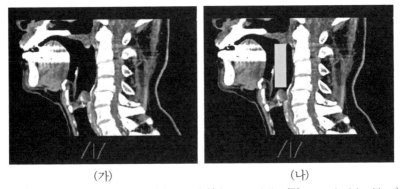

(가)　　　　　　　　　　(나)

그림 10. CT sagittal reconstructed image of /ㅣ/ pronunciation.(78-y-o male Jeju citizen)

　기본 중성자 세가지(/·/, /ㅡ/, /ㅣ/) 설명 후에 이어서, 8개의 중성자
(ㅗ, ㅏ, ㅜ, ㅓ, ㅛ, ㅑ, ㅠ, ㅕ)의 모양과 제자원리를 설명함에 있어서도,
입의 오므라듦 여부(합벽, 闔闢), 입의 벌어짐 정도(구축, 口蹙, 구장, 口張)
등의 설명으로 조음 시 공명강의 모양의 특성이 중성자 글자 모양 결정
에 아주 중요한 가치가 있음을 확인할 수 있다(제자해 중성자 해례).

　따라서 훈민정음 해례의 제자해에서 중성자(모음, 홀소리) 기본 세 글
자의 글자모양이 만들어진 설명에 대한 도해를 아래 그림 12와 같이
다분히 철학적 의미의 상형(象形)으로 설명하는 것은 과학적이라 할 수

는 없겠다.[15]

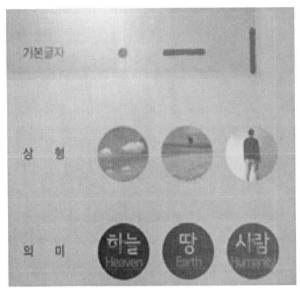

그림 12. 훈민정음 중성자(홀소리, 모음) 기본글자의 상형과 의미.('누구나
알아야 할 한글 이야기'에서 따옴)[15]

제자해의 중성자(모음, 홀소리)의 형상은 조음 시 구강, 인두강 즉 성
도(소릿길)의 모습을 본떠 만들었는데, '·'는 하늘(天)의 모습을 본떴는
데 성도 내 구강 앞쪽의 둥근 '공간'을 의미한다(그림 8). 그리고 'ㅡ'와
'ㅣ'는 조음 시 혀의 윗 공간, 혹은 혀의 뒤 공명강인 성도의 모습을
본떠 만들었으며, 'ㅡ'는 '땅(地)' 모습같이 혀와 입천장(경구개) 사이의
편평한 공간의 모습을 본떠 만들었고(그림 9), 'ㅣ'는 혀가 구강 앞쪽으
로 전진하고 혀와 혀뿌리가 위아래로 길게 앞으로 나가며 서 있는 조음
형태로 그 뒤 인두강이 길게 위아래로 서 있는 공간 모습을 본떠 만드
는 등(그림 10) 조음 시의 모습을 본떠 대표성이 있는 형태로 만든 정말

로 과학적인 글자인 것이다.

4. 고찰

훈민정음 해례본이 발견되기 이전에도 일부 학자들에 의해 문자로서의 훈민정음에 대해 상형설(象形說)이 논의되기도 하였다(신경준, 韻解, 1750).[16] 훈민정음 해례본이 발견된(1940년) 이후, 외솔 최현배의 저서 『한글갈』(1940, 고친한글갈 1961, 1982)에서 훈민정음의 자음자 외에도 모음자도 발음기관을 상형했을 가능성을 시사한 바, '첫 소리글자(초성)는 발음기관의 꼴 본뜸, 가온 소리(중성, 모음)는 발음기관의 꼴 본뜸 내지 발음 작용 꼴 본뜸으로 풀이할 수 있다'라고 기술하고 있다. '발음 작용 꼴 본뜸'이란 홀소리(중성자, 모음)의 조음 과정 중 성대진동음이 공명강을 지나면서 조음될 때, 공명강의 모양에 대한 꼴 본뜸을 의미하는 진전된 생각이라 할 수 있겠다.[17,18]

그러나 그 이후 훈민정음의 제자해에 관심을 갖고 연구하여 온 대부분의 국어학자나 한글학자들은, 초성이나 종성(닿소리, 자음)의 제자 과정은 조음기관의 꼴 본뜸(상형)에 의한 것이라는 비교적 일관된 의견을 제시하는 데 반하여, 중성자(홀소리, 모음)의 제자해에 대해서는 다소 '추상적 혹은 철학적인 꼴본뜸(상형)'으로 일관되게 설명해 오고 있다. 즉, 하도(河圖)의 원리에 따른 하늘(天)의 원리를 혀의 움직임에 의해 만들어지는 구강 내의 공간을 추상적 실체, 즉 삼재(天, 地, 人)로 상형하여 만들어진 글자라고 정의하고 있는 것이다.(그림 12) 중성자의 상형(象形)에 대하여도 여러 논문들이 있었지만,[19,20] 공명강 공간의 대표 모양을 본뜬 것이라는 견해를 밝히지는 않았다.

훈민정음 해례본의 제자해에서는 기본 중성자 ' •(圓)', '—(平)', ' ㅣ

(ㅗ)'가 각각 천(天), 지(地), '인(人)'의 삼재(三才)를 상형하여 만든 것이라고 설명하고 있지만(形之圓 象乎天, 形之平 象乎地, 形之立 象乎人) 그 보충 설명으로는 조음 시의 핵심 해부학적 구조의 움직임과 공명강의 모양 설명이 있는 것으로 보아, 구강 안에서 중성자를 조음할 때 혀의 모양이나 생성된 소리의 깊이 정도(홍성인지 두성인지의 차이를 말함)도 표현되어 있어, 그 깊이를 더하고 있는 것이다.

 '·'에 대하여는 '혀가(설근부) 안으로 움츠러들어서 소리가 깊다(舌縮而聲深)'라고 하였고, 'ㅡ'에 대해서는 '혀가 안으로 조금 움츠러들어서 소리가 깊지도 않고 얕지도 않다(舌小縮而聲不深不淺)'라고 하였고, 'ㅣ'에 대해서는 '혀가 안으로 움츠러들지 않으니 소리가 얕다(舌不縮而聲淺)'라고 표현되어 있는 것이 놀라울 따름이다. 이런 사실은 제자해 초기에 "정음 28자는 각각 그 모양을 본떠서 만들었다(正音二十八字各象其形而制之)."라는 기술 이외에도 제자해의 갈무리 시에서도 "가운뎃소리 열한 자 또한 (발음기관의 작용) 모양을 취하니(中聲十一亦取象)" 구절에서도 반복하여 확인하였다.

5. 맺는말

 위와 같이 음성언어의학적 고찰과 연구에 바탕하여, 저자는 그동안 국어학계와 국립국어원, 한글박물관 등의 훈민정음 제자해 설명 중, 중성자(홀소리, 모음) 글자 형태의 추상적 혹은 철학적 상형의 설명[15]을 아래와 같은 보다 과학적, 음성학적인 설명으로 바꾸게 되기를 희망한다.

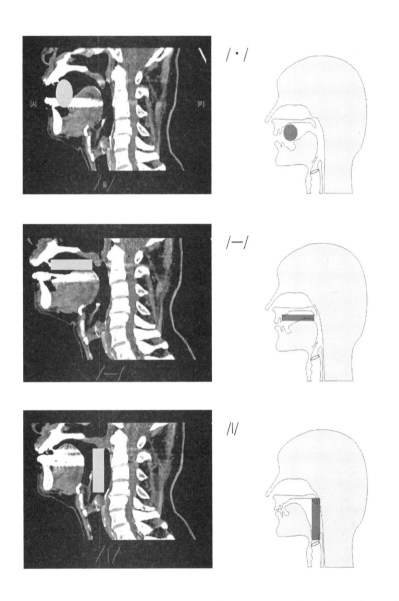

/ㆍ/

/ㅡ/

/ㅣ/

　글로 요약하면, 훈민정음 중성자(모음, 홀소리)의 글자 모양 상형은, 앞을 보고 있는 사람의 왼쪽 옆모습에서 조음 시 공명강 형태 중 가장 특징적 공명강 공간의 모습을 상형(꼴 본뜸)하여 글자 모습으로 만든

것이며,

/·/는 조음 시 구강 앞부분 공간이 탄환 모습의 둥근 공 모양임을 상형하여 하늘 혹은 태양 모습(천, 天)의 글자로 만든 것이며,

/ㅡ/는 조음 시 구강 앞 편평해진 혀와 입천장(경구개) 사이의 공명강 공간이 앞뒤로 편평하게 길게 보여, 땅(지, 地) 모습인 것을 상형한 것이며,

/ㅣ/는 조음 시 앞으로 전진하면서 높아진 혀의 뒷공간, 즉 인두 공명강이 위아래로 길게 서 있는 사람(인, 人)의 모습과 닮았다고 하여 상형하여 만들어진 글자인 것이다.

기본 삼 중성자(모음, 홀소리) 이외의 중성자들도 기본 삼 중성자의 혼합 형태로 공명강 공간의 모습을 상형하여 만든 것으로 보인다.

참고문헌

1. 김슬옹. 간송미술문화재단. 훈민정음 해례본(복간본 해제), 서울: 교보문고; 2015.
2. 한글학회. 훈민정음(별책). 해성사; 1998.
3. 김석득. 훈민정음 해례의 언어학적 분석. 한글학회 50돌 기념논문집. 한글학회, 1971:291~310.
4. 박종국. 훈민정음 종합연구, 서울:세종학연구원, 2007.
5. 김슬옹. 세종대왕과 훈민정음학, 서울:지식산업사, 2011.
6. 심동섭. 쉽게 읽는 훈민정음. 서울: 국립한글박물관; 2021
7. 최홍식. 성도공명(Vocal tract resonance). 대한음성언어의학회지 1998;9:201-7.
8. 최홍식. 음성학 및 음성의학으로 풀어보는 훈민정음 제자해(制字解). 세종학연구 2016;16:29-40.
9. 현우종. 제주도 방언 「·」 음가의 음성학적 연구. 탐라문화 1987;7:25-57.
10. 김종훈. 제주방언 단모음과 현대국어 단모음의 음향 분석 비교. 언어연구 2006;21(3): 261-74.

11. 고영림. 현대제주방언 단모음의 유향음성학적 특성 연구. 한국언어문화 2006; 30: 5-20.

12. 신우봉. 제주방언 학습자를 위한 발음교육 방안 연구: 아래아(/ㆍ/)를 중심으로. 학습자중심교과교육연구 2016; 16(10): 1117-38.

13. 신우봉, 신지영. 제주 방언 단모음에 대한 음향 음성학적 연구. 한국어학 2012; 56: 63-90.

14. 이승진, 최홍식. 제주어 화자에서 '아래 아'(ㆍ) 조음의 영상의학적 및 음향학적 특성. 말소리와 음성과학 2018;10:57-64.

15. 국어단체연합 국어문화원 지음, 국립국어원 감수. 누구나 알아야 할 한글 이야기, 2016.

16. 신경준. 운해(韻解, 훈민정음운해), 1750.

17. 최현배. 한글갈, 서울:정음사; 1940.

18. 최현배. 고친한글갈. 첫째매 역사편, 서울: 정음사; 1961. p.276.

19. 김양진. 상형(象形)과 훈민정음(訓民正音). 우리말연구 2016;46:143-78.

20. 김완진. 훈민정음 창제에 관한 연구, 서울대학교 한국문화 1984;5:1-19.

2-4-4. 훈민정음 제자해: 중성(홀소리, 모음)에 대한 저자의 연구 논문(학회지)

pISSN 2508-268X / eISSN 2508-5603
https://doi.org/10.22469/jkslp.2022.33.2.77
J Korean Soc Laryngol Phoniatr Logop 2022;33(2):77-82

JKSLP
REVIEW ARTICLE

Hunminjeongeum Phonetics (I): Phonetic and Phoniatric Consideration for Explanation of Designs of Middle Vowel Letters

Hong-Shik Choi

Chairman of Cheon-Ji-In Institute of Vocalization / Chief Director of Jeil ENT Hospital /
Emeritus Professor, Department of Otorhinolaryngology, Yonsei University College of Medicine / Director, King Sejong the Great Memorial Society

훈민정음 음성학(I): 중성자(홀소리) 제자해에 대한 음성언어의학적 고찰

최홍식

천지인발성연구소 소장, 제일이비인후과의원 대표원장, 연세대학교 의과대학 이비인후과학교실 명예교수, (사) 세종대왕기념사업회 대표

Hunminjeongeum was made by the Great King Sejong, and composed of 17 consonant and 11 vowel letters. All the 28 letters were made according to the shape of vocal organ or space at the point of articulation for each letters. This review article focused on phonetic and phoniatric consideration for explanation of the designs of the middle vowel letters, especially three main vowel letters [· (天, heaven), ... (地, earth), ㅣ (人, human)] using video-fluoroscopic evaluation as well as computed tomography scanning, etc. During articulating / · / sound, a ball-like space at frontal portion of the oral cavity was found, tongue was contracted, and sound was deep (舌縮而聲深). During /...../ sound, a flat air space between oral tongue and hard palate was created. Tongue was slightly contacted neither deep nor shallow (舌小縮而聲不深不淺). During / ㅣ / sound, tongue was not contacted and Sound is light (舌不縮而聲淺). Tongue was moved forward making longitudinal oro-pharyngeal air space. So, I'd like to suggest that we had better change the explanation drawing from a philosophical modeling to a more scientific modeling from real vocal tract space modeling during articulating middle vowels of Hunminjeongeum.

Keywords Huminjeongeum; Vocal organ; Articulation; Middle vowel letter.

Received April 13, 2022
Revised June 14, 2022
Accepted June 27, 2022

Corresponding Author
Hong-Shik Choi, MD, PhD
E-mail hschoi@yuhs.ac

ORCID iD
Hong-Shik Choi
https://orcid.org/0000-0002-9612-1303

서 론

세계 여러 나라에서 많은 문자들이 사용되고 있지만, 만든 사람과 만들어진 때, 만든 목적이 알려져 있는 문자는 우리나라의 '훈민정음(한글)'밖에 없다고 한다. 훈민정음은 조선왕조실록 특히 세종실록에 잘 기록되어 있는것과 같이 1443년에 창제되어 3년간의 시범사용 기간을 거친 후, 1446년(세종 28년) 10월에 반포되었다고 알려져 있다. 이런 사실은 훈민정음 해례본(현재 간송미술관 소장)이 1940년에 발견되어 여러 전문가에 의해 진본임이 확인되고, '해례' 부분이 세상에 알려지게 된 이후 더욱 공고히 실증되었다[1,2].

훈민정음은 '예의'와 '해례'로 나누어져 있으며, '예의'는 세종이 직접 지은 것으로 훈민정

JKSLP

음을 만든 이유와 훈민정음 문자의 사용법을 간략하게 설명한 글이다. '해례'는 정인지, 성삼문, 박팽년 등 세종을 보필하며 훈민정음을 만드는 데 기여했던 집현전 학사들이 훈민정음의 자음(닿소리, 초성, 종성)과 모음(홀소리, 중성)을 만든 원리와 용법을 상세하게 설명한 글이다. '해례'란 해설(풀이)과 용례(보기)에서 따온 말이다[3-6].

정음해례편에는 제자해(制字解), 초성해, 중성해, 종성해, 합자해, 용자례의 순으로 기술되어 있고, 마지막에 정인지의 서문으로 맺고 있다. 제자해의 처음 부분에 "정음 28자는 각각 그 모양을 본떠서 만들었다(正音二十八字各象其形而制之)."라는 기술이 있다. 위 문장의 핵심이 되는 두 글자는 '상(象)'과 '형(形)'이며 이어 쓴 '상형(象形)'이란 단어가 훈민정음 글자체를 만들게 된 가장 근본이 되는 중심 표현인 것이다. 위 문장을 설명하자면, 28자 모두 조음(발음) 시 구강이나 인후두강 즉 현대어인 설명으로는 '성도(聲道, vocal tract)'의 모양을 본떠서 만들었다는 설명이 되며, 최소한 처음 만들어진 28자 중 닿소리(자음, 초성자) 17자의 대표가 되는 5자의 상형자, 즉 'ㄱ(아음), ㄴ(설음), ㅁ(순음), ㅅ(치음), ㅇ(후음)과 홀소리(모음, 중성자) 11자의 대표가 되는 3자의 상형자, 즉 '•(天, 하늘), ㅡ(地, 땅), ㅣ(人, 사람)'의 8글자는 조음(articulation) 시의 성도의 모양을 본 떠서 만들었다는 확실한 기록인 것이다.

그러나 저자는 최근까지도 훈민정음(한글)의 글자체가 만들어진 성도(구강 및 인후두강) 구조의 모습이 정확한 근거에 의해 설명되지 못한다고 생각하기에 이를 음성의학적인 관점에서 설명해 보고자 한다. 본 논문에서는 중성자(홀소리) 중심으로 설명하고, 다음 논문에서는 초종성자(닿소리) 중심으로 설명하고자 한다.

본 론

음성학과 음성의학

음성학(phonetics)이란 국문학, 영문학, 불문학 등과 같은 문학과 언어학(linguistics)을 전공하는 학자들 중에서 음성의 생성과정과 조음과정을 주로 연구하는 학문이다. 특히, 과학적인 실험 기자재를 많이 사용하는 음성학을 실험음성학(experimental phonetics)이라고 하며, 최근에는 디지털 분석장치와 많은 컴퓨터 소프트웨어가 개발되어 있어서 과거에 비해서 손쉽게 더 자세한 연구가 진행될 수 있다.

음성의학(phoniatrics)은 음성이 산출되는 과정과 발성기관(주로 후두, 성대 등)의 병적 변화로 초래되는 음성의 이상(쉰 목소리 등)을 진단하고 치료하는 이비인후과의 세부학문분야이다. 이와 유사하게 조음 과정을 연구하며, 발음의 이상 등을 진단하고 치료하는 학문은 따로 '언어교정학(logope-

dics)'이라고 한다. 음성의학적 평가를 위해 영상검사, 내시경검사, 음성분석검사 등 다양한 검사들이 시행된다. 전산화단층촬영(computed tomotraphy, CT), 자기공명영상(magnetic resonace image, MRI), 비디오 투시조영검사(video fluoroscopy) 등과 같은 영상 장비를 이용하여 성도의 단면과 발성 시 움직임을 분석할 수 있다. 후두내시경을 이용하여 후두와 성대의 점막 상태를 관찰할 수 있으며, 특수 내시경인 스트로보스코피(stroboscopy) 혹은 초고속영화촬영술(high speed cinematography)을 이용하여 발성 시 성대 점막의 미세 진동을 관찰할 수 있다. 다양한 음성분석 프로그램을 이용하여 음성의 음향학적 특성(acoustic characteristics)과 음성지문(voice printing) 등을 분석할 수 있게 되었고, 이를 통해 발성과 조음 과정을 보다 객관적이고 과학적으로 해석할 수 있게 되었다[7].

훈민정음 해례의 중성자 제자해에 대한 음향학적 분석

현대 국어 홀소리(모음)의 조음 과정을 음성의학에서 시행되는 음향검사로 분석하여 훈민정음 홀소리(중성자)의 제자 원리를 설명해 보고자 한다. 홀소리 중 이중모음인 /ㅑ, ㅕ, ㅛ, ㅠ/를 음향분석파형으로 분석하면 선명한 다이아몬드 형태의 파형 변화가 관찰된다(Fig. 1). 다이아몬드 형태의 공간이 나타나는 이유는 제1음형대(the first formant, F1)와 제2음형대(the second formant, F2)의 급격한 변형 때문이다. 공명주파수대인 F1과 F2는 입의 열고 오므림, 혀의 높낮이, 전진 및 후진과 관련되어 변화된다. 이중모음 /ㅑ/의 경우 모음 /ㅣ/와 /ㅏ/를 연이어 빠르게 조음하여 만들어진다고 볼 때, 조음 시 자부분에서 적은 입 벌림이 조음 끝날 시 크게 벌려지며, 구

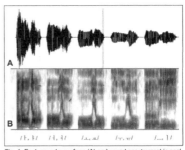

Fig. 1. Each sound waveform (A) and sound spectrographic analysis (B) of contemporary 10 Hangeul vowels, those were measured by Praat program. At the time of phonetic transvers from single vowels (/ㅣ/, /ㅓ/, /ㅗ/, and /ㅜ/) to double vowels (/ㅑ/, /ㅕ/, /ㅛ/, and /ㅠ/, respectively), spectral empty of diamond shape was found in all transverse.

강 중간 부분의 혀의 높이가 처음 높게 있다가 조음 종료 시 갑자기 낮아지는 것을 알 수 있다. /ㅏ/, /ㅑ/를 연이어 발음했기에 입 벌림은 급격히 좁아졌다가 벌려지고, 혀는 급격히 높아졌다가 낮아지는 변화를 보이므로, F1은 급 하강 후, 급 상승, F2는 급 상승 후, 급 하강을 보이게 되어 다이아몬드 형태가 만들어지는 것이다.

현대 음성학에서 모음(홀소리)의 조음은 성대에서 만들어진 '성대음(glottal sound)'이 성도를 통과할 때, 공명강인 성도 모양의 변화 즉 혀의 모양과 위치, 그리고 입술의 벌림, 오므림 등과 같은 공명강 모양의 변화가 '공명주파수대'인 음형대의 위치를 변화시켜 조음되는 것으로 알려져 있다[7]. 이때 F1과 F2의 위치가 가장 중요하게 모음의 음값을 결정한다. 사람의 성도가 후두에서 인두를 거쳐 구강에 이르기까지 'ㄱ' 형태로 꺽여 있지만 이를 일자로 폈을 때, 단면적은 일정하고 길이는 17 cm이며 한쪽은 막혀 있고(성대) 다른 한쪽은 열려 있는(입) 공명강으로 가정 할 수 있다(Fig. 2). 공식에 따라, F1=1×(34000/17×4)=500 Hz이며 같은 방식으로 F2≒ 1500 Hz, F3≒ 2500 Hz, F4≒ 3500 Hz로 나타난다. 훈민정음 모음을 조음 시의 입의 닫음(闔, 합)과 열림(闢, 벽), 초출자, 재출자로 정리하여 도식화한 그림에서 아래아(/•/)는 /ㅏ, ㅓ, ㅗ/의 중간에 위치하고 있다(Fig. 3)[8]. 해례본 제자해에서 /•/의 조음은 혀를 오그리며(설축, 舌縮) 깊은 소리(성심, 聲

深)가 나는 모음이라고 했는데, 아마 성도의 단면적이 거의 일정하여 모음사각도의 거의 중심에 위치한 모음이 아니었을까 하고 추정해 볼 수 있겠다.

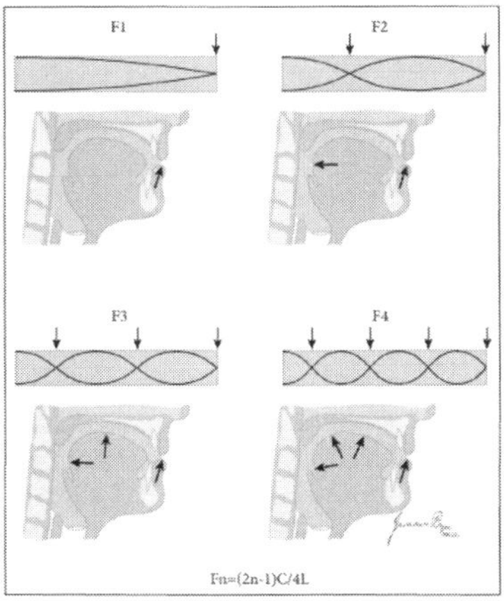

훈민정음 해례의 중성자 제자해에 대한 형태적 해석

훈민정음 해례본 복간본의 해제서에서 설명하는 것에 따르면, /•/ 소리는 입술은 /ㅏ/보다는 좁히고 /ㅗ/보다는 더 벌려서 낸다. 입술 모양이 /ㅏ/처럼 벌어지지 않고 /ㅗ/처럼 오므라지지도 않는 중간쯤 되는 소리다. 혀는 /ㅏ/나 /ㅗ/같이 정중앙쪽으로 오그리는 것으로, /ㅗ/를 낼 때보다 더 오그리고(설축) 혀를 아예 오그리지 않는 /ㅣ/보다는 훨씬 더 오그리는 소리다. 혀뿌리를 중앙으로 당기듯이 오그리다 보니 후두는 하강되고 성도의 길이가 길어지면서 깊이 있는 소리로 울려 나온다. 입술 모양은 둥근 모음과 안 둥근 모음의 중간 정도 되는 소리라고 설명하고 있다[1]. /ㅣ/는 혀 앞에서 나오는 전설 모음을 대표하는 기본 모음이다. 혀끝 뒷부분이 아랫니에 닿으면서 입을 살짝 벌리고 혀를 높이 올려 나오는 고모음이다. 혀 앞에서 나오는 전설 모음을 대표하는 기본 모음 역할을 한다. /ㅡ/는 아랫니에 닿아 있던 혀를 떼고 혀를 약간 내리면서 혀 뒤쪽으로 발음이 나오는 고모음 소리로 혀 뒤에서 발음이 나므로 후설 모음을 대표하는 기본 모음이다. 결국 /ㅣ/와 /ㅡ/ 발음은 다양한 모음의 기준 역할을 한다. 따라서 세종은 /ㅣ/와 /ㅡ/를 모음자를 만드는 기본 모음으로 하고 기본 문자로 삼았다.

훈민정음 해례의 중성자 제자해에 대한 영상학적 분석

모음 발성시 성도의 형태를 비디오 투시조영검사를 이용하여 시각화 하였으며 /ㅏ/, /ㅣ/, /ㅗ/, /ㅜ/를 차례로 평가하였다.

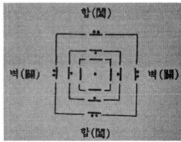

Fig. 3. Middle vowel letters were arranged according to pursed (闔, 합) or opened (闢, 벽) mouth, initial appearance (初出字, 초출자) or repeated appearance (再出字, 재출자). Arae A (/•/) is located in the center of all vowels. Adapted from Moon. Sejonghak Research 1993;8:3-282, with permission of King Sejong the Great Memorial Society [8].

Fn=(2n-1)C/4L

Fig. 2. Formation of formants during vowels phonation when it is assumed that the human vocal tract is a one end closed cylindrical tube with constant diameter. Fn, resonance frequency (n=1, 2, 3....): C, speed of sound (340 m/sec); L, length of tube.

JKSLP

각 모음 발성에 따라 혀의 모양과 위치, 구강과 인두강의 넓고 좁음이 다른 것을 확인할 수 있다(Fig. 4)[9]. 성도의 단면적의 차이가 각 모음의 F1과 F2의 변화를 유발하며 이로 인해 각 모음의 발성이 다르게 나타난다. /ㅣ/ 모음의 경우, 이와 입술을 많이 벌리지는 않고 좌우로 넓게 벌어지며, 혀는 구강설(oral tongue)의 중간 부분이 앞쪽 위로 들려 올라가고 혀뿌리가 위아래로 곧게 펴지듯 서면서 앞쪽으로 향하여 혀뿌리 뒷부분 인두강이 위아래로 길고 넓게 큰 공간이 만들어지는 특징이 있다(Fig. 5)[9]. 저자의 생각은 아마도 세종이 이 모습을 상상하여 비슷한 형태인 /ㅣ/라고 정의하면서, 이는 사람이 서 있는 모습이라 하여 'ㅅ'이라 명명했을 것이라고

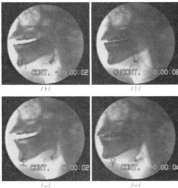

Fig. 4. Video-fluoroscopic images of left lateral view of vocal tract during phonating Korean vowels /ㅣ/, /ㅣ/, /ㅡ/, /ㅜ/. Not only shapes of vocal organs but also shape of vocal tract are different from each vowel, which affect the location of the first and second formants. Adapted from Choi. Sejonghak Research 2016;16:29-40, with permission of King Sejong the Great Memorial Society [9].

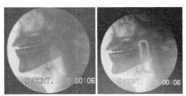

Fig. 5. Video-fluoroscopic images of left lateral view of vocal tract during phonating Korean vowels /ㅣ/. Base of tongue moves toward anteriorly and oro-pharyngeal space looks vertical rectangular shape resembles /ㅣ/, /ㅣ/(ㅅ) of Hunminjeongeum's middle vowel letter may quote from typical shapes of vocal tract during phonation. Adapted from Choi. Sejonghak Research 2016;16:29-40, with permission of King Sejong the Great Memorial Society [9].

80

추정한다[9].

/ㆍ/는 조음 시 혀를 오그리고 깊은 소리(聲深) 나는 모음이라 하였고, /ㅡ/는 혀를 조금 오그리고 깊지도 얕지도 않은 소리(聲不深不淺)라고 정의하였다.

저자의 생각으로 /ㅡ/ 모음은 조음 시 혀의 옆 모습이 앞뒤로 편평한 모습으로 땅과 같은 모습으로, 혹은 혀의 위 표면과 입천장 사이의 구강 모습이 앞뒤로 긴 편평한 공명강 공간의 모습이므로 /ㅡ/로 만든 것이 아닌가 생각한다. 그리고, /ㆍ/는 구강 앞 부분에서 위는 입천장, 아래는 구강 앞바닥과 혀의 앞이 낮게 깔려 있는 그 둥근 입속 '공간'의 모습을 상형한 것이라고 생각한다. 그래서 둥근 하늘(天) 모습의 /ㆍ/ 글자를 만들었을 것으로 추정한다. 이 추정을 증명하기 위해서는 /ㆍ/의 발음 시 공명강의 모습을 삼차원적으로 관찰해 보아야 한다. 현대를 살고 있는 사람이 조선 초기 사람들의 /ㆍ/ 발음을 정확하게 조음할 수 있는 사람은 없으므로, 간접적인 방법으로 아직 아래아(/ㆍ/) 발음이 남아 있는 제주 70-80대 사람들의 발음을 연구한 몇몇 논문들이 있으며[10-14], 본인도 이와 관련된 연구를 진행하였다[15]. 저자가 2018년 진행한 연구에서, 제주가 고향인 만 78세 남성을 대상으로 아래아(/ㆍ/) 발성시 비디오 투시조영검사를 시행하였으며, 혀앞의 낮게 깔리면서 나타나는 구강내 공간의 특징적 둥근 형태를 볼 수 있었다(Fig. 6A). 고해상도 전산화단층촬영의 시상면에서 이러한 형태가 좀더 명확하게 관찰된다(Fig. 6B).

기본 중성자의 제정 원리 요약

기본 중성자 세가지(ㆍ, ㅡ, ㅣ) 설명에 이어서, 8개의 중성자(ㅗ, ㅏ, ㅜ, ㅓ, ㅛ, ㅑ, ㅠ, ㅕ)의 모양과 제자원리를 설명함에 있어서도, 입의 오므라듬 여부(합벽, 闔闢), 입의 벌어짐 정도(구축, 口蹙: 구장, 口張) 등의 설명으로 조음 시 공명강모양의 특징이 중성자 글자 모양 결정에 아주 중요한 가치가 있음을 확인할 수 있다[1]. 따라서, 훈민정음 해례의 제자해에서 중성자(모음, 홀소리) 기본 세 글자의 글자모양이 만들어진 원리를 단순히 하늘, 땅, 사람을 형상화한 철학적 의미의 상형으로 설명하는 것은 과학적이라 하기 어렵다[16]. 제자해의 중성자(모음, 홀소리)의 형상은 조음 시 구강, 인두강 측 성도(소릿길)의 모습을 본 따 만들었는데, /ㆍ/는 하늘(天)의 모습을 본 따는데 성도 내 구강 앞쪽의 둥근 '공간'을 의미한다(Fig. 7A). 그리고 /ㅡ/와 /ㅣ/는 조음 시 혀의 윗 공간, 혹은 혀의 뒤 공명강인 성도의 모습을 본 떠 만들었으며, /ㅡ/는 '땅(地)' 모습 같이 혀와 입천장(경구개) 사이의 편평한 공간의 모습을 본 떠 만들었고(Fig. 7B), /ㅣ/는 혀가 구강 앞쪽으로 전진하고 혀와 혀뿌리가 위아래로 길게 앞으로 나가며 서 있는 조음 형태로 그 뒤 인두강이 길게 위아래로 서 있는 공간 모습을 본

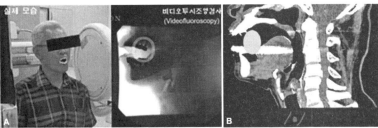

Fig. 6. Imaging study of the subject who was 78-year-old male original inhabitant in Jeju during vocalization /ʌ/. A: In video-fluoroscopy, round ball-shaped intra-oral space (white round) was visible. B: In sagittal view of computed tomography, ovoid shaped space (yellow) was found in oral cavity.

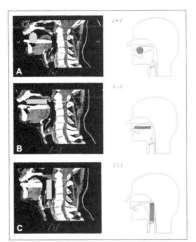

Fig. 7. New suggestion from the author. Explanation of the designs of the middle vowel letters, especially three main vowel letters [A: /ʌ/ (天, heaven), B: /ㅡ/ (地, earth), C: /ㅣ/ (人, human)] were modeled the typical shape of the cavity of vocal tract during articulation.

떠 만드는 등(Fig. 7C), 조음 시의 모습을 본 떠 대표성이 있는 형태로 만든 정말로 과학적인 글자인 것이다.

기본 중성자의 상형이론에 대한 제언

훈민정음 해례본이 발견되기 이전에도 일부 학자들에 의해 문자로서의 훈민정음에 대해 상형설(象形說)이 논의되기도 하였고[17], 1940년 훈민정음 해례본이 발견된 이후, Choi[18,19]

는 훈민정음의 자음자 외에도 모음자도 발음기관을 상형했을 가능성을 시사하였으며, "첫 소리글사(초성)는 발음기관의 꼴 본뜸, 가운 소리(중성, 모음)는 발음기관의 꼴본뜸 내지 발음 작용 꼴본뜸으로 풀이할 수 있다"라고 기술하였다. '발음 작용 꼴본뜸'이란 홀소리(중성자, 모음)의 조음 과정 중 성대진동음 이 공명강을 지나면서 조음될 때, 공명강의 모양에 대한 꼴본 뜸을 의미하는 진전된 생각이라 할 수 있다[18,19]. 그러나, 그 이후 훈민정음의 제자해에 관심을 갖고 연구해온 대부분의 국어학자나 한글학자 들은 초성이나 종성(닿소리, 자음)의 제 자 과정은 조음기관의 꼴본뜸(상형)에 의한 것이라는 비교적 일관된 의견을 제시하는 데 반하여, 중성자(홀소리, 모음)의 제자해에 대해서는 다소 추상적 혹은 철학적인 꼴본뜸(상형) 으로 일관되게 설명해 오고 있다. 즉, 하도(河圖)의 원리에 따 른 하늘(天)의 원리를 혀의 움직임에 의해 만들어지는 구강 내의 공간을 추상적 실체, 즉 삼재(天, 地, 人)로 상형하여 만 들어진 글자라고 정의하였다. 중성자의 상형에 대하여도 여 러 논문들이 있었지만[20,21], 공명강 공간의 대표 모양을 본 뜬 것이라는 견해를 밝히지는 않았다.

훈민정음 해례본의 제자해에서는 기본 중성자 '•(圓)', 'ㅡ (平)', 'ㅣ(立)'가 각각 천(天), 지(地), 인(人)의 삼재(三才)를 상 형하여 만든 것이라고 설명하고 있지만(形之圓 象乎天, 形之 平 象乎地, 形之立 象乎人) 그 보충 설명으로는 조음 시의 핵 심 해부학적 구조의 움직임과 공명강의 모양 설명이 있는 것 으로 보아, 구강 안에서 중성자를 조음할 때 혀의 모양이나 생 성된 소리의 깊이 정도(홍성인지 두성인지의 차이를 말함)도 표현되어 있어 그 깊이를 더하고 있는 것이다.

/•/에 대해서는 '혀가(설근부) 안으로 움츠러들어서 소리가 깊다(舌縮而聲深)'라고 하였고, /ㅡ/에 대해서는 '혀가 안으로 조금 움츠러들어서 소리가 깊지도 않고 얕지도 않다(舌小縮而 聲不深不淺)'라고 하였으며, /ㅣ/에 대해서는 '혀가 안으로 움츠

JKSLP

려들지 않으니 소리가 얕다(舌不縮而聲淺)'라고 표현되어 있는 것이 놀라울 따름이다. 이런 사실은 제자해 초기에 "정음 28자는 각각 그 모양을 본떠서 만들었다(正音二十八字各象其形而制之)."라는 기술 이외에도 제자해의 갈무리 시에서도 "가운뎃소리 열한 자 또한 (발음기관의 작용) 모양을 취하니(中聲十一亦取(象)" 구절에서도 반복하여 확인하였다.

결   론

음성언어의학적 고찰과 연구에 바탕하여 저자는 그 동안 국어학계와 국립국어원, 한글박물관 등의 훈민정음 제자해 설명 중, 중성자(홀소리, 모음) 글자 형태의 추상적 혹은 청학적 상형의 설명을 보다 과학적, 음성학적인 설명으로 바꾸게 되기를 희망한다. 훈민정음 중성자(모음, 홀소리)의 글자 모양 상형은 사람의 왼쪽 옆모습에서 조음 시 공명강 형태 중 가장 특징적 공명강 공간의 모습을 상형하여 글자 모습으로 만든 것이며 다음과 같이 요약할 수 있다.

1) / • /는 조음 시 구강 앞 부분 공간이 탄환 모습의 둥근 공 모양임을 상형하여 하늘 혹은 태양 모습(천, 天)의 글자로 만든 것이며,

2) /ㅡ/는 조음 시 구강 앞 편평해진 혀와 입천장(경구개) 사이의 공명강 공간이 앞뒤로 편평하게 길게 보여, 땅(지, 地) 모습인 것을 상형한 것이며,

3) /ㅣ/는 조음 시 앞으로 전진하면서 높아진 혀의 뒷공간, 즉 인두공명강이 위아래로 길게 서 있는 사람(인, 人)의 모습과 닮았다고 하여 상형하여 만들어진 글자인 것이다.

4) 기본 삼 중성자(모음, 홀소리) 이외의 중성자들도 기본 삼 중성자의 혼합 형태로 공명강 공간의 모습을 상형하여 만든 것으로 보인다.

중심 단어: 훈민정음; 음성 기관; 조음; 중성모음자.

Acknowledgments
The author express my gratitude to Mr. Byung-Chan Hyun, Jeju, Korea.

Conflicts of Interest
The author has no financial conflicts of interest.

REFERENCES

1. Kim SO, Kansong Art and Culture Foundation. Hunminjeongeum Haeryebon. Seoul: Kyobo Book Centre Co., Ltd.;2015.
2. The Korean Language Society. Hunminjeongeum (supplement). Seoul: Haesungsa;1998.
3. Kim SD. Linguistic analysis of Hunminjeongeum Haerye. Commemorated Papers of 50th Anniversary of The Korean Language Society. Seoul: The Korean Language Society;1971. p.291-310.
4. Park JK. Integrate research on Hunminjeongeum. Seoul: Research Institute of Sejonghak;2007.
5. Kim SO. King Sejong and Hunminjeongeumhak. Seoul: Jisiksaneopsa;2011.
6. Shim DS. Easily readable Hunminjeongeum. Seoul: National Hangeul Museum;2021.
7. Choi HS. Vocal tract resonance. Proceedings of the KSLP Conference 1998:201-7.
8. Moon HG. <Hunminjeongeum> Principle of making letters. Sejonghak Research 1993:8:3-282.
9. Choi HS. Phonetic and phoniatric analysis of explanation of the designs of the letters of Hunminjeongeum. Sejonghak Research 2016; 16:29-40.
10. Hyun WJ. A phonetical study for the value of 「•」 sound in the dialect of Cheju island. Tamla Munhwa 1988;7:25-58.
11. Kim CH. The acoustic comparative analysis of Jeju dialect vowels and Korean vowels. Journal of Studies in Language 2006;21:261-74.
12. Ko YL. An acoustic study on characteristics of monophtongs in the Cheju dialect. Journal of Korean Language and Culture 2006;30:5-20.
13. Shin WB. A study of pronunciation education in Jeju dialect: focused on 'Are-a'(/ㆍ/). Journal of Learner-Centered Curriculum and Instruction 2016;16:1117-38.
14. Shin WB, Shin JY. An acoustic phonetic study on monophthongs in Jeju Korean. Korean Linguistics 2012;56:63-90.
15. Lee SJ, Choi HS. Radiological and acoustic characteristics of "Arae-a" (/ㆍ/) articulation in Jeju language speakers. Phonetics Speech Sci 2018;10:57-64.
16. Federation for Korean Language: Cultural Center for Korean Language. Stories about Hangeul everyone should know. Seoul: Ministry of Culture, Sports and Tourism;2016.
17. Shin KJ. Oon-Hae [Internet] [cited 2022 April 2]. Available from: http://encykorea.aks.ac kr/Contents/Item/E0065809.
18. Choi HB. Hangeul-Gal. Seoul: Jeong-Eum-Sa;1940.
19. Choi HB. Revised Hangeul-Gal. 1st chapter: history. Seoul: Jeong-Eum-Sa;1961. p.276.
20. Kim RJ. Pictography and Hunminjeogeum. Urimal 2016;46:143-78.
21. Kim WJ. A research for invention of Hunminjeongeum. Korean Culture 1984;5:1-19.

82

훈민정음 제자해:

초성·종성(닿소리, 자음)에 대한 저자의 연구

초성·종성(닿소리, 자음)에 대한 국어학계의 제자해 설명에 대해서도 몇 가지 수정했으면 좋겠다하는 점을 나름대로 의견을 제시하고자 한다. 아래의 논문으로 그 설명을 대신한다.

이 논문 역시 '대한후두음성언어의학회지'에 게재되었는데, 편집위원회의 결정에 의하여 논문 제목과 그림과 표의 설명, 그리고 참고문헌을 오로지 '영어'로만 표기하기로 정했다고 하여, 이런 원칙을 따를 수밖에 없는 애로가 있었다. 그래서 이 책에서는 실제 논문집에 실린 원고의 PDF 그림 파일로 논문을 옮겨 실었으며, 그 앞에 중간 단계에서 주로 한글로 표기된 논문을 함께 실어서 독자들의 이해를 돕고자 하였다. 이해해 주시기 바란다.

2-5-1. 훈민정음 제자해: 초성·종성(닿소리, 자음)에 대한 저자의 연구 논문(학회지 교정 전 상태)

훈민정음 음성학(II):

초성, 종성(닿소리) 제자해에 대한 음성언어의학적 고찰(종설)

최홍식

천지인발성연구소 소장

제일이비인후과의원 대표원장

연세의대 이비인후과학교실 명예교수

(사)세종대왕기념사업회 대표

[영문초록]

Hunminjeongum Phonetics (II): Phonetic & Phoniatric Consideration for Explanation of the Designs of the Initial and Final Consonant Letters

Hunminjeongeum was made by King Sejong the Great for the purpose to promote literacy among the common people. It was composed of 17 consonant letters and 11 vowel letters. At the 'Explanation of the designs of the letters', there is a meaningful sentence like this, 'All the 28 letters are made according to the shape of their respective sound (象形)'. It may mean 'modeling the certain point of shape of vocal organ or space during articulation' to make shaping each letters. This review article is focused on phonetic & phoniatric consideration for explanation of the designs of the initial and final consonant letters. There were 17 initial consonant letters. Among them, five consonant letters, those are ㄱ(牙音, molar sound letter),

ㄴ(舌音, lingual sound letter), ㅁ(脣音, labial sound letter), ㅅ(齒音, dental sound letter), ㅇ(喉音, guttural sound letter), are served as chief consonants. There has been no debate on shapes of making consonant letters from modeling of the vocal organs at the specific place of articulation. In this review paper, I'd like to modify some points of shaping the consonant letters. 1) all five chief consonants were made from only in left lateral view of vocal tract during articulation. 2) 'ㅁ', 'ㅇ' should be explained at lateral view of vocal tract during articulation. 3) 'ㄷ' was made by 'stroke addition' to lingual sound letter 'ㄴ'. Additional stroke of 'ㄷ' looks like shaping of anterior portion of hard palate or alveolus. 4) Just like molar sound letter 'ㄱ' is not modeled directly the shape of molar tooth but modeled the shape of tongue at the molar teeth bearing area of the vocal tract, 'ㅅ'(齒音, dental sound letter) is not shaping directly from the shape of lower incisor but shaping upper surface of the anterior tongue just posterior to the incisor teeth. 5) 'ㅇ' (喉音, guttural sound letter) looks like shaping left lateral view of laryngeal and/or hypopharyngeal space during vicalization.

순서:
1. 들어가는 말
2. 음성학적 자음(닿소리)의 분류
3. 훈민정음 해례의 초·종성자(닿소리, 자음) 제자해를 음성학적,
   음성의학적으로 설명
4. 맺는말

1. 들어가는 말

한글(훈민정음) 창제 이전에 한자의 음과 뜻을 이용한 차자 표기(향찰과 이두는 우리말을 적기 위한 차자 표기이고, 구결은 한문을 쉽게 읽기 위한 차자

표기이다)를 통해 우리말을 적어 왔지만, 차자 표기는 한자를 사용하는 것인 데다 우리말의 소리를 충분히 적어 낼 수 없었다. 이러한 불편함을 극복하기 위해 세종대왕은 우리말을 제대로 담을 수 있는 그릇인 훈민정음을 만들게 되었다.[1-5]

문자는 언어의 시공간적 제약을 극복하기 위해 언어를 시각화한 기호이다. 문자는 언어의 내용인 의미를 표현하는 '표의 문자'와 언어의 형식인 음성을 표현하는 '표음 문자'로 나눌 수 있는데, 한자는 '표의 문자', 한글은 '표음 문자'에 해당된다.

표음 문자는 표기하는 말소리의 단위에 따라 음절 문자와 음소 문자로 나뉜다. 한글(훈민정음)은 자음과 모음을 구별한 음소 문자이지만 글자를 쓸 때는 음절 문자처럼 모아 쓰는 방식을 취한다.[6]

훈민정음 해례본 중 제자해의 처음 부분에 "정음 28자는 각각 그 모양을 본떠서 만들었다(正音二十八字各象其形而制之)."라는 기술이 있다. 위 문장의 핵심이 되는 두 글자는 '상(象)'과 '형(形)'이며 이어 쓴 '상형(象形)'이란 단어가 훈민정음 글자체를 만들게 된 가장 근본이 되는 중심 표현인 것이다. 위 문장을 설명하자면, 28자 모두 조음(발음) 시 구강이나 인후두강 즉 현대적인 설명으로는 '성도(聲道, vocal tract)'의 모양을 본떠서 만들었다는 설명이 되며, 최소한 처음 만들어진 28자 중 닿소리(자음, 초성자) 17자의 대표가 되는 5자의 상형자, 즉 'ㄱ(아음), ㄴ(설음), ㅁ(순음), ㅅ(치음), ㅇ(후음)'과 홀소리(모음, 중성자) 11자의 대표가 되는 3자의 상형자, 즉 '•(天, 하늘), ㅡ(地, 땅), ㅣ(人, 사람)'의 8글자는 조음(articulation) 시의 성도(聲道, vocal tract)'의 모양을 본떠서 만들었다는 확실한 기록인 것이다.[7]

본 논문에서는 앞선 논문이 중성자(홀소리, 모음) 글자체의 상형에 대한 설명인데 반하여, 초성과 종성에 해당되는 닿소리(자음)의 제자해를 현대 음성학 혹은 음성의학적 방법으로 설명하고자 하는 것이다.

2. 음성학적 자음(닿소리)의 분류

말소리는 혀, 이, 입술 등과 같은 발음 기관들의 움직임을 통해 만들어진다. 자음(닿소리)은 폐에서 올라오는 공기가 발음기관들에 의해 장애를 받아 만들어지며, 모음은 상대적으로 장애를 덜 받아 만들어진다. 현대 국어에서 훈민정음 해례본에서 초성과 종성에 해당되는 음소를 자음 혹은 닿소리로 칭하며, 중성은 모음 혹은 홀소리라 칭하는데, 닿소리와 홀소리가 음성학적으로는 훨씬 더 특성을 잘 표현한 음성학적 단어라고 할 수 있겠다.[7,8]

앞의 논문(훈민정음 음성학(I): 중성자(홀소리) 제자해에 대한 음성언어의학적 고찰)에서 언급하였는바, 모음(홀소리, 중성자)의 조음은 성대 점막의 주기적인 개폐운동에 의해 만들어진 성대음이 공명강을 통과할 때 공명강의 모양의 변화에 의하여 공명에너지 주파수대(포르만트, 음형대) 중 $F1$(제1음형대) 및 $F2$(제2음형대)의 위치를 변화시켜 조음하는 것으로 성대에서 만들어진 성대음이 막힘이나 심한 저항 없이 소릿길을 통과하는 특성을 보이는 것에 반하여, 자음(닿소리, 초종성)은 발음 기관에서 공기의 흐름이 장애를 받는 양상으로 조음이 되는 것이다(비자음인 'ㄴ, ㅁ, ㅇ'은 다소 다름). 비자음 이외의 모든 자음은 성도에서 잡음 형태의 소리가 만들어지는 것이다. 공기의 흐름이 장애를 받는 양상에 따라 파열음, 마찰음, 파찰음, 비음, 유음 등으로 분류되며, 장애를 받는 위치에 따라 목청소리(성문음), 여린입천장소리(연구개음), 센입천장소리(경구개음), 잇몸소리(치경음, 치조음), 입술소리(양순음) 등으로 분류된다.[7,8]

3. 훈민정음 해례의 초·종성자(닿소리, 자음) 제자해를 음성학적, 음성의학적으로 설명

조선왕조실록 중 세종실록에 의하면, 세종대왕이 훈민정음 창제를 준비하면서 많은 공부를 하였다고 기술되어 있는데, 성운학이 그 근간을 이룬 것으로 보인다. 성운학은 한자음의 체계를 이론적으로 정립한 학문이다. 성운학에서는 음절을 성모(음절의 앞 요소)와 운모(음절의 뒤 요소)로 나누었는데, 훈민정음 해례본에서는 음절을 초성, 중성, 종성으로 나누었다.

성운학에서는 성모를 발음기관의 위치에 따라 오음(五音)인 아음(牙音), 설음(舌音), 순음(脣音), 치음(齒音), 후음(喉音)으로 분류하거나, 칠음(七音)인 아음, 설음, 순음, 치음, 후음, 반설음, 반치음으로 분류하고, 소리가 만들어지는 방법과 음의 성질에 따라 청탁(淸濁)으로 나누었다.[6]

훈민정음 초·종성자(닿소리, 자음) 제자해에서도 성운학의 분류와 유사하게 5음 혹은 7음의 분류를 하였으나, 독특하게 조음 시 성도에서 조음이 되어 소리값을 만들어내는 과정의 핵심적인 발음 기관의 모습을 본떠(상형, 象形) 기호화 하는 멋지고도 아주 과학적인 글자 형태를 만든 것이 아주 인상적이다.

창제 당시의 글자 순서와는 다소 다르게 현대 국어에서의 자음(닿소리)의 순서가 정해진 것은 중종 시대의 최세진의 저서 '훈몽자회(訓蒙字會)'에서 제안된 순서를 근간으로 최근 한글학자들과 국어학자들의 수정을 거쳐 정해지게 된 것이다. 현대 국어 자음 순서 중 'ㄱ'이 제일 앞에 있는 것은 'ㄱ'이 아음(어금닛소리)이기 때문이고, 'ㅎ'이 제일 뒤에 위치된 것은 'ㅎ'이 후음(喉音)이기 때문이다.[7]

현대 국어에서 훈민정음 초·종성자(닿소리, 자음) 제자 설명을 도해한 것이 아래 그림 1이다.[9]

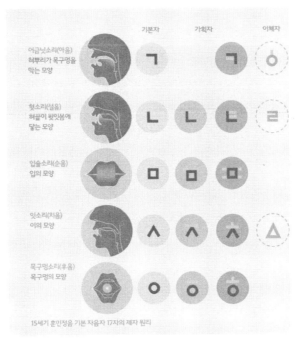

그림 1. 훈민정음 닿소리(자음) 기본글자와 성도 모습에 대한 그림
설명('누구나 알아야 할 한글 이야기'에서 따옴)

그림 1은 훈민정음 제자해에서 닿소리(자음)에 대한 기본자와 가획자 그리고 이체자에 대한 발음 시 소릿길(성도)의 모습을 그림으로 알기 쉽게 그리고 설명한 표이다.

그동안 훈민정음 제자해에 대한 수많은 연구 논문들이 발표되어 왔으며, 닿소리(초·종성, 자음)에 대한 발성기관에 대한 꼴 본뜸(상형, 象形)에 대하여는 훈민정음 해례본의 제자해에서 비교적 자세한 기술도 있고 하여, 어느 정도의 공감대가 형성되어 있다고 본다.[10-12] 다만, 일관성 있게 좌측 옆모습으로 설명하기보다는 옆모습과 앞모습을 혼용하여 설명하곤 해 왔다. 그림 1에서도 'ㅁ'과 'ㅇ'은 앞모습으로 설명하고 있다.

저자는 이비인후과 전문의로서 발성과 조음의 정상 상황과 병적인 비정상적 상황을 진단하고 치료해 온 경험과 한글단체의 활동과 함께 공부해 온 '훈민정음의 제자해'에 대한 음성언어의학적 지견을 더하여, 나름대로의 의견을 제시하고자 한다.[13]

어금닛소리(아음, 牙音)는 혀뿌리가 목구멍을 막는 모습이란 설명이 있는데, 그림 1의 그림은 적절하게 잘 그려진 것으로 생각된다. 실제 현대의 음성학에서는 혀의 구강 부분의 편평한 부분에서 혀뿌리로 이행되는 꺾인 부분과 연구개가 맞닿았다가 터지면서 'ㄱ' 소리가 발생되는 '연구개파열음'으로 분류된다. 따라서 'ㄱ' 글자의 모습은 '어금니 부위'에서 조음이 되는 '혀의 모습'을 따서 만든 글자임이 확실하다. '어금닛소리'라서 어금니가 조음을 하는 것은 아닌 것이다.

혓소리(설음, 舌音)의 기본글자인 'ㄴ'은 혀의 끝이 경구개의 앞쪽에 있는 잇몸(치조) 부분에 닿아서 조음되는 것으로서 현대 음성학에서는 비자음(鼻子音)으로 분류되며, 그림 1에서의 그림 설명도 아주 정확하게 표현된 것이다. 혀끝이 얇게 위로 들어 올려지며 꼬부라져서 입천장 앞쪽 잇몸 부위에 접촉하는 모습이며, 그림 1의 두 번째에 있는 그림으로 표현할 수 있겠다. 같은 위치에서 조음되는 파열자음인 'ㄷ'은 ㄴ형 태의 혀끝이 입천장(ㄷ에서 위의 작은 직선)에 닿았다가 터지면서 조음되는 것을 과학적으로 표현한 것으로 생각된다. 위의 가로 일직선("ㅡ")은 '입천장'인 경구개를 의미하는 것으로 보인다. 'ㅌ'은 터짐이 'ㄷ'보다 크다는 의미의 획 추가가 중간에 들어간 글자이다. 획 추가로 만들어진 'ㄷ'은 'ㄴ'과 같은 조음 위치에서 '터짐(파열)'에 의해 만들어지는 '파열자음(특히 구개파열음)'으로 분류된다. 따라서 'ㄷ'의 'ㄴ' 위에 획 추가된 일직선은 바로 '입천장의 앞부분'인 것을 음성학 및 음성의학적으로 설명할 수 있다. 'ㅌ'은 'ㄷ'보다는 강한 터짐이 있다는 의미의 획 추가가 중간 가로 직석으로 표현된 것으로 보인다. 반혓소리글자 'ㄹ'은 'ㄷ'에서 또 한 번의 획 추가로 만들어진 자음인데, 이 역시 위의 가로 일직선("ㅡ")은 '입천장'인 경구개를 의미하는 것으로 보인다. 그 밑 "ㄹ"의 형태는 아마도 혀가 펄럭거리는 모양을 본떠 만든 것이 아닌가 하는 추정을 제시한다. 실제로 종성에 오는 'ㄹ'은 혀끝이 입천장에 닿으며 공기의 흐름이 혀의 좌우로 지나가면서 조음이 되나, 초성에 오는 'ㄹ'(예를 들면 '라면'의 '라'의 'ㄹ')은 혀끝이 입천장에 닿았다가 살짝 펄럭거리는 형태의 움직임을 보이므로 이런 모습의 글자를 만든 것이 아닌가 생각된다.[14]

입술소리(순음, 脣音)의 대표글자는 'ㅁ'인데, 훈민정음 제자해에서는 입의 모양이란 설명과 함께 입구 자(口)로 간단히 보여 주고 있다. 그림 1의 '입술소리' 조음의 설명 그림에서는 앞모습의 위아래 입술을 다문 상태에서 'ㅁ' 자 모습을 그려 놓았는데, 필자의 생각은 발음 시 사람의 옆모습에서 일관되게 글자의 형태를 만들어 간 것이라는 생각을 하고 있다. 따라서 'ㅁ'은 현대 음성학에서는 '입술 비자음'으로 분류되므로, 차라리 'ㅁ'의 앞 막음은 '입술'의 막힘, 위 직선은 '입천장', 아래 직선은 '혀', 그리고 뒤 막음은 '인두(혹은 후두)'의 모습으로 글자 모양을 만든 것이라고 생각한다. 이를 실제로 그려 본다면,

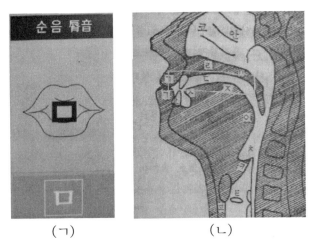

그림 2. 'ㅁ'의 조음과정을 도해한 그림(ㄱ, ㄴ).
(ㄱ)은 '누구나 알아야 할 한글 이야기'에서 따온 그림.
(ㄴ)은 저자가 그린 그림.

그림 2의 (ㄱ)은 앞에서 본 입술 모양인데, 입술이 벌어진 것은 잘못 그린 것이며, 최소한 위아래 입술이 접촉되어 있는 모습으로 그렸어야 그나마 설득력이 있을 것 같다. 그림 2의 (ㄴ)은 'ㅁ' 발성 시 구강의 모습을 옆에서 본 것으로 저자가 그린 것이다. 이것이 음성학에서의 실제 비자음인 'ㅁ'의 조음을 설명하기에 적절한 그림이다. 성대음이 입술이 막혀 있는 관계로 모두 비인강과 비강을 통과하게 되는 비자음인 것이다. 훈민정음 'ㅁ' 글자 상형에 대한 현대 음성학적 설명을 하자

면, 성도의 조음 시 옆모습이며, 위의 직선 "━"은 입천장(경구개), 아래 직선 "＿"은 혀의 위 표면, 앞의 "━"은 위아래 입술의 닫힘, 뒤의 "＿"은 목구멍(성대)의 닫힘의 표시라고 설명할 수 있겠다.(그림 2의 'ㄴ')[14]

같은 위치인 입술에서 조음되는 'ㅂ'과 'ㅍ'은 'ㅁ'의 비자음 조음의 입술 위치에서 입술이 터지며 짧은 시간의 '파열 잡음'을 산출하는 '입술파열음'인데, 아래의 그림 3에서 설명되는 파열 과정이 'ㅁ'에서 획 추가로 보여 주는데, 'ㅂ'은 위 방향으로의 터짐이, 그리고 'ㅍ'은 입술 앞과 목구멍 쪽으로의 터짐(열림)의 형태로 글자가 만들어진 것으로 추정된다.(그림 3)

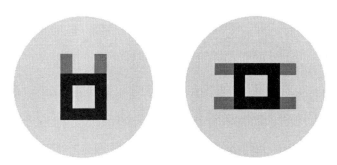

그림 3. 'ㅂ'과 'ㅍ'이 양순비자음 'ㅁ'에서 획 추가로 만들어진 모습의 도해. 'ㅂ'은 위로의 터짐, 'ㅍ'은 입술 앞과 목구멍 쪽 뒤로 동시에 터지는 모습으로 만들어졌다.('누구나 알아야 할 한글 이야기'에서 따온 그림)

저자는 음성의학적인 방법으로 'ㅍ' 조음 시의 구강과 인두강의 변화를 내시경 및 압력과 기류 흐름 등을 측정할 수 있는 장비(phonatory aerodynamic system, PAS)를 사용하여 연구를 진행하였는데, 'ㅍ' 글자의 모양은 정말 과학적으로 완벽하게 조음 과정 중 발생되는 성도(소릿길)

의 모양 변화를 표현한 글자라고 감탄하게 되었다. 실제로 내시경을 코를 통하여 후두 입구에 위치시킨 후 'ㅍ'을 발성시켜 보면('음파'를 반복시켜 보면 쉽게 확인 가능) 'ㅍ'은 압력자음(pressure consonant)인 관계로 닫혀있는 입술을 순간적으로 파열시키기 위해 구강 내에 큰 압력이 필요하므로 조음 직전까지 성대가 넓게 열려서 공기를 충분하게 구강 내로 보내는 모습을 관찰할 수 있었다. 따라서 입술소리(순음)의 대표글 자의 그림 설명은 위 그림 2의 (ㄱ)의 형태 보다는 (ㄴ)의 형태가 훨씬 설득력 있는 설명이 될 것이다. 훈민정음 'ㅍ'의 상형은 조음 시 'ㅁ' 앞의 '二'은 위아래 입술의 터짐, 'ㅁ' 뒤의 '二'은 성대의 터짐을 의미 한다고 설명하는 것이 타당할 것이다.[14]

잇소리글자(치음, 齒音) 'ㅅ'은 이 모양(아래 앞니의 옆모습?)을 본떴다고 표현하였다. 그런데 실제 조음에서 이빨 자체는 조음 과정 중 그 기여 도가 미미함을 쉽게 알 수 있으며, 실제로는 앞니 부근의 혀의 모습과 위치가 가장 결정적인 영향을 끼치는 것을 쉽게 알 수 있다. 어금닛소 리(아음, 牙音)는 혀뿌리가 목구멍을 막는 모습이란 설명이 있듯이 'ㄱ' 이 어금니의 모습이 아니라 혀의 모습인 것과 같이 'ㅅ' 글자의 상형 또한 달리 설명해 보는 것은 어떨까 한다. 현대 음성학에서 'ㅅ'은 갈이 소리(마찰음)이며 조음 위치는 위 치조(잇몸, alveolus)와 혀 앞쪽 약간 휘 어진 위 표면 사이이다. 이때 혀끝은 아래 앞니에 닿아 있다.

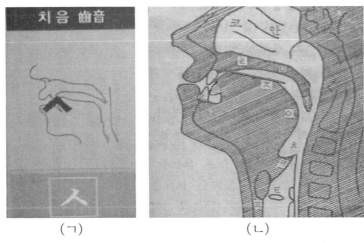

$(ㄱ)$　　　　　　　　　$(ㄴ)$

그림 4. 'ㅅ'의 조음 과정을 도해 설명한 그림

(ㄱ)은 아래 앞니의 모습으로 설명한 것이고,
(ㄴ)은 실제 'ㅅ'조음 시 혀끝이 아래 앞니에 닿은 모습에서 혀의 앞쪽 윗부분이 입천장의
앞쪽(치조 부분)에 가깝게 다가가서 마찰음은 만드는 모습을 그린 그림이다.
그때의 '혀의 모습'

　훈민정음 해례 제자해에서 '잇소리글자 ㅅ은 이 모양을 본떴다'라고
표현하고 있으나, 이는 아마도 어금닛소리 ㄱ이 어금니의 모습으로
만든 것이 아니고, 어금니 위치에 있는 혀뿌리가 목구멍을 막는 모습
즉 조음과정에서 실제 주도적인 역할을 하고 있는 혀의 모습과 능동적
움직임을 주도면밀하게 관찰하여 'ㄱ'의 모습으로 만든 것과 같이, 'ㅅ'
도 아래 앞니의 모습을 표현한 것이라기보다는, 조음 시 아래 앞니에
닿아 있는 혀의 앞쪽 약간 구부러져 있는 혀의 모습으로(그림 4의 (ㄴ))
만든 것이 아닌가 추정한다.(추가 논의가 필요함)[14]

　같은 위치에서 조음되는 파찰음인 'ㅈ'과 'ㅊ'이 'ㅅ'에서 획 추가로
만들어졌다고 기술되어 있는데, 'ㅈ'의 'ㅅ' 위에 첨가된 짧은 일직선
("ㅡ")은 입천장의 모습이라고 추정된다. 그리고 'ㅊ'은 'ㅈ'보다는 다

소 강한 터짐 후에 이어지는 마찰음으로 위의 꼭지는 강한 터짐을 뜻하는 것으로 보인다.[14]

목구멍소리글자(후음, 喉音) 'ㅇ'은 목의 모양을 본뜬 것이라고 제자해에 기술되어 있다. 현대 음성의학에서는 인두(咽頭, pharynx)와 후두(喉頭, larynx)를 엄밀하게 구분하여 사용하고 있지만, 조선 초기에는 이 부분에 대한 이해는 다소 부족했을 것으로 생각된다. 후두 내에는 성대가 있어서 홀소리(모음) 등 목청울림소리(유성음)의 음원(sound source)의 역할을 하는 장기이며, 인두는 음식이 내려가는 통로 이면서 조음 시 소리가 지나가면서 공명(resonance)과 조음(articulation)을 하는 복합 기능을 가진 통로이다.

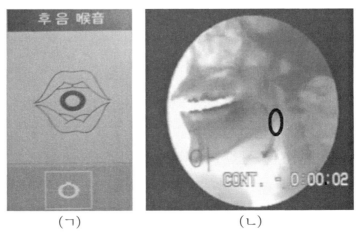

그림 5. 목구멍소리글자(후음, 喉音) 'ㅇ'의 조음을 도해 설명한 그림
(ㄱ)은 앞에서 목 안을 들여다 본 모습의 조음 모습이며('누구나 알아야 할 한글 이야기'에서 따옴), (ㄴ)은 '아' 모음 발성 시의 목구멍(인두강)의 모습을 옆에서 본 모습이다.

지금은 소릿값이 없어진 후음 'ㅇ'의 조음을 정확히 알 수는 없으나 일관성 있게 모든 자모의 조음과정을 옆모습으로 만들어 낸 것일 가능성이 높다. ㆆ, ㅎ은 'ㅇ'에서 획 추가로 만들어진 글자인데, 위 가로 획은 입천장에서의 마찰을 나타내는 것으로 보이며, 'ㅎ'의 위 꼭지는 보다 강한 마찰을 나타낸 것이다.[14]

꼭지 이응(옛이응) 'ㆁ'은 주로 종성인 받침에 쓰여 왔는데, 지금은 쓰지 않는 글자 중 하나이며, 분류는 목구멍소리가 아니고, 어금닛소리인 아음(牙音)에 속한 글자로 설명되어 있고, 영어식 표현의 'ing'의 음값과 유사하다. 'ㅇ' 위에 위 방향으로 뻗은 작은 직선은 아마도 음이 구강을 통하지 않고, 비인강을 거쳐 비강으로만 빠지는 모습을 상형한 것으로 생각된다. 즉, '비자음 ㆁ'인 것이다. 현대 국어에서는 목구멍소리 'ㅇ'과 꼭지 이응이 통합되어 하나의 'ㅇ'이 된 셈이며, 초성에 오는 'ㅇ'은 음값이 없고 모음 ㅏ, ㅓ, ㅗ, ㅜ, ㅣ의 앞이나 위에 놓이며 모양을 이루는 것으로 생각되며, 종성인 음절의 받침으로 쓰일 때에는 'ing' 음값인 '비자음 ㆁ'으로 발음된다.

본 논문에서는 '누구나 알아야 할 한글 이야기'에서 설명하는 훈민정음(한글) 자음(초·종성자, 닿소리) 글자의 상형(象形)에 대한 그림 설명에서, 앞을 바라보고 있는 사람의 좌측 옆모습 성도 모습의 조음 과정 중 핵심적 특성을 상형(象形)하는 것으로 통일하기를 제안한다. '누구나 알아야 할 한글 이야기'에서 '어금닛소리(아음)', '혓소리(설음)', '잇소리(치음)'은 옆모습으로 설명하고 있는데 반하여, '입술소리(순음)'과 '목구멍소리(후음)'는 앞에서 본 모습으로 설명을 하고 있는데, 일관성 있게 좌측 옆모습 성도의 모습에서 상형(象形)한 것으로 통일하는 것이 타당

하다고 생각한다. 자음뿐만 아니라 모음(중성자)의 상형(象形)도 좌측 옆
모습 성도의 모습으로 통일하여 설명하는 것이 좋겠다.

4. 맺는말

음성학 및 음성의학적 기법을 적용하여 훈민정음 해례본의 '제자해'
를 나름대로 과학적으로 풀어보고자 하였다. 완전하지는 않지만, 자음
과 모음의 글자 형태를 과학적으로 고안한 세종 성왕의 생각을 조금이
나마 이해하는 데 도움이 되었으면 한다.

정리하자면, 현재까지 기존 학자들이 풀이해 놓은 그림에서 몇 가지
를 수정했으면 좋겠다는 것이 저자의 생각이다.

첫째로, 모든 자음(닿소리)이나 모음(홀소리)의 글씨 형상은 사람이 발
성 조음 시, 앞을 보고 있는 사람의 좌측 옆모습의 구강과 인두강의
조음 시 발성기관의 특징적 모습 혹은 작용하는 공간 모습에서 따온
것으로 수정하자고 제안하는 것이다.

둘째는, 대표 순음(입술소리) ㅁ 의 상형도 앞모습이 아닌 옆모습에서
조음 시 구강 등 공명강 모습을 상형한 것이다.

셋째는, 설음(혓소리)의 대표글자 ㄴ에서 획 추가로 만들어지는 ㄷ의
획 추가한 가로 일직선("ㅡ")은 '입천장'인 경구개를 의미하는 것으로
보인다.

넷째, 자음 중 어금닛소리가 '조음 시 어금니 근처의 혀의 모습'을
본떠 아음(牙音) 'ㄱ' 형태를 만든 것과 마찬가지로, '치음(잇소리)' 또한
'조음 시 앞니 모양 자체'를 본뜬 것이 아니라 '앞니 근처의 혀의 모습'

을 본떠 'ㅅ'의 형태를 만든 것이라는 의견이다.

다섯째, 후음(목구멍소리)의 대표글자 /ㅇ/은 목 안의 인두강 혹은 후두강의 옆모습을 상징적으로 상형하여 공명강이 둥근 원 모습으로 열려 있는 원 모습으로 만든 것으로 보인다.

앞으로 좀 더 많은 다학제 연구를 진행하여, 제자해 설명 도해(그림설명)를 적절하게 수정하여 나갈 것을 제의한다. 이런 연구를 위해서는 의학의 첨단 장비인 MRI(자기공명영상) 동영상 촬영 등이 포함된 다학제 연구가 필요하다.

참고문헌

1. 김슬옹. 훈민정음 해례본(복간본 해제). 서울: 교보문고, 2015.
2. 세종장헌대왕실록. 조선왕조실록. 서울: 세종대왕기념사업회, 1968~1990.
3. 김석득. 「훈민정음 해례의 언어학적 분석」. 한글학회 50돌 기념논문집. 한글학회, 1971.
4. 박종국. 훈민정음 종합연구. 서울: 세종학연구원, 2007.
5. 김슬옹. 세종대왕과 훈민정음학. 서울: 지식산업사, 2011.
6. 심동섭. 쉽게 읽는 훈민정음. 서울: 국립한글박물관; 2021
7. 최현배. 한글갈. 정음사, 1940.
8. 신지영. 말소리의 이해. 서울: 한국문화사, 2000.
9. 국어단체연합 국어문화원 지음, 국립국어원 감수. 누구나 알아야 할 한글 이야기. 서울: 글누림, 2016.
10. 김완진. 훈민정음 제자 경위에 대한 새 고찰, 김철준 박사 회갑 기념 사학논총, 지식산업사. 1983: 353-66.
11. 김석연, 송용일. 훈민정음 재조명과 조음 기관의 상형관계. 한국어정보학 2000:2; 34-56.
12. 김양진. 상형(象形)과 훈민정음(訓民正音). 우리말연구 2016:46:143-78.
13. 최홍식. 발성의 원리. 후두음성언어의학: 발성의 이해와 음성치료. 서울: 일조각. 2012:45-54.
14. 최홍식. 음성학 및 음성의학으로 풀어보는 훈민정음 제자해(制字解). 세종학연구 2016:16:29-40.

2-5-2. 훈민정음 제자해: 초성·종성(닿소리, 자음)에 대한 저자의 연구 논문(학회지)

pISSN 2508-268X / eISSN 2508-5603
https://doi.org/10.22469/jkslp.2022.33.2.83
J Korean Soc Laryngol Phoniatr Logop 2022;33(2):83-88

JKSLP
REVIEW ARTICLE

Hunminjeongeum Phonetics (II): Phonetic and Phoniatric Consideration for Explanation of Designs of Initial and Final Consonant Letters

Hong-Shik Choi

Chairman of Cheon-Ji-In Institute of Vocalization / Chief Director of Jeil ENT Hospital /
Emeritus Professor, Department of Otorhinolaryngology, Yonsei University College of Medicine / Director, King Sejong the Great Memorial Society

훈민정음 음성학(II): 초성, 종성(닿소리) 제자해에 대한 음성언어의학적 고찰

최홍식

천지인발성연구소 소장, 제일이비인후과의원 대표원장, 연세대학교 의과대학 이비인후과학교실 명예교수, (사) 세종대왕기념사업회 대표

Hunminjeongeum had 17 initial consonant letters. Among them, five consonant letters, those are ㄱ (牙音, molar sound letter), ㄴ (舌音, lingual sound letter), ㅁ (脣音, labial sound letter), ㅅ (齒音, dental sound letter), ㅇ (喉音, guttural sound letter), were served as chief consonants. There was no argument that consonant letters were made by symbolizing the shape of vocal organs during phonation of them. It could be phoniatrically explained that all of five chief consonants were morphologically symbolized from left lateral view of vocal tract during articulation. Although 'ㄱ' was known as molar sound, it was not modeled the shape of molar tooth but modeled the shape of tongue at molar teeth bearing area. The same principle applies to 'ㅅ', and it was represented the shape of upper surface of anterior tongue instead of incisor teeth. 'ㄴ' was a lingual sound and directly shaped the shape of tongue. 'ㄷ' was made by addition of a stroke '—' meaning hard palate above 'ㄴ'. 'ㅁ' was represented the shape of lateral view of anterior mouth. 'ㅇ' was looked like shaping left lateral view of laryngopharyngeal space.

Keywords Hunminjeongeum; Consonant; Sound; Letter; Phonation.

Received April 13, 2022
Revised June 27, 2022
Accepted July 4, 2022

Corresponding Author
Hong-Shik Choi, MD, PhD
E-mail hschoi@yuhs.ac

ORCID iD
Hong-Shik Choi
https://orcid.org/0000-0002-9612-1303

서 론

한글(훈민정음) 창제 이전에 한자의 음과 뜻을 이용한 차자 표기(향찰과 이두는 우리말을 적기 위한 차자 표기이고, 구결은 한문을 쉽게 읽기 위한 차자 표기이다)를 통해 우리말을 적어 왔었지만, 차자 표기는 한자를 사용하는 것으로 우리말의 소리를 충분히 적어 낼 수 없었다. 이러한 불편함을 극복하기 위해 세종대왕은 우리말을 제대로 담을 수 있는 그릇인 훈민정음을 만들게 되었다[1-5]. 문자는 언어의 시공간적 제약을 극복하기 위해 언어를 시각화한 기호이다. 문자는 언어의 내용인 의미를 표현하는 '표의 문자'와 언어의 형식인 음성을 표현하는 '표음 문자'로 나눌 수 있는데, 한자는 '표의 문자', 한글은 '표음 문자'에 해당된다. 표음 문자는 표기하는 말소리의 단위에 따라 음절 문자와 음소

JKSLP

문자로 나뉜다. 한글(훈민정음)은 자음과 모음을 구별한 음소 문자이지만 글자를 쓸 때는 음절 문자처럼 모아 쓰는 방식을 취한다[6].

훈민정음 해례본 중 제자해의 처음 부분에 "정음 28자는 각각 그 모양을 본떠서 만들었다(正音二十六字各象其形而制之)."라는 기술이 있다. 위 문장의 핵심이 되는 두 글자는 '상(象)'과 '형(形)'이며 이어 쓴 '상형(象形)'이란 단어가 훈민정음 글자체를 만들게 된 가장 근본이 되는 중심 표현인 것이다. 위 문장을 설명하자면, 28자 모두 조음(발음) 시 구강이나 인후두강 즉 현대적인 설명으로는 '성도(聲道, vocal tract)'의 모양을 본떠서 만들었다는 설명이 되며, 최소한 처음 만들어진 28자 중 닿소리(자음, 초성자) 17자의 대표가 되는 5자의 상형자, 즉 'ㄱ(아음), ㄴ(설음), ㅁ(순음), ㅅ(치음), ㅇ(후음)'과 홀소리(모음, 중성자) 11자의 대표가 되는 3자의 상형자, 즉 'ㆍ(天, 하늘), ㅡ(地, 땅), ㅣ(人, 사람)'의 8글자는 조음(articulation) 시의 성도의 모양을 본떠서 만들었다는 확실한 기록인 것이다[7]. 저자는 앞선 논문에서 중성자(홀소리, 모음) 글자체의 상형에 대해서도 논술하였으며[8], 본 논문에서는 초성과 종성에 해당되는 닿소리(자음)의 제자해를 현대 음성학 혹은 음성의학적 방법으로 설명하고자 한다.

본 론

음성학적 자음(닿소리)의 분류

말소리는 혀, 이, 입술 등과 같은 발음 기관들의 움직임을 통해 만들어진다. 자음(닿소리)은 폐에서 올라오는 공기가 발음기관들에 의해 장애를 받아 만들어지며, 모음은 상대적으로 장애를 덜 받아 만들어진다. 현대 국어에서 훈민정음 해례본에서 초성과 종성에 해당되는 음소를 자음 혹은 닿소리로 칭하며, 중성은 모음 혹은 홀소리라 칭하는데, 닿소리와 홀소리가 음성학적으로는 훨씬 더 특성을 잘 표현한 음성학적 단어라고 할 수 있겠다[7,9]. 모음(홀소리, 중성자)의 조음은 성대 첨막의 주기적인 개폐운동에 의해 만들어진 성대음이 공명강을 통과할 때 공명강의 모양 변화로 만들어지며 공명주파수대(음형대) 중 제1음형대(the first formant) 및 제2음형대(the second formant)의 위치를 변화시켜 조음하는 것으로, 성대에서 만들어진 성대음이 막힘이나 심한 저항없이 소릿길을 통과하는 특성을 보인다. 하지만 이에 반하여, 자음(닿소리, 초종성)은 발음 기관에서 공기의 흐름이 장애를 받는 양상으로 조음되며, 비자음(ㄴ, ㅁ, ㅇ) 이외의 모든 자음은 성도에서 장애 형태의 소리가 만들어진다. 공기의 흐름이 장애를 받는 양상에 따라 파열음, 마찰음, 파찰음, 비음, 유음 등으로 분류되며, 장애를 받는 위치에 따라 목청소리(성문음), 어

린입천장소리(연구개음), 센입천장소리(경구개음), 잇몸소리(치경음, 치조음), 입술소리(양순음) 등으로 분류된다[7,9].

훈민정음 해례의 초·종성자(닿소리, 자음) 제자해에 대한 음성학적 분석

조선왕조실록 중 세종실록에 의하면 세종대왕이 훈민정음 창제를 준비하면서 많은 공부를 하였다고 기술되어 있는데, 성운학이 그 근간을 이룬 것으로 보인다. 성운학은 한자음의 체계를 이론적으로 정립한 학문이다. 성운학에서는 음절을 성모(음절의 앞 요소)와 운모(음절의 뒤 요소)로 나누었는데, 훈민정음 해례본에서는 음절을 초성, 중성, 종성으로 나누었다. 성운학에서는 성모를 발음 기관의 위치에 따라 5음(五音)인 아음(牙音), 설음(舌音), 순음(脣音), 치음(齒音), 후음(喉音)으로 분류하거나, 또는 7음(七音)인 아음, 설음, 순음, 치음, 후음, 반설음, 반치음으로 분류하는데[6], 훈민정음 초·종성자(닿소리, 자음) 제자해에서도 성운학의 분류와 유사하게 성모를 5음 혹은 7음으로 분류하였다. 특히 글자의 형태를 조음에 관련된 핵심적인 발음 기관의 모습을 과학적으로 형상화하고 이를 기호화하여 만들었다. 현대 국어에서 자음(닿소리)의 순서는 창제 당시와 차이가 있는데, 이는 중종 시대 최세진의 저서 '훈몽자회(訓蒙字會)'에서 제안된 순서를 근간으로 최근 한글학자들과 국어학자들의 수정을 거쳐 정해지게 되었다. 현대 국어 자음 순서 중 'ㄱ'이 제일 앞에 있는 것은 'ㄱ'이 아음(어금닛소리)이기 때문이고, 'ㅎ'이 제일 뒤에 위치된 것은 'ㅎ'이 후음(喉音)이기 때문이다[7].

닿소리 상형에 대한 음성의학적 형태분석

닿소리(초종성, 자음)가 발성기관의 형태에 대한 꼴본뜨(상형)으로 창작되었다는 것은 훈민정음 해례본의 제자해에 자세한 기술이 있으며 관련 논문들을 통해서도 어느 정도 공감대가 형성되어 있다[10-13]. 닿소리 상형에 대한 형태 분석은 성도의 좌측 옆 모습과 앞 모습을 혼용하여 설명 할 수 있다 (Fig. 1)[10]. 저자는 이비인후과 전문의로서 발성과 조음의 정상 상황과 병적인 비정상 상황을 진단하고 치료해 온 경험과 한글단체의 활동과 함께 공부해 온 '훈민정음의 제자해'에 대한 음성언어의학적 지견을 더하여 닿소리 상형에 대한 의견을 제시하고자 한다[14].

'ㄱ'의 형태적 분석

어금닛소리(아음, 牙音)는 혀뿌리가 목구멍을 막는 모습이라는 설명이 있는데, 이와 같은 해석은 발성시 혀와 성도의 형태를 적절하게 잘 표현한 것으로 판단된다(Fig. 1). 실제 현대 음성학에서 'ㄱ'은 혀의 뒤쪽에 해당하는 혀뿌리로 이행되는

꺾인 부분과 연구개가 맞닿았다가 터지면서 소리가 발생되는 '연구개파열음'으로 분류된다. 따라서 'ㄱ' 글자의 모습은 '어금니 부위'에서 조음이 되는 '혀의 모습'을 따서 만든 글자임이 확실하다. '어금닛소리'라서 어금니가 조음을 하는 것은 아닌 것이다.

'ㄴ, ㄷ, ㅌ'의 형태적 분석

혓소리(설음, 舌音)의 기본글자인 'ㄴ'은 혀 끝이 얇게 위로 들어 올려지며 굽혀져서 경구개의 앞쪽에 있는 잇몸(치조) 부분에 닿아서 조음된다(Fig. 1). 같은 위치에서 조음되는 파열자음인 'ㄷ'은 'ㄴ' 형태의 혀끝이 입천장에 닿았다가 터지면서 조음되는데 이때 입천장인 경구개를 'ㄴ' 위에 가로 일직선(一)으로 표현하여 'ㄷ' 형태를 만든 것으로 보인다(Fig. 1). 'ㄴ'에서 가로획 추가로 만들어진 'ㄷ'은 'ㄴ'과 같은 조음위치에서 '터짐(파열)'에 의해 만들어지는 '파열자음(특히 구개파열음)'으로 분류된다. 'ㅌ'은 'ㄷ' 보다는 강한 터짐이 있다는 의미의 획 추가가 중간 가로 직선으로 표현된 것으로 보인다(Fig. 1).

'ㄹ'의 형태적 분석

반혓소리글자 'ㄹ'은 'ㄷ'에서 또 한 번의 획 추가로 만들어진 자음인데, 이 역시 위의 가로 일직선(一)은 '입천장'인 경구개를 의미하는 것으로 보인다(Fig. 1). 그 밑 'ㄷ'의 형태는 아마도 혀가 펄럭거리는 모양을 본 떠 만든 것으로 추정된다. 실제

기본자 가획자 이체자

어금닛소리(아음)
혀뿌리가 목구멍을
막는 모양
ㄱ ㅋ ㆁ

혓소리(설음)
혀끝이 윗잇몸에
닿는 모양
ㄴ ㄷ ㅌ ㄹ

입술소리(순음)
입의 모양
ㅁ ㅂ ㅍ

잇소리(치음)
이의 모양
ㅅ ㅈ ㅊ ㅿ

목구멍소리(후음)
목구멍의 모양
ㅇ ㆆ ㅎ

Fig. 1. Schematic illustration of vocal tract shaping during articulation of chief five consonant letters of Hunminjeongeum, 'ㄱ', 'ㄴ', 'ㅁ', 'ㅅ', 'ㅇ'. Process of making add stroke characters (加劃字, 가획자) and transfer characters (異體字, 이체자) is arranged. Adapted from Federation for Korean Language: Cultural Center for Korean Language. Stories about Hangeul everyone should know 2016 [10].

로 종성에 오는 'ㄹ'은 혀끝이 입천장에 닿으며 공기의 흐름이 혀의 좌우로 지나가면서 조음이 되나, 초성에 오는 'ㄹ'(예를 들면 '라면'의 '라'의 'ㄹ')은 혀끝이 입천장에 닿았다가 살짝 펄럭거리는 형태의 움직임을 보이므로 이런 모습의 글자를 만든 것이 아닌가 생각된다[15].

'ㅁ, ㅂ, ㅍ'의 형태적 분석

입술소리(순음, 脣音)의 대표글자는 'ㅁ'인데, 훈민정음 제자해에서는 입 모양이라는 설명과 함께 '입구 자(口)'로 간단히 보여 주고 있다(Fig. 1). 위 아래 입술이 닫혀 있는 앞 모습으로 상형화하여 'ㅁ' 글자를 만들었다는 주장은 비자음인 'ㅁ'을 조음할 때 위 아래입술이 다물어 있기 때문에 성대진동음이 구강을 통하여 입술 밖으로 나오지 못하고 비인강과 비강을 통해 배출되는 것을 상형화한 것으로 해석한다. 하지만 저자는 훈민정음을 창제시 일관되게 옆모습을 이용하여 글자 형태를 만들었을 것으로 생각하며, 즉 'ㅁ'의 앞 막음은 '입술의 막힘', 위 직선은 '입천장', 아래 직선은 '혀', 그리고 뒤 막음은 '목구멍(성대)의 닫힘'의 모습으로 글자 모양을 만든 것으로 추정된다(Fig. 2)[15]. 같은 위치인 입술에서 조음되는 'ㅂ'과 'ㅍ'은 'ㅁ'의 비자음 조음의 입술 위치에서 입술이 터지며 짧은 시간의 '파열 잡음'을 산출하는 '입술파열음'인데, 이러한 파열 과정을 'ㅁ'에서 획 추가로 보여주고 있다(Fig. 1). 'ㅂ'은 위 방향으로의 터짐이, 그리고 'ㅍ'은 입술 앞과 목구멍 쪽으로의 터짐(열림)의 형태로 글자가 만들어진 것으로 추정된다(Fig. 3)[15].

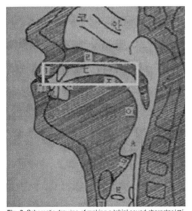

Fig. 2. Schematic drawing of making a labial sound character 'ㅁ'. Adapted from Choi. Sejonghak Research 2016;16:29-40, with permission of King Sejong the Great Memorial Society [15].

JKSLP

저자는 음성의학적인 분석을 위해 'ㅍ' 조음 시의 구강과 인두강의 변화를 비인두 굴곡성 내시경을 통해 관찰하였으며 발성공기역학검사(phonatory aerodynamic system)를 이용하여 압력과 기류 흐름 등을 측정하였다. 이를 통해 'ㅍ' 글자의 모양은 과학적으로 완벽하게 조음 과정 중 발생되는 성도(소릿길)의 모양 변화를 표현한 글자임을 알 수 있었다. 내시경을 코를 통과하여 후두 입구에 위치시킨 후, /음파/를 반복하여 'ㅍ'을 발성시키면 'ㅍ'은 압력자음(pressure consonant)이기 때문에 닫혀 있는 입술을 순간적으로 파열시키기 위해 구강 내에 큰 압력이 필요하므로 조음 직전까지 성대가 넓게 열려서 공기를 충분하게 구강 내로 보내는 모습을 관찰할 수 있었다. 따라서 훈민정음 'ㅍ'의 상형은 조음 시 앞의 'ㅁ'은 위 아래 입술의 터짐, 'ㅁ' 뒤의 '二'은 성대의 터짐을 의미한다고 설명하는 것이 타당하다[15].

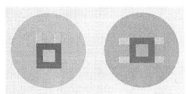

Fig. 3. Illustration of making characters of 'ㅂ' and 'ㅍ' from bilabial sound character 'ㅁ' by add strokes. 'ㅂ' is made by adding strokes upwards from 'ㅁ', and 'ㅍ' is made by adding strokes meaning lips and larynx back and forth. Adapted from Choi. Sejonghak Research 2016;16:29-40, with permission of King Sejong the Great Memorial Society [15].

'ㅅ'의 형태적 분석

잇소리글자(치음, 齒音) 'ㅅ'은 이 모양(아래 앞니의 옆모습)을 본 떴다고 표현하였다(Fig. 4A)[15]. 그런데 실제 조음에서 치아 자체는 그 기여도가 미미하며 실제로는 앞니 부근의 혀의 모습과 위치가 조음에 결정적인 영향을 끼치는 것을 알 수 있다. 현대 음성학에서 'ㅅ'은 갈이소리(마찰음)이며 조음 위치는 위 치조(잇몸, alveolus)와 혀 앞쪽 약간 휘어진 위 표면 사이이다. 이때 혀끝은 아래 앞니에 닿아 있다(Fig. 4B)[15]. 즉, 훈민정음 해례 제자해에서 "잇소리글자 'ㅅ'은 이 모양을 본떴다."라고 표현하고 있으나, 이는 어금닛소리 'ㄱ'이 어금니의 모습으로 만든 것이 아니라, 어금니 위치에 있는 혀뿌리가 목구멍을 막는 모습 즉 조음과정에서 실제 주도적인 역할을 하고 있는 혀의 모습과 능동적 움직임을 'ㄱ'의 모습으로 만든 것과 마찬가지로, 'ㅅ'도 아래 앞니의 모습을 표현한 것 보다는, 조음 시 앞니에 살짝 닿은 채로 약간 구부려져 있는 혀의 모습을 상형한 것이 아닌가 추정하며, 이에 대한 추가 논의가 필요하다고 생각한다[15].

'ㅈ, ㅊ'의 형태적 분석

'ㅅ'과 같은 위치에서 조음되는 파찰음인 'ㅈ'과 'ㅊ'은 'ㅅ'에서 획 추가로 만들어졌다고 기술되어 있는데, 'ㅈ'의 'ㅅ' 위에 첨가된 짧은 일직선(ㅡ)은 입천장의 모습이라고 추정된다(Fig. 1). 그리고 'ㅊ'은 'ㅈ'보다는 다소 강한 터짐 후에 이어지는 마찰음(파찰음)으로 위의 꼭지는 강한 터짐을 뜻하는 것으로 보인다[15].

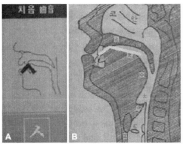

Fig. 4. Illustration of making dental sound character 'ㅅ'. A: Modeling from shape of left lateral view of lower incisor tooth. B: Modeling from anterior upper surface shape of tongue when articulating fricative sound 'ㅅ'. Tongue tip is touching to lower incisor teeth. Adapted from Choi. Sejonghak Research 2016;16:29-40, with permission of King Sejong the Great Memorial Society [15].

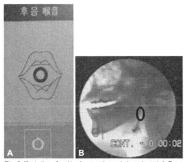

Fig. 5. Illustration of making laryngeal sound character 'ㅇ'. A: Frontal view of the oro-pharyngeal space. B: Left lateral view of the oro-pharyngeal space. Adapted from Choi. Sejonghak Research 2016; 16:29-40, with permission of King Sejong the Great Memorial Society [15].

86

'ㅇ, ㆆ, ㅎ'의 형태적 분석

"목구멍소리글자(후음, 喉音) 'ㅇ'은 목의 모양을 본뜬 것이다."라고 제자해에 기술되어 있다(Fig. 5A)[15]. 현대 음성의학에서는 인두(咽頭, pharynx)와 후두(喉頭, larynx)를 엄밀하게 구분하여 사용하고 있지만, 조선 초기에 이 부분에 대한 이해는 다소 부족했을 것으로 생각된다. 후두는 내부에 성대가 있어서 홀소리(모음) 등 목청울림소리(유성음)의 음원(sound source)의 역할을 하는 장기이며, 인두는 음식이 내려가는 통로이면서 발성 시 소리가 지나가면서 공명(resonance)과 조음(articulation)을 하는 복합 기능을 가진 통로이다. 지금은 소릿값이 없어진 후음 'ㅇ'의 조음을 정확히 알 수는 없으나 일관성 있게 모든 자모의 조음과정을 옆모습으로 만들어 낸 것일 가능성이 높다(Fig. 5B)[15]. 'ㆆ, ㅎ'은 'ㅇ'에서 획 추가로 만들어진 글자인데, 위 가로 획은 입천장에서의 마찰을 나타내는 것으로 보이며, 'ㅎ'의 위 꼭지는 보다 강한 마찰을 나타낸 것이다(Fig. 1)[15].

'ㆁ'의 형태적 분석

꼭지 이응(옛이응) 'ㆁ'은 주로 종성인 받침에 쓰여 왔는데, 지금은 쓰지 않는 글자 중 하나이며, 분류는 목구멍소리가 아니고, 어금닛소리인 아음(牙音)에 속한 글자로 설명되어 있고, 영어식 표현의 'ing'의 음값과 유사하다. 'ㆁ'위에 위 방향으로 뻗은 작은 직선은 아마도 음이 구강을 통하지 않고, 비인강을 거쳐 비강으로만 빠지는 모습을 상형한 것으로 생각된다. 즉, '비자음 ㅇ'인 것이다. 현대 국어에서는 목구멍소리 'ㅇ'과 꼭지 이응이 통합되어 하나의 'ㅇ'이 된 셈이며, 초성에 오는 'ㅇ'은 음값이 없고 모음 'ㅏ, ㅓ, ㅗ, ㅜ, ㅡ, ㅣ'의 앞에만 놓이며 모양을 이루는 것으로 생각되며, 종성인 음절의 받침으로 쓰일 때에는 'ing' 음값인 '비자음 ㆁ'으로 발음된다.

닿소리 글자의 상형에 대한 재해석

저자는 음성의학적 분석을 통해 훈민정음(한글) 자음(초·종성자, 닿소리) 글자의 상형을 재해석하였다. 기존의 해석에 따르면 자음상형을 '어금닛소리(아음),' '혀소리(설음),' '잇소리(치음)'는 성도의 옆모습으로 설명하였으며, 반면 '입술소리(순음)'와 '목구멍소리(후음)'는 성도의 정면 모습으로 설명하였다[9]. 하지만 저자는 자음의 상형이 일관성 있게 조음과정 중에 나타난 성도 좌측면의 핵심적 특징을 통해 과학적으로 이루어진 것이 타당하다고 판단하며, 이러한 해석으로 자음 상형원리가 통일되기를 제안한다. 또한 앞선 논문에서 밝힌 바 대로 자음 뿐만 아니라 모음(중성자)의 상형도 좌측 옆모습 성도의 모습으로 통일하여 설명하는 것이 바람직하다고 판단된다[8].

결 론

음성학 및 음성의학적 기법을 적용하여 훈민정음 해례본의 제자해를 과학적으로 풀어보고자 하였다. 완전하지는 않지만 자음과 모음의 글자 형태를 과학적으로 고안한 세종 성왕의 생각을 조금이나마 이해하는 데 도움이 되었으면 한다. 정리하자면, 현재까지 기존 학자들이 풀이해 놓은 그림에서 몇 가지를 수정했으면 좋겠다는 것이 저자의 생각이다.

첫째, 모든 자음(닿소리, 초종성자)이나 모음(홀소리, 중성자)의 형상은 사람의 좌측 옆모습에서 구강과 인두강의 조음 시 발성기관의 특징적 모습 혹은 작용하는 공간 모습에서 따온 것으로 수정하자고 제안한다.

둘째, 대표 순음(입술소리) 'ㅁ'의 상형도 앞모습이 아닌 옆모습에서 조음 시 구강 등 공명강 모습을 상형한 것으로 판단된다.

셋째, 설음(혀소리)의 대표글자 'ㄴ'에서 획 추가로 만들어지는 'ㄷ'의 가로 일직선("ㅡ")은 입천장인 경구개를 의미하는 것으로 보인다.

넷째, 자음 중 어금닛소리가 조음 시 어금니 근처의 혀의 모습을 본떠 아음(牙音) 'ㄱ' 형태를 만든 것과 마찬가지로, '치음(잇소리)' 또한 조음 시 앞니 모양 자체를 본뜬 것이 아니라 앞니 근처의 혀의 표면 모습을 본떠 'ㅅ'의 형태를 만든 것이라는 의견이다.

다섯째, 후음(목구멍소리)의 대표글자 'ㅇ'은 목 안의 인두강 혹은 후두강의 옆모습을 상징적으로 상형하여 공명강이 둥근 원 모습으로 열려 있는 원 모습으로 만든 것으로 보인다.

앞으로 좀 더 많은 다학제 연구를 진행하여 제자해 설명도해(그림설명)를 적절하게 수정해 나갈 것을 제안한다. 이런 연구를 위해서는 의학의 첨단 장비인 MRI (자기공명영상) 동영상 촬영 등이 포함된 다학제 연구가 필요하다.

중심 단어: 훈민정음; 자음; 소리; 문자; 발성.

Acknowledgments
None

Conflicts of Interest
The author has no financial conflicts of interest.

REFERENCES

1. Kim SO. Kansong Art and Culture Foundation. Hunminjeongeum Haeryebon. Seoul: Kyobo Book Centre Co., Ltd.;2015.
2. SejongJangHeonDaewangSillok. ChosunWangjoSillok. Seoul: King Sejong the Great Memorial Society; 1968-1990.
3. Kim SD. Linguistic analysis of Hunminjeongeum Haerye. Commemorated Papers of 50th Anniversary of The Korean Language Society. Seoul: The Korean Language Society;1971. p.291-310.
4. Park JK. Integrate research on Hunminjeongeum. Seoul: Research

JKSLP

Institute of Sejonghak;2007.

5. Kim SO. King Sejong and Hunminjeongeumhak. Seoul: Jisiksane-opsa;2011.

6. Shim DS. Easily readable Hunminjeongeum. Seoul: National Hangeul Museum;2021.

7. Choi HB. Hangeul-Gal. Seoul: Jeong-Eum-Sa;1940.

8. Choi HS. Hunminjeongeum phonetics (I): phonetic and phoniatric consideration for explanation of designs of middle vowel letters. J Korean Soc Laryngol Phoniatr Logop 2022;33(2):77-82.

9. Shin JY. Interpretation of speech sound. Seoul: Hankookmunhwa-sa;2000.

10. Federation for Korean Language: Cultural Center for Korean Language. Stories about Hangeul everyone should know. Seoul: Ministry of Culture, Sports and Tourism;2016.

11. Kim WJ. New consideration for explanation of the designs of the Hunminjeongeum letters. Seoul: Jisiksanupsa;1983. p.353-66.

12. Kim SY, Song YI. Reillumination of Hunminjeongeum and relationship between vocal organs and Sang-Hyung. The Korean Language Information Science 2000;2:34-56.

13. Kim RJ. Pictography and Hunminjeongeum. Urimal 2016;46:143-78.

14. Choi HS. Principle of phonation. Laryngology, phoniatrics, logopedics: interpretation of phonation and speech therapy. Seoul: ilchokak; 2012. p.45-54.

15. Choi HS. Phonetic and phoniatric analysis of explanation of the designs of the letters of Hunminjeongeum. Sejonghak Research 2016; 16:29-40.

맺는말

　훈민정음과 국어학을 먼저 대하고 연구해 온 경험이 없는 의학 전공자가 우연한 기회에 '훈민정음 해례본'의 제자해를 보고, 배우고, 관심을 두게 되어 뜻하지 않게 이 책을 쓰게 되리라고는 처음에는 전혀 생각하거나 계획한 바가 없는 과정이었다.

　'융합연구'라는 단어가 최근에 두루 널리 사용되고 있다. 다른 분야이지만 연관 관계가 있는 연구자들이 어떤 주제를 서로 다른 관점에서 다루거나 연구하면서 서로의 생각이나 연구 결과를 조화롭게 융합시키면서 상승 작용과 새로운 방면의 결과물을 도출해 내면서 발전시켜 나가는 연구를 이야기한다.

　먼저 의학적인 공부를 의과대학 수업과 연구실, 임상실습을 통하여 습득한 후에, 전문 분야인 '이비인후과학'을 전공하게 되었고, 세부 전공으로 '후두학'과 '음성언어의학'을 익히면서 자연스럽게 '음성학'과 '언어학' 이해력을 먼저 가지게 되었다.

　한글학자이셨던 할아버지 '외솔 최현배 선생'의 큰 뜻을 이어가자는 뜻에서 만들어진 한글단체인 '외솔회'의 운영에 깊이 개입하면서, 자연스럽게 '한글학자', '국어학자', '언어학자'들과 어울리게 되었고, 이때 접하게 된 '훈민정음 제자해'의 국어학적 해석에 '의문점'이 느껴지기 시작되게 되었다.

음성의학이나 음성공학, 음성학 쪽에서는 '모음(홀소리)의 조음'이 공명강의 모양 변화에 의한 '공명주파수대 F1과 F2의 위치 변경'에 의한 것이라는 사실은 이미 오래 전부터 잘 알려진 사실이었건만, 대부분의 훈민정음 연구자들이 이에 대하여 잘 알지 못하거나 잘 받아들이지 않고 있다는 사실을 알게 되었다. 나로서는 이 분야 전문가가 아닐지라도 이 사실을 증명하면서 개선시켜 나아가야 하겠다는 사명감을 가지게 되었다.

그래야만, 한글(훈민정음)의 우수성, 특히 '제자 과정 중의 과학적인, 독창적인 발상'의 핵심인 '중성자(모음, 홀소리) 글자 모양(천(•), 지(ㅡ), 인(ㅣ))이 그 소리 조음 시 공명강의 특징적 모습을 꼴 본떠 만들었다는 사실'을 우리가 먼저 이해하고, 전 세계적으로도 알려야 한다고 생각한다. 초·종성자(자음, 닿소리) 제자해에 대한 음성학적 의견 제기도 그동안 부족했던 면에 대한 이해를 돕는데 다소라도 도움이 되기를 바란다.

이 책에 수록한 기초적인 음성학적 지식을 확인하고 이해한다면, 두 편의 논문을 통하여 제기한 숨겨진 훈민정음 제자해의 비밀을 이해하는 데 도움이 될 것이라 생각한다. 그러나 아직 우리가 알지 못하는 많은 사항이 있다. 앞으로 MR 동영상과 3차원적으로 성도의 모양 조절 가능한 입체적 3-D vocal tract model을 융합연구로 더 개발하여, 훈민정음 제자해에 대한 완벽한 설명을 할 수 있게 되기를 기대한다.

훌륭한 언어를 가지고 있는 우리 민족에게 그 다양한 생각과 이론들을 담을 수 있는 문자인 '훈민정음(한글)'을 만들어 주신 '세종대왕님'께 다시 한번 깊이 머리 숙여 감사드립니다.

2023년 1월의 마지막 날, 저자 씀.

참고문헌

강규선(1985), 「훈민정음과 성리학, 운학과의 관계」, 『어문론집』 4, 청주대학교 국어
　　국문학과.

강신항(1974/1995), 『(증보판) 역주 훈민정음』, 신구문화사.

고도흥(2012), 「음향과 공명」, 『후두음성언어의학, 발성의 이해와 음성치료』, 일
　　조각.

고영림(2006), 「현대제주방언 단모음의 음향음성학적 특성 연구」, 『한국언어문화』
　　30, 한국언어문화학회.

공재석(1967), 「한글 고전기원설에 대한 한 고찰」, 『중국학보』 7-1, 한국중국학회.

국립한글박물관 이현희 외(2018), 『훈민정음 연구의 성과와 전망 Ⅰ, Ⅱ』, 국립한글박
　　물관.

국어단체연합 국어문화원 지음, 국립국어원 감수(2016), 『누구나 알아야 할 한글
　　이야기』, 글누림.

권재선(1997), 「제자해 해석상의 문제점과 그 해명」, 『한글』 235, 한글 학회.

김경탁(1961), 「훈민정음을 통하여 본 생성철학」, 『원광문화』 3, 원광대학교.

김만태(2012), 「훈민정음의 제자원리와 역학사상: 음양오행론과 삼재론을 중심으
　　로」, 『철학사상』 45, 서울대학교철학사상연구소.

김민수(1980/1994), 『新國語學史(全訂版)』, 일조각.

김석득(1973), 「한국어 연구사에 나타난 동양철학」, 『성곡논총』 4, 성곡학술문화재단.

김석득(1971), 「훈민정음해례의 언어학적 분석」, 『한글학회 50돌 기념논문집』, 한글
　　학회.

김석연·송용일(2000), 「훈민정음의 재조명과 조음기관의 상형 관계」, 『한국어정보
　　학』 2, 국어정보학회.

김슬옹(2011), 『세종대왕과 훈민정음학』, 지식산업사.

김슬옹(2015), 『훈민정음 해례본(복간본 해제)』, 교보문고.

김슬옹(2018), 『훈민정음 해례본 입체강독본』, 박이정.

김양진(2010), 「'십간(十干)'의 어휘 의미에 대하여」, 『문헌과 해석』 52, 문헌과 해석사.

김양진(2015), 「일음양오행(一陰陽五行)과 훈민정음(訓民正音)」, 『국어학』 74, 국어학회.

김양진(2016), 「상형(象形)과 훈민정음(訓民正音)」, 『우리말연구』 46.

김영송(1975), 『우리말 소리의 연구』, 샘문화사.

김완진(1975), 「훈민정음 자음자와 가획의 원리」, 『어문연구』 7·8, 한국어문교육연구회(국어학연구사-흐름과 동향(고영근 편, 학연사, 232-245)에 재록).

김완진(1983), 「훈민정음 제자 경위에 대한 새 고찰」, 『김철준 박사 회갑 기념 사학논총』, 지식산업사. 〈[김완진(1996), 음운과 문자, 신구문화사]에 재록).

김완진(1984), 「훈민정음 창제에 관한 연구」, 『한국문화』 5, 서울대학교(김완진(1996)에 재록).

김종훈(2006), 「제주방언 단모음과 현대국어 단모음의 음향 분석 비교」, 『언어연구』 21(3), 한국현대언어학회.

김주원(1988), 「모음조화와 설축」, 『언어학』 9·10, 한국언어학회.

김주원(1992), 「모음 체계와 모음조화」, 『국어학』 22, 국어학회.

김진우(1976), 「국어음운론에 있어서의 모음 음장의 기능」, 『語文研究』 9, 어문연구학회.

김진우(2008), 「국어음절론」, 『한글』, 282, 한글학회.

김진우(2017), 『언어: 이론과 그 응용』 제3판, 한국문화사.

김진우(2020), 『음성학개론』, 한국문화사.

남도현·최홍식(2007), 『호흡과 발성』, 군자출판사.

문승재(2007), 「한국어 단모음의 음성학적 기반연구」, 『말소리』 62, 한국음성학회.

문효근(1974), 「정음 초기 문헌의 역리적 직관적 성점 설명」, 『인문과학』 31, 연세대 인문과학연구소.

박병채(1967), 「한국문자 발달사」, 『한국문화사대계』 5, 고려대 민족문화연구소.

박종국(2007), 『훈민정음 종합연구』, 세종학연구원.

박지홍(1981), 「훈민정음 제자해의 연구」, 『송천 김용태 선생 회갑 기념 논문집』, 소문출판사.

박지홍(1988), 「훈민정음에서 나타나는 역학적 배경」, 『훈민정음의 이해』(신상순·

이돈주·이환묵 편), 한신문화사.

박지홍(1991), 「훈민정음 '제자해'의 짜임 분석: 결의 '음양오행상시종'(陰陽五行相始終)의 뜻을 밝히기 위해」, 『들메 서재극 박사 환갑 기념 논문집』, 간행위원회.

박창원(2005), 『훈민정음』, 신구문화사.

박형우(2008), 「訓民正音 '象形而字倣古篆'의 의미」, 『한민족어문학』 53, 한민족어문학회.

방종현(1940), 「원본 훈민정음의 發見」, 『조선일보』(1940.7.30.~1940.8.4.)

방종현(1946), 『해석원본 훈민정음』, 진학출판협회.

방종현(1948), 『훈민정음 통사』, 일성당서점.

서민정(2011), 「'글자'에 대한 인식의 변화와 문화 번역 -『훈민정음』(1446)과 『글자의 혁명』(1947)을 바탕으로」, 『우리말연구』 29, 우리말학회.

서병국(1964), 「훈민정음 해례본의 '제자해' 연구: 제자원리를 중심으로」, 『논문집』 8, 경북대학교.

세종장헌대왕실록, 『조선왕조실록』, 세종대왕기념사업회, 1968~1990.

송기중(2014), 「훈민정음해례의 음소, 음성학」, 『한국어사 연구』 1, 국어사연구회.

신경준(1750), 『운해(韻解, 훈민정음운해)』.

신상순·이돈주·이환묵 편(1988), 『훈민정음의 이해』, 한신문화사.

신우봉, 신지영(2012), 「제주 방언 단모음에 대한 음향 음성학적 연구」, 『한국어학』 56, 한국어학회.

신우봉(2016), 「제주방언 학습자를 위한 발음 교육 방안 연구: 아래아(/ㆍ/)를 중심으로」, 『학습자중심교과교육연구』 16(10), 학습자중심교과교육학회.

신지영(2000), 『말소리의 이해』, 한국문화사.

심동섭(2021), 『쉽게 읽는 훈민정음』, 국립한글박물관.

심소희(1999), 「정음관의 형성 배경과 계승 및 발전에 대하여」, 『한글』 234, 한글학회.

안병희(2007), 『訓民正音 硏究』, 서울대학교 출판부.

안상철(1995), 「발성의 음향학」, 『대한음성언어의학회지』 6, 대한음성언어의학회.

양병곤(1994), 「모음의 음향적 특징」, 제1회 음성학 학술대회 자료집, 대한음성학회.

유정기(1968), 「훈민정음의 철학적 체계」, 『동양문화』 6·7, 영남대학교.

유창균(1966), 「'상형이자방고전(象形而字倣古篆)'에 대하여」, 『진단학보』 29·30,

진단학회(이기문 편(1977), 국어학논문선 7(문자), 민중서관 153-179쪽에 재수록).

유창균(1989),「황극경세서가 국어학에 끼친 영향」,『석당 논총』15, 동아대학교 석당전통문화연구소.

유창균(1993),『훈민정음 역주』, 형설출판사.

이상백(1957),『한글의 기원: 훈민정음 해설(國立博物館叢書甲第三)』, 통문관.

이상억(1993),「쉽게 쓴 국어음성학」,『새국어생활』3-1, 국립국어연구원.

이상혁(2005),「홍기문과 원본 訓民正音의 번역에 대하여」,『한국학연구』23, 고려대학교 한국학연구소.

이성구(1980),「훈민정음해례의 역학적 고찰」,『명지실업전문대학논문집』5집.

이성구(1983),「훈민정음과 태극사상, 난대 이응백 박사 회갑 기념논문집」, 보진재.

이성구(1984),「훈민정음의 철학적 고찰: 해례본에 나타난 제자 원리를 중심으로」,『논문집』8, 명지실업전문대학.

이성구(1986),「훈민정음 해례에 나타난 하도 원리와 중성」,『국어국문학』95, 국어국문학회.

이성구(1993),「훈민정음 해례에 나타난 '천'과 '지'의 의미」,『논문집』17, 명지실업전문대학(춘허 성원경 박사 화갑 기념 논총 간행위원회, 한중 음운학 논총 1권, 123~140에 재수록).

이성구(1994),「훈민정음 해례의 취상(取象)과 취의(取義)」,『논문집』18, 명지실업전문대학.

이승진·최홍식(2018),「제주어 화자에서 '아래 아'(·) 조음의 영상의학적 및 음향학적 특성」,『말소리와 음성과학』10, 한국음성학회.

이영월(2008),「훈민정음 제자원리 재고」,『중국언어연구』27, 한국중국언어학회.

이익수(1986),「주자의 역학과 훈민정음 창제와의 관련성 연구」,『경기어문학』7, 경기대학교국어국문학회.

이재면(1977),「훈민정음과 음양오행설의 관계」,『동국』13, 동국대학교.

이정호(1972),「훈민정음도에 대하여」,『백제연구』3, 충남대학교 백제연구소.

이정호(1972),「훈민정음의 역학적 연구」,『논문집』(인문·사회과학 편) 11, 충남대학교.

이정호(1972/1986),『(개정판) 국문·영문 해설 역주 훈민정음』, 보진재.

이호영(1996), 『국어음성학』, 태학사.

임용기(2010), 「초성, 중성, 종성의 자질과 훈민정음」, 『국어학』 57, 국어학회.

정광(2012), 『훈민정음과 파스파 문자』, 역락.

정광(2015), 『한글의 발명』, 김영사.

조영진(1969), 「훈민정음 자형의 기원에 대하여」, 『국어국문학』 44-45, 국어국문학회.

최한숙(2011), 「발화와 인식의 상호작용: 폐쇄음과 모음 간의 길이 변화를 통한 고찰」, 『언어』 36(3), 한국언어학회.

최현배(1959), 「" · "자의 소리값 상고: 배달말의 소리뭇(음운) 연구」, 『동방학지』 4, 연세대 동방학연구소.

최현배(1961/1982), 『고친 한글갈』, 정음문화사.

최현배(1961), 『고친한글갈』(첫째매 역사편), 정음사.

최현배(1940), 『한글갈』, 정음사.

최홍식(2012), 「발성의 원리」, 『후두음성언어의학: 발성의 이해와 음성치료』, 일조각.

최홍식(1998), 「성도공명(Vocal tract resonance)」, 『대한음성언어의학회지』 9, 대한음성언어의학회.

최홍식(2016), 「음성학 및 음성의학으로 풀어보는 훈민정음 제자해(制字解)」, 『세종학연구』 16, 세종대왕기념사업회.

최홍식(2022), 「훈민정음 음성학(I): 중성자(홀소리) 제자해에 대한 음성언어의학적 고찰」, 『대한후두음성언어의학회지』 33(2), 대한후두음성언어의학회.

최홍식(2022), 「훈민정음 음성학(II): 초성, 종성(닿소리) 제자해에 대한 음성언어의학적 고찰」, 『대한후두음성언어의학회지』 33(2), 대한후두음성언어의학회.

한글학회(1998), 『훈민정음(별책)』, 해성사.

현우종(1987), 「제주도 방언 「 · 」 음가의 음성학적 연구」, 『탐라문화』, 제주대학교 탐라문화연구원.

홍기문(1946), 『정음발달사(상 · 하 합본)』, 서울신문사출판국.

홍수기(1994), 『음성의 음향적 검사. 음성검사법』, 제2회 대한음성언어의학회 학술대회 심포지엄.

Benninger MS.(1994), Vocal arts medicine, Stuttgart: Thieme Medical Publisher.

Colton RH.(1994), Physiology of phonation, In Benninger MS ed. Vocal arts medicine. Stuttgart: Thieme Medical Publisher, 30-71.

Denes, P. B. and E. N. Pinson.(1993), The Speech Chain: The Physics and Biology of Spoken Language. 2nd ed. Oxford, GB: W. H. Freeman and Co.

Gunnar F.(1960), Acoustic theory of Speech production.

Isshiki N.(1989), Resonance and articulation of the vocal tract. In: Isshiki N. Phonosurgery. 1st ed. Tokyo: Springer-Verlag, 14-18.

Kent, Ray D(1993), Vocal tract acoustics, J Voice 7:97-117.

Kim, C.-W(김진우)(1965), "On the autonomy of tensity feature in stop classification: With special reference to Korean stops". Word 21:339-359.

Kim, C.-W(김진우)(1970), "A theory of aspiration". Phonetica 21:107-116.

Ladefoged, P.(1996), Elements of Acoustic Phonetics. 2nd ed. Chicago, IL: University of Chicago Press.

Lisker, L. and A. S. Abramson(1964), "A cross-language study of voicing in initial stops: Acoustical measurements". Word 20:385-387.

Sampson, G.(1985), Writing Systems: A Linguistic Introduction. Stanford University Press.

저지 **최홍식**

연세대학교 의과대학 졸업
이비인후과 전문의
연세대학교 의과대학 교수 역임
후두음성언어의학연구소장 역임
(현)연세대학교 의과대학 명예교수
(사)세종대왕기념사업회 대표이사
(재)외솔회 명예이사장
(재)한글학회 재단이사
제일이비인후과의원 대표원장
천지인발성연구소 소장
외솔 최현배 선생의 친손자

겨레문화 35

훈민정음 음성학

이비인후과 전문의 눈으로 본 훈민정음 제자해

2023년 1월 10일 초판 1쇄 펴냄

지은이 최홍식
펴낸이 이은경
펴낸곳 이회

등록 2001년 9월 21일 제307-2006-55호
주소 경기도 파주시 회동길 337-15 보고사 2층
전화 031-955-9797(대표), 02-922-5120~1(편집), 02-922-2246(영업)
팩스 02-922-6990
메일 kanapub3@naver.com / bogosabooks@naver.com
http://www.bogosabooks.co.kr

ISBN 978-89-8107-617-7 93710
ⓒ 최홍식, 2023

정가 23,000원
사전 동의 없는 무단 전재 및 복제를 금합니다.
잘못 만들어진 책은 바꾸어 드립니다.